듀이의
자연주의 철학

듀이의 자연주의 철학

인 쇄 2022년 5월 25일
발 행 2022년 5월 30일

저 자 국순아
발행인 정성택
발행처 전남대학교출판문화원

등 록 1981. 5. 21. 제53호
주 소 61186 광주광역시 북구 용봉로 77
전 화 (062) 530-0573
팩 스 (062) 530-0579
홈페이지 http://www.cnup.co.kr
이메일 cnup0571@hanmail.net

값 15,000원

ISBN 978-89-6849-897-8 (93160)

* 잘못된 책은 바꿔드립니다.

듀이의 자연주의 철학

Dewey's Naturalistic Philosophy

국순아 지음

전남대학교출판문화원

지은이의 말

필자가 듀이(J. Dewey)의 실용주의(pragmatism)에 관심을 갖게 된 것은 우리의 일상적인 삶 속에서 초월적인 것에 의지하지 않고도 현실적으로 작동하는 철학이 어떻게 가능할까 하는 물음에 대한 대답을 찾고 싶어서였다. 필자에게 있어서 철학적 논문을 쓴다는 것은 그러한 답을 찾기 위한 시도였고 동시에 쉽지 않은 부단한 학문적 훈련의 과정이기도 했다. 논문을 쓰기 위해 많은 시간과 노력을 들였고 여기에 이르렀지만 미흡한 점들이 너무나 많다.

이 책은 필자가 존슨(M. Johnson)과 알렉산더(T. Alexander)의 자연주의 시각에서 듀이의 철학에 대해 좀더 확장된 해명을 하기 위한 목적으로 쓰여진 논문들을 묶은 것이다. 책이 논문들로 구성되어 중복되는 저자과 표현이 있다는 점에 양해를 구한다. 논문들의 출처는 다음과 같으며 책에서는 논문들의 제목과 글의 표현에 일부 수정을 가하기도 했다.

제2장: 「상대주의의 극복: 비트겐슈타인적으로 듀이 읽기」, 『철학논총』, 제72집 (2013).

제3장: 「듀이의 실용주의적 지식 개념」, 『철학논총』, 제61집 (2010).

제4장: 「듀이와 경험의 형이상학」, 『철학논총』, 제78집 (2014).

제5장: 「듀이의 실용주의적 가치 개념」, 『철학연구』, 제137집 (2016).

제6장: 「듀이의 실용주의적인 의미 개념」, 『범한철학』, 제86집 (2017).

제7장: 「듀이의 의미의 미학」, 『범한철학』, 제92집 (2019).
제8장: 「듀이와 삶의 예술」, 『철학연구』, 제158집 (2021).
부 록: 「은유와 철학적 사유: 신실용주의와 체험주의」, 『범한철학』, 제47집 (2007).

이 책이 만들어지기까지 많은 철학적 가르침을 주신 전남대학교 철학과 노양진 교수님께 깊은 고마움을 전한다. 교수님의 자연주의 철학에 대한 관심과 열정은 평소 일상적인 삶의 철학을 공부하고 싶었던 필자에게 새로운 철학적 시각을 열어주었다. 교수님께서는 다양한 철학자들의 대표 저서들에 관한 독해 세미나를 긴 시간 동안 제자들과 함께 해 주시는 것은 물론, 체험주의에 관한 다수의 책들을 번역하고 논문들을 통해 소개해 주셔서 그것이 새로운 철학임에도 불구하고 용이하게 접근할 수 있었다. 그리고 이향준 선생님과 서영이 박사는 동양철학의 분야에서 자연주의 철학하기의 좋은 선례들을 보여줌으로써 필자에게 많은 학문적인 자극을 주었을 뿐만 아니라, 크고 작은 철학적 문제들에 대해서 조언과 도움을 아끼지 않았다. 홍일희 선생님, 김혜영 박사와는 듀이의 예술철학을 함께 공부하는 의미있는 시간들을 공유했다. 전경진 박사, 주선희 박사, 정소라 박사는 자연주의 철학이라는 공통된 주제로 오랫동안 진행된 독해 스터디에 함께 참여했고 이 책의 출판을 위해 원고를 꼼꼼하게 읽고 여러 가지 문제들을 바로 잡아 주었다. 함께 해 주신 많은 분들에게 이 지면을 통해 감사를 표한다. 이 책을 출판해 주신 전남대학교출판문화원에게도 감사드린다.

2022년 봄
지은이

차례

제 1 장
서론

듀이(J. Dewey)는 실용주의(pragmatism) 철학자다. 실용주의는 미국에서 발생한 철학사상으로 1872년경에 퍼스(C. Peirce)에 의해 창안되었고 제임스(W. James)가 발전시켰으며 듀이에 의해 도구주의(instrumentalism)로 집대성되었다. 그러나 실용주의는 1950년대 분석철학의 등장과 더불어 점차 퇴조했다가 1980년대에 분석철학자 로티(R. Rorty)에 의해 부흥되기 시작했다. 로티는 『철학 그리고 자연의 거울』[1]에서 자신의 철학의 세 영웅으로 듀이, 하이데거(M. Heidegger), 비트겐슈타인(L. Wittgenstein)을 든다. 로티가 이 세 사람을 자신의 영웅으로 꼽는 이유는 그들이 공통적으로 진리 추구를 중심으로 하는 서구의 전통철학에 반기를 드는 반정초주의(anti-foundationalism) 철학을 형성하는 데 많은 영향을 주었기 때문이다.

실용주의가 창안된 지 약 100여 년이 지나 부흥한 것은 미국 사회와 문화의 변화가 불러온 요구 때문이다.[2] 미국은 세계 대전들을 치루면서 강대국이 되었고 보편적인 담론인 분석철학이 미국화

1) 리처드 로티, 『철학 그리고 자연의 거울』, 박지수 역 (서울: 까치글방, 1998).
2) 김동식, 『프래그머티즘』 (서울: 아카넷, 2003), pp. 385-386 참조.

되는 과정에서 학문에서의 자신감을 갖게 된 것이다. 그래서 이제는 사상가들이 미국 문화의 전통에서 새로운 철학적 담론을 형성하기 위한 근거를 모색하게 되었으며 이 과정에서 실용주의가 부흥되었다. 실용주의는 서구 전통철학에 대한 비판으로부터 출발하여 그것을 구성하고 있는 근본적인 관념들을 부정 내지는 거부하여 탈유럽적인 독자적 담론을 구축한다. 실용주의는 탈유럽적인 담론을 구축하기 위해 진리의 탐구를 거부하거나 새롭게 해석하는데, 그것은 서구 철학 전통의 가치나 이념을 미국의 상황에 맞게 변형시키기 위해 논리적이나 개념적으로 뒷받침하기 위해서다.

로티가 실용주의를 부흥하게 된 것은 그 배경에 실용주의 철학의 맥을 이어온 주요한 철학자들의 활동이 있어서 가능했다. 콰인(W. V. Quine)은 「경험론의 두 도그마」(1951)에서 분석철학의 기본 전제들에 대해 의문을 제기하였고, 셀라즈(W. Sellars)는 『과학, 지각, 실재』(1963)에서 '소여의 신화'(the Myth of the Given)라는 이름으로 실증주의 철학의 형이상학적 전제를 공격했다. 또한 데이빗슨(D. Davidson)은 「개념체계(conceptual scheme)라는 바로 그 관념에 대하여」(1974)에서 개념-도식의 관계를 부정하였고, 퍼트남(H. Putnam)은 『실재론과 이성』(1977)에서 형이상학적 실재론을 거부했다.[3)]

로티는 분석철학의 역사가 논리실증주의적 교의를 점차 '실용주의화'하는 특징을 보여주고 있다고 진단한 것에 그치지 않는다. 그는 제임스와 듀이가 "분석철학이 거쳤던 변증법적 여정의 종착지에 미리 가서 기다렸을 뿐만 아니라 예컨대 푸코(M. Foucault)나 들뢰즈(G. Deleuze)가 지금 여행하고 있는 길의 끝에 서서 기다리고

3) 루이스 메난드, 『프래그머티즘 길잡이』, 김동식·박우석·이유선 역 (서울: 철학과현실사, 2001), p. 38 참조.

있다"[4]고 말한다. 그 말이 의미하는 것은 듀이는 우리를 구원해 줄 피안에 있는 신, 과학, 지식, 합리성 혹은 진리 등의 정당화와 근거 설정이 불가능하다고 말함으로써 인류를 자유롭게 하는 데 기여했다는 것이다.[5] 로티 역시 듀이를 모델로 삼아 합리성에 기반한 영원불변한 진리를 추구하기보다 '연대성'(solidity)을 모색함으로써 인간의 자유를 확장시켜주는 철학을 전개하였다. 로티는 자신의 저술들을 통해 많은 사람들이 광범위하게 참여할 수 있는 실용주의 철학의 모형을 제공한다.

실용주의의 부흥에는 로티의 시도 외에 퍼트남의 기여도 빼놓을 수 없다. 메난드(L. Menand)가 언급하고 있는 것처럼 퍼트남은 실용주의적 분석을 수용하여 철학의 전통적 문제들을 분석철학이 인식하는 것과는 다른 방식으로 검토하고 발전시켜왔기 때문이다.[6] 반실재론의 입장에서 실용주의를 수용한 로티의 입장은 '신실용주의'(Neo-pragmatism)로 불린 반면, 퍼트남은 실재론을 고수하는 입장에서 실용주의를 수용하여 자신의 입장을 '내적 실재론'(internal realism) 내지는 '실용주의적 실재론'(pragmatic realism)이라고 불렀다. 로티와 퍼트남은 언어철학자로서 각각 자신의 입장에서 실용주의를 해석하여 수용했지만 분석철학에서 활동한 대표철학자들이었기 때문에 실용주의에 대해 보다 정밀한 논의를 하도록 이끄는 데 기여했다. 로티와 퍼트남은 공통적으로 자신들의 철학적 논의에서 듀이로부터 많은 영향을 받았다.

퍼트남은 철학을 재건하는 데 있어서 듀이의 기여에 주목하면서, 듀이가 전통철학이 의존해 왔던 모든 것을 설명하는 단일한 이

---

4) 로티, 『실용주의의 결과』, 김동식 역 (서울: 민음사, 1996), p. 29 참조.

5) 같은 책, pp. 416-417 참조.

6) 메난드, 같은 책, p. 39 참조.

론에 대한 관념을 폐기처분했다는 점을 든다. 즉 과학 자체가 하나의 단일한 이론으로 구성된 적도 없었고, 한 시대에 존재했던 이러한 이론들이 완전한 일관성을 유지한 적도 없었다는 것이다. 그 대신 우리가 필요로 하는 철학은 과학, 윤리학, 정치학, 교육 등의 분야에서 실제로 직면하는 문제 상황을 어떻게 해결하는가에 대해 반성하는 작업이어야 한다는 것이다.7) 퍼트남은 현대철학자들이 듀이를 비롯한 실용주의자들에게 관심을 갖는 중요한 주제들로서 '반회의주의', '오류주의'(fallibilism), '사실과 가치의 이분법 거부', '철학에서 실천의 우선성' 등을 꼽는다.8)

듀이는 형이상학에 해당하는 저서 『경험과 자연』9)에서 자신의 철학적 입장을 '경험적 자연주의'(empirical naturalism)라고 밝히고 자신의 실용주의를 '도구주의'(instrumentalism)라고 명명한다. 듀이는 언어, 지식, 사고, 이론 등 인간의 모든 정신활동의 산물을 유기체로서 인간이 환경에 적응하기 위한 하나의 도구로 간주한다. 경험적 자연주의의 입장에서 전개되는 도구주의적 실용주의는 '경험'(experience) 개념을 중심으로 논의된다. 듀이의 경험 개념은 근세 경험주의의 경험 개념으로부터 많은 영향을 받았지만 당시의 진화생물학과 심리학 등의 과학적 성과들을 수용하여 새롭게 해석된 것으로 그의 철학에 중심적인 것이다. 영국 경험론의 경험 개념이 감각적인 지각에 의해 발생한 원자적인 것이라면, 듀이의 경험 개

---

7) 힐러리 퍼트남, 『과학주의 철학을 넘어서』, 원만희 역 (서울: 철학과현실사, 1998), p. 13 참조.

8) Hilary Putnam, *Words and Life*, ed., James Connant (Cambridge, Mass.: Harvard University Press, 1994), p. 152.

9) John Dewey, *Experience and Nature: The Later Works, 1925-1953*, Vol. 1, ed. Jo Ann Boydston (Carbondale, Ill.: Southern Illinois University Press, 2008). 이하 이 책은 LW1로 약하고 인용 쪽수와 함께 본문에 표기한다.

념은 유기체로서의 인간이 환경에 적응해 가는 과정에서 발생한 모든 것으로 포괄적이고 충만한 것이다. 듀이의 경험철학은 일상적인 경험으로부터 출발하며, 나아가 '하나의 경험'(an experience), '미적 경험'(aesthetic experience)의 개념을 도입하고 새롭게 정의하여 그것들을 연속적으로 발전하는 것으로 봄으로써 자신만의 독특한 철학을 구축한다.

듀이의 철학은 일상적인 경험에서 출발할 뿐만 아니라 철학적 사유를 일상어로 표현하고, 논증적이기보다 수필 형식으로 자신의 사상을 개진하고 있어서 자칫 잘못하면 그의 철학의 중요성을 간과할 수 있다. 듀이가 자신의 철학을 이런 식으로 전개한 이유는 철학이 전문가가 아닌 대중을 위한 것이 되기를 의도했기 때문이다. 듀이 철학에 관하여 최고 전문 연구가의 한 사람으로 평가받는 알렉산더(T. Alexander)는 우리가 그의 엄청난 견해들에 도달하기 위해서는 뒤엉킨 관목들을 헤치고 조심스럽게 그의 철학을 따라가야만 하는 어려움이 있다고 토로한다. 번스타인(R. Bernstein)에 따르면, 미국 철학자들 중에서 듀이만큼 가장 활발하게 논의되었던 철학자도 없지만, 또한 그만큼 철학적 핵심에서 커다란 혼돈과 오해를 불러온 철학자도 없다.[10)]

이러한 혼돈과 오해 중에는 듀이의 전체 철학과 예술철학과의 관계에 있어서 그의 경험적 자연주의가 관념론의 진재에 의존한다는 논란이 있다.[11)] 듀이의 철학을 관념론이라고 주장하는 입장에서는 예술철학을 그의 경험철학과 구분되는 별도의 것으로 간주한

---

10) R. J. 번스타인, 『존 듀이 철학 입문』, 정순복 역 (서울: 예전사, 1995), 머리말 참조.

11) Thomas Alexander, *John Dewey's Theory of Art, Experience, and Nature: The Horizons of Feeling* (Albany, N.Y.: SUNY Press, 1987), p. xv 참조.

다. 반면에 경험을 발전하는 것으로 보는 입장에서는 예술철학을 그의 전체 철학의 완성이라고 본다. 물론 그러한 논란 이후 듀이의 철학은 예술과 연속적인 것이라고 해석하는 견해들이 지지를 받고 있다. 필자의 듀이 읽기는 후자의 입장에 속하며 알렉산더의 해석을 따라서 예술철학은 그의 전체 철학의 부록에 불과한 것이 아니며 오히려 경험철학과 연속적이고 나아가 전체적인 경험철학을 완성하여 그 정점에 위치한 것으로 간주한다.[12)]

알렉산더의 듀이 해석은 또한 존슨(M. Johnson)에게도 영향을 줌으로써 의미와 미학에 관하여 더욱 확장된 논의를 가능하게 했다. 듀이의 철학은 인간의 경험을 통해 모든 것을 해명하는 경험철학이라는 점에서 존슨이 주장하는 '경험적으로 책임 있는 철학'(empirically responsible philosophy)이기도 하다. 존슨은 제2세대 인지과학적 탐구의 풍부한 성과들을 수렴하여 주요 철학적 주제들에 관해 새로운 논의를 전개하고 있는 현대 언어철학자이다. 그는 듀이 철학에서 경험의 미적 측면에 주목한 알렉산더의 해석을 수용하였으며 듀이의 미학적 의미에 관한 주장들을 인지과학적인 탐구 성과들을 통해 구체적으로 해명함으로써 그것들이 옳았다는 것을 입증하고 있다.

현대 언어철학 분야에서 활동하는 존슨의 철학적 입장은 '체험주의'(experientialism)이다. 체험주의는 서양철학의 주도적인 개념과 이론들을 분석하여 그것들이 절대적이고 보편적인 것이 아닌 본성상 은유적 구조물이라는 사실을 보여준다. 인지과학은 인간의 '마음'(mind)에 관한 학제적인 탐구로 철학, 언어학, 심리학, 인류학, 컴퓨터 과학 등이 공동으로 참여한 것이다. 듀이가 당시의 생물학,

---

12) 같은 책, 참조.

생리학, 심리학 등의 과학적 성과들을 수용하여 경험에 기반한 철학적 논의를 확장하였다면, 존슨은 최근 인지과학의 풍부한 경험적 탐구의 성과들을 통해 듀이의 미학에 관한 주장들을 더욱 구체적으로 해명하여 미학 개념을 확장하고 있다. 경험이 몸으로부터 우선적으로 발생한다는 의미에서 '몸의 철학'으로도 표현되는 존슨의 철학은 새로운 은유 이론을 제안한다. 존슨은 은유 이론을 '상상력 이론'[13]으로 체계화하여 경험의 본성과 구조에 관해 해명함으로써 듀이의 철학적 주장들을 보다 섬세하게 입증하고 있다.

이 책을 구성하고 있는 듀이의 철학에 관한 논문들에서 필자가 기본적으로 취하고 있는 시각은 '자연주의'(naturalism)이다. 물론 듀이도 자신의 실용주의를 경험적 자연주의라고 밝히고 있지만, 필자는 존슨의 체험주의라는 자연주의적인 시각에서 듀이 철학의 주요 주제들에 관한 현재적 의의를 검토하려는 것이다. 듀이의 실용주의와 존슨의 체험주의는 과학적 성과들을 수용하여 철학적 논의를 확장하지만 '과학주의'나 '환원주의'를 거부하는 자연주의적인 시각을 공유한다.

자연주의는 좁은 의미의 자연주의와 넓은 의미의 자연주의로 구분할 수 있다. 좁은 의미의 자연주의는 '환원주의'와 '물리주의'(physicalism)를 말하며 20세기 초반의 논리실증주의가 주도했던 자연주의적인 태도로서 정신적 내지는 추상적인 모든 것은 물리적인 것으로 환원될 수 있다는 입장이다. 넓은 의미의 자연주의란 그 어떤 초자연적인 것도 거부하는 입장으로 '개방적 자연주의'(liberal naturalism)를 말한다.[14] 듀이의 입장은 후자에 속하며 보다 구체적

---

13) 마크 존슨, 『마음 속의 몸: 의미, 상상력, 이성의 신체적 근거』, 노양진 역 (서울: 철학과현실사, 2000) 참조.

14) Mario de Caro and David Macarthur, "Introduction: Science, Naturalism, and the

으로 표현하면 '창발적 자연주의'(emergent naturalism)이다. 창발이란 저급하고 덜 복잡한 자연 형태와 더 고등하고 복잡한 형태 사이에는 일련의 연속성(continuity)이 있다는 것이다.[15] 즉 창발주의는 선행하는 형태 및 기능과 새롭게 창발하는 형태 및 기능 사이에는 밀접한 관련이 있고, 새로운 것과 낡은 것 사이에는 절대적인 분리가 없다는 견해이다. 이러한 창발의 사례로서 도토리로부터 싹이 나와 떡갈나무로 성장하는 것을 들 수 있고, 인간의 생물학적 조건으로부터 언어가 발생하는 것 혹은 인간의 생물학적인 몸으로부터 마음이 출현하는 것 등을 예로 들 수 있다. 창발은 성질의 변화를 수반하므로 환원주의와 양립할 수 없다.

듀이의 철학은 절대적인 단일한 기준이 있다는 것을 거부하는 자연주의의 입장에서 전개되므로 객관주의는 아니지만 그렇다고 극단적인 상대주의도 아니다. 이 책에서 필자는 객관주의와 상대주의라는 이분법을 거부하고 듀이의 철학적 입장을 '완화된 상대주의'(modified relativism)[16]로 해석했다. 완화된 상대주의는 존슨의 지도 하에서 학위를 취득하고 국내에서 자연주의 철학에 관해 지속적으로 연구한 노양진이 상대주의에 대한 본성과 폭을 탐구하고 새로운 제3의 시각으로 접근하여 제시한 대안이다. 이러한 시각은 전통적인 객관주의 아니면 허무주의적인 상대주의라는 이분법을 넘어서기 위해 제안된 것이며 이 책에 실린 논문들에서는 이 관점을 유지하고 있다.

Problem of Normativity, in Mario de Caro and David Macathur, eds., *Naturalism and Normativity* (New York: Columbia University Press, 2010), p. 3 참조.

15) S. M. 에임즈, 『실용주의: 퍼어스, 제임스, 듀이, 미이드의 철학』, 조성술·노양진 역 (광주: 전남대학교출판부, 1999), pp. 55-56 참조.

16) 노양진, 『상대주의의 두 얼굴』 (파주: 서광사, 2007), p. 26.

듀이의 주요 저서로는 『민주주의와 교육(*Democracy and Education*)』(1916), 『철학의 재구성(*Reconstruction in Philosophy*)』(1920), 『인간의 본성과 행위(*Human Nature and Conduct*)』(1922), 『경험과 자연(*Experience and Nature*)』(1925), 『확실성에 대한 탐구(*The Quest for Certainty*)』(1929), 『윤리학(*Ethics*)』(1931), 『경험으로서의 예술(*Art as Experience*)』(1934), 『논리학: 탐구이론(*Logic: The Theory of Inquiry*)』(1938) 등이 있다. 듀이는 평생 40권의 책과 700여 편의 논문을 썼으며 그의 저서들을 서던 일리노이 대학교 출판부에서 앤 보이드스톤이 편집하여 『초기 저서들』(EW), 『중기 저서들』(MW), 『후기 저서들』(LW)로 연속 간행하여 전집으로 출판하고 있다.

이 책은 필자가 듀이의 철학에서 중요한 주제들에 관해 논의한 7편의 논문으로 구성되었고, 부록으로 듀이 이후에 그의 철학으로부터 영향을 받은 분석철학자들인 로티와 존슨의 은유에 관한 논문 1편을 함께 실었다. 필자가 다룬 주제들은 언어, 지식, 가치, 형이상학, 의미, 예술이고 그리고 그것들을 경험적 해명이라는 측면에서 검토하여 자연주의적 성격을 드러냈다. 2장은 언어 개념에 관하여 다룬다. 이 글은 듀이의 자연주의적 언어관이 직면한 상대주의 문제를 극복하기 위해 그의 언어관이 후기 비트겐슈타인의 언어관과 유사하다는 점을 들어 '완화된 상대주의'로 해석한다. 3장은 지식 개념을 다룬다. 이 글은 듀이가 근세 인식론을 비판하고 그것의 대안으로서 제시한 '과학적 방법'에 의한 지식론을 중심으로 논의한다. 4장은 형이상학에 관한 것이다. 이 글은 전통 형이상학을 비판하는 듀이의 자연주의 형이상학을 경험과 자연의 연속성을 통해 해명함으로써 '경험의 형이상학'이라는 견해를 옹호한다. 5장은 가치 개념에 관하여 다룬다. 이 글은 분석철학의 사실과 가치의 이분법 문제를 해결하는 데 있어서 듀이의 가치론이 여전히 현재적 의의를 갖는다는 점을 강조하고, 가치 명제에 객관적 위상을 부여하는 방식을 경험적으로 해명한다. 6장은 의미 개념에 관해 논의한다. 현대 분석철학이 인지적 명제만을 의미 있는 것으로 다루고 비인지적인 것을 무의미한 것으로 간주한다면, 듀이는 의미의 영역을 확장하여 인지적인 것뿐만 아니라 비인지적인 것까지도 포함하는 포괄적인 견해를 갖고 있다는 것이 중심적으로 논의된다. 7장은 예술철학에 관해 논의한 것이다. 이 글은 듀이의 예술철학이 경험철학과 구분되는 별도의 영역이 아니며 경험철학과 연속성이 있다고 주장하고 그의 미학을 '의미의 미학'으로 해석한다. 8장에서는 듀이의 예술 개념이 삶의 예술이라는 것에 관해 논의한다. 그는 예술을 분석 미학과는 전혀 다르게 '미적 경험'으로 정의하는데, 그것은 풍부한 의미를 통해 자아를 확장하여 삶을 고양시키는 성장 개념과 결부된다고 결론지었다. 각 장의 내용에 대한 요약은 결론에 배치한다.

제2장
언어: 비트겐슈타인적으로 듀이 읽기

1. 머리말

이 글은 후기 비트겐슈타인(L. Wittgenstein)의 시각을 통해서 듀이(J. Dewey)의 철학을 '완화된 상대주의'(modified relativism)로 재해석하는 데 목적이 있다.[1)] 이 재해석은 두 가지 국면을 축으로 이루어지는데, 첫째는 후기 비트겐슈타인을 완화된 상대주의로 읽는 것이고, 둘째는 후기 비트겐슈타인과 듀이의 언어관의 유사성을 드러내는 것이다. 듀이와 후기 비트겐슈타인은 언어와 세계와의 대응관계를 전제하는 객관주의적 언어관을 비판하고, 언어와 언어 사용자의 관계 문제에 논의의 초점을 옮겨가고 있다는 점에서 유사하

1) 노양진은 20세기 후반 객관주의를 거부하는 수많은 논의가 성공적일수록 강한 상대주의적 경향을 띠며, 그러한 경향은 허무주의적 상대주의에의 전락이라는 위협에 직면하게 된다고 지적한다. 객관주의 아니면 상대주의라는 대립이 피할 수 없는 원리적인 딜레마라고 한다면, 노양진은 상대주의를 물리치기보다는 이 대립을 넘어서는 상대주의의 가능성과 필요성을 탐색하는 것이 주된 철학적 과제라고 파악한다. 따라서 그는 '체험주의'(experientialism) 입장에서 객관주의와 허무주의적 상대주의의 중간 지대를 차지하고 있는 일종의 '완화된 상대주의'를 제안한다. 완화된 상대주의는 객관주의로 회귀하지 않으면서도 허무주의적 상대주의로의 전락을 막을 수 있는 제약의 가능성이다. 노양진, 『상대주의의 두 얼굴』 (파주: 서광사, 2007), 서론 참조.

다. 언어관의 이러한 유사성에도 불구하고 후기 비트겐슈타인의 철학에 대해 상대주의라는 비판은 매우 드문 반면, 듀이의 철학은 변화를 수용하여 단일한 절대적인 척도는 존재하지 않는다고 말하기 때문에 지속적으로 상대주의라는 비판을 받아왔다. 그것의 주된 이유를 들자면 듀이 시대에는 고전적 의미의 객관주의와 상대주의라는 구분만 있었을 뿐 중간적 해석이 없었기 때문인 것으로 보인다. 그러나 후기 비트겐슈타인이 드러내는 자연주의적인 방식으로 듀이의 철학을 읽으면 매우 다른 국면에서 조망될 수 있다.

필자는 '과학주의'(scientism)나 '환원주의'(reductionism)와는 구분되는 자연주의적인 입장에서 후기 비트겐슈타인과 듀이가 공유하는 언어관에 주목함으로써 듀이의 철학이 비트겐슈타인과 마찬가지로 완화된 상대주의의 한 형태로 해석될 수 있다는 것을 드러내려고 한다. 분석철학이 언어의 검증원리를 제시하지 못해 지적 종말에 이르렀다고 퍼트남(H. Putnam)이 선언한 이후, 로티는 분석철학자들과 해체주의자들의 여정의 끝에 듀이가 기다리고 있다고 주장한다. 힉맨(L. Hickmann) 역시 듀이의 철학이 포스트모더니즘에 대한 대안이 될 수 있다고 제안한다.[2] 듀이의 철학이 분석철학과 포스트모더니즘에 대한 대안으로 제시되고 있는 상황에서 그의 언어철학은 논리학과 형이상학을 연결시켜주는 중요한 역할을 한다.[3] 따라서 오늘날 듀이 철학의 현재성을 드러내기 위해서는 그

2) Larry Hickman, *Pragmatism as Post-Postmodernism: Lessons from John Dewey* (New York: Fordham University Press, 2007), pp. 13-14 참조.

3) 슬리퍼(R. W. Sleeper)는 듀이의 언어이론이 논리학과 형이상학을 연결 시켜주는 중요한 역할을 한다고 지적한다. Sleeper, *The Necessity of Pragmatism: John Dewey's Conception of Philosophy* (New Haven, Conn.: Yale University Press, 1986), p. xi. 또한 슬리퍼는 듀이가 『경험과 자연』과 『논리학: 탐구이론』에서 중심적인 장들을 언어철학에 할당한 것은 의사소통이 가능하고 필연적인 이유의

의 언어관에 대한 검토가 필요하다.

비트겐슈타인은 전기에서 후기로 전환한 이후 본질주의적 언어관을 비판하고 '가족 유사성'(family resemblance) 개념을 도입하지만 상대주의자로 간주되지는 않는다. 후기 비트겐슈타인의 이론이 상대주의로 간주되지 않는 이유에 대해 이승종은 중요한 지적을 한다. 이승종은 후기 비트겐슈타인의 핵심 개념 중의 하나인 '삶의 형식'(form of life)에 초점을 맞추고 그것을 인간이 공유하는 자연적 조건으로 해석함으로써 비트겐슈타인이 상대주의자가 아니라고 주장한다.[4] 듀이는 인간의 자연적 조건에 대한 믿음을 공유하고 있으므로 그의 언어관을 제약된 상대주의의 한 형태로 읽어낼 수 있다. 이러한 관점에서 최근 퍼트남은 듀이의 입장을 '오류주의 겸 반회의주의'(fallibilism cum antiskepticism)[5]로 특징짓고 합리주의의 관점에서 '객관적 상대주의'(objective relativism)로 간주한다. 그러나 퍼트남은 그러한 중간 입장이 어떻게 가능한지에 대한 구체적인 해명을 제시하지 않는다. 퍼트남뿐만 아니라 듀이를 상대주의자가 아니라고 옹호하는 입장은 그가 왜 상대주의가 아닌지에 대해 구체적인 해명을 하지 않고 있다.

필자는 2장에서 언어의 사용에 있어서 '일상성(ordinariness)으로의 복귀'를 주장하는 비트겐슈타인의 철학을 자연주의적으로 해석하여 완화된 상대주의가 가능한 방식을 제시할 것이다. 3장에서 듀이의 자연주의적 언어관은 경험의 중심 원리인 '연속성'(continuity)

배경 이론을 제공하려는 의도였다고 말한다. 같은 책, p. 6.

4) 이승종, 「비트겐슈타인과 로티: 자연주의와 해체주의」, 김동식 편, 『로티와 철학과 과학』 (서울: 철학과현실사, 1997), p. 147 참조.

5) 힐러리 퍼트남, 『존재론 없는 윤리학』, 홍경남 역 (서울: 철학과현실사, 2006), p. 152.

과 '상호작용'(interaction)에 근거한다는 것을 밝힌다. 4장에서 이렇게 구성된 듀이의 언어관을 비트겐슈타인의 완화된 상대주의의 한 형태로 해석할 수 있다고 제안할 것이다. 이러한 논의의 의의는 자연주의적 언어관은 초월적인 객관성을 확보할 수는 없지만 삶의 형식의 일상성과 경험의 '공통성'(commonality)을 확보함으로써 객관주의 아니면 상대주의라는 전통적인 이분법을 벗어나 다양성을 수용하면서도 허무주의적인 상대주의를 극복하는 제3의 방식을 제공해 준다는 데 있다.

2. 비트겐슈타인의 일상성으로의 복귀

후기 비트겐슈타인을 자연주의로 해석하는 입장 중에서 핸플링(O. Hanfling)은 비트겐슈타인과 흄(D. Hume)을 비교하며 그 공통점들에 대해 서술한다. 두 입장은 철학자의 '정신적 평안'(mental welfare)에 관심을 갖고서 철학자가 '왜?'라고 압박하여 질문하는 것은 사유를 왜곡시키므로 치료되어야 할 질병으로 간주한다.[6] 그리하여 인간의 본성에 대한 탐구는 이성적으로 정당화를 하려는 대신에 우리에게 자연스럽게 발생하는 것 내지는 자연적 반응을 기술하는 것에 만족해야 한다는 것이다.[7] 양은석은 이러한 핸플링의 입장을 수용하여 후기 비트겐슈타인을 '흄적 자연주의'로 해석한다.[8] 그 이유는 비트겐슈타인이 철학을 논의하는 방식의 구조가

---

6) Oswald Hanfling, "Hume and Wittgenstein," ed. G. Vesey, *Impressions of Empiricism* (London: Macmillan, 1976), pp. 48, 53 참조.

7) 같은 논문, p. 54.

8) 양은석은 흄적 자연주의를 '반과학적 자연주의'로 간주하는데 그것은 철학과

자연주의의 선구자 흄이 자연화의 방법인 '유사성'과 '자연성'을 논의하는 방식의 구조와 유사하기 때문이다.[9] 비트겐슈타인의 철학에서 유사성의 방법은 가족 유사성을 통해 드러나고 자연성의 방법은 언어 사용이 본능이라는 점에서 찾는다.[10] 그러나 비트겐슈타인을 흄적 자연주의로 해석할 경우 직면하는 문제는 언어 사용의 기반이 되는 삶의 형식에 관한 논의가 없다는 점이다.

하크(R. Haack)는 자연주의를 세 가지로 구분하는데 첫째, 흄처럼 논리학, 도덕, 비평과 정치학을 탐구하는 데 있어서 자연과학의 방법들을 사용한다는 의미의 자연주의다. 둘째, 흄은 인간학을 인간 본성에 관한 기술에서 시작해야 한다고 주장한다는 의미의 기술적 자연주의가 있다. 셋째, 철학이 과학의 정초를 제공해야 한다는 제일철학의 목적을 포기하는 것으로서의 자연주의다. 이 세 가지 중에서 하크는 비트겐슈타인의 자연주의가 두 번째와 세 번째 자연주의에 해당하는 것으로 간주한다.[11] 이 두 가지 의미의 자연주의는 비트겐슈타인이 가족 유사성을 통해 본질주의적인 언어관을 비판하고 일상성으로의 복귀를 주장하는 과정에서 드러난다.

과학의 연속성을 거부하는 입장을 의미한다. 양은석, 「자연주의 두 얼굴: 과학주의 내 빈과학주의」, 『철학』, 제73집 (2002), p. 138.

9) 유사성이란 자아나 대상은 동일성을 담지하는 관념이지만 그 관념을 이론적으로 정당화할 수 있는 관찰 전거가 없기 때문에 허구적 신념에 불과하며 실제로는 유사성이 그 계기를 제공한다는 것이다. 자연성이란 피할 수 없어서 받아들여야만 하는 자연적 성향을 말하는 것으로 유사한 지각들을 동일한 관념 대상으로 파악하는 것은 인간 상상력이며 이것은 본능에 속하므로 회의될 수도 없고 정당화될 수 없다는 것이다. 양은석. 「후기 비트겐슈타인의 자연주의 언어철학」, 『철학』, 제60집 (1999), pp. 246-250 참조.

10) 루트비히 비트겐슈타인, 『쪽지』, 이영철 역 (서울: 책세상, 2006), §545 참조.

11) Robin Haack, "Wittgenstein's Pragmatism," *American Philosophical Quarterly*, Vol. 9 (1982), pp. 2-3.

비트겐슈타인은 철학적 문제가 본질을 추구하는 우리의 사고의 경향인 "일반성에 대한 열망"(craving for generality)[12]에서 비롯된 치료해야 할 질병이라고 진단한다. 그리고 그는 철학적 문제를 이론을 구성하여 해결하기보다는 해소되어야 한다고 여긴다. 철학적 문제는 개념의 형이상학적인 사용으로부터 발생하는데 그 혼란을 제거하기 위해 비트겐슈타인은 철학적 작업이 "낱말들을 그것들의 형이상학적 사용으로부터 그것들의 일상적 사용으로 다시 돌려보내는 것"[13]이어야 한다고 말한다. 그의 철학적 시도는 낱말의 의미가 그 개념이 쓰인 고향으로 되돌아가서 일상언어들이 사용되는 방식에서 명료해진다는 점에서 일상성으로의 복귀인 것이다.

비트겐슈타인의 일상성으로의 복귀는 우리에게 주어진 일상적인 언어 사용을 기술(description)하는 방법을 통해 도달한다. 비트겐슈타인은 "모든 설명은 사라져야 하고, 오직 기술만이 그 자리에 들어서야 한다"(『탐구』, §109)고 주장한다. 설명이란 이성적 추론을 통해 이론을 정당화하는 작업이며, 기술이란 정당화의 전제 조건을 밝히는 작업으로 우리의 삶 속에서 의심의 여지없이 당연하다고 받아들이는 것을 대상으로 한다. 비트겐슈타인의 기술로서의 자연주의는 체계적 이론화를 위한 그 어떤 설명도 거부하므로 철학이 과학의 정초를 제공해야 한다는 제일철학을 포기하는 것으로서의 자연주의도 함축한다.

그렇다면 기술적 방법을 통해 우리가 도달해야 할 일상성의 지반은 어디인가? 철학적 문제란 언어의 논리를 오해하여 발생하는

12) 루트비히 비트겐슈타인, 『청색책·갈색책』, 이영철 역 (서울: 책세상, 2009), p. 40.

13) 비트겐슈타인, 『철학적 탐구』, 이영철 역 (서울: 책세상, 2006), §116. 이하 이 책은 『탐구』로 약하며, 인용은 1부는 절로 2부는 쪽수로 본문에 표시한다.

데, 그것은 전통적인 철학적 탐구가 본질 추구에 집착하여 존재, 진리, 정의 등의 개념이 객관적으로 실재한다고 생각하는 데 있다. 언어 본질주의란 '한 이름 - 한 사물'[14]이라는 전통적인 견해를 수용하여 언어가 사실을 기술하기 때문에 단일한 의미를 갖는다는 것에 근거하여 언어의 본질을 가정하는 입장이다. 본질주의적인 언어관이 전제하는 고전적인 범주 이론에 의하면 모든 구성원은 범주를 결정하는 단 하나의 속성을 공유하므로 동등한 지위를 가지며 언어의 경계는 명확하여 절대적인 기준에 의해 정의될 수 있다.

그러나 비트겐슈타인은 가족 유사성을 통해서 언어들을 관통하는 공통된 일자는 없고 다만 유사성이 있는 언어들이 있다고 주장함으로써 본질주의적인 언어관에 문제가 있다고 지적한다. 이러한 비트겐슈타인의 주장은 인지의미론에 의해서도 확인된다. 인지의미론에 의하면 범주는 공유하는 속성들에 의해 정의되고 그 경계는 고정되어 있다는 고전적인 범주 이론은 그릇된 이론적 가정의 산물이며 오히려 범주는 중심적인 구성원과 비중심적인 구성원에 의해 구성된다는 것이다.[15] 그럼에도 불구하고 우리가 다른 종류의 것들로 범주를 형성하고 같은 명칭으로 부르는 것은 그것들이 유사하기 때문이다. 비트겐슈타인은 가족 유사성에 대해 다음과 같이 서술한다.

---

14) 퍼트남은 대상과 낱말 사이에 지칭 이론을 전제하는 것은 '형이상학적 실재론'이며 이 대응 개념은 증명될 수 없는 이론적 가정에 불과하다고 비판한다. 힐러리 퍼트남, 『이성·진리·역사』, 김효명 역 (서울: 민음사, 2002), p. 64.

15) 가족 유사성은 비트겐슈타인이 본질주의적인 언어관을 비판하기 위해 제안한 핵심적인 개념인데 인지의미론은 고전적인 범주 이론에 결함이 있다는 것을 최초로 알아차린 사람은 비트겐슈타인이라고 지목한다. G. 레이코프, 『인지의미론: 언어에서 본 인간의 마음』, 이기우 역 (서울: 한국문화사, 1995), p. 17.

> 나는 이러한 유사성들을 "가족 유사성"이란 낱말에 의해서 말고는 더 잘 특징지을 수 없다. 왜냐하면 몸집, 용모, 눈 색깔, 걸음걸이, 기질 등등 한 가족의 구성원들 사이에 존재하는 다양한 유사성들은 그렇게 겹치고 교차하기 때문이다. 그리고 나는 '놀이들'은 하나의 가족을 이루고 있다고 말할 것이다(『탐구』, §67).

가족 유사성의 사례로 제공된 언어들은 '언어게임'(language game)이다. 언어가 뚜렷한 특징에 의해 정의되지 않는다면 여러 가지 형식으로 다양하게 관계하는 언어게임들이 있을 뿐이다. 언어게임이란 "언어를 말하는 것이 어떤 활동의 일부"(『탐구』, §23)로 언어가 어떤 목적을 위해서 사용되는 구체적인 상황의 맥락이다. 언어의 의미는 언어가 사용되는 구체적인 상황의 맥락인 언어게임에서의 차이에 의해 명확하게 드러난다. 다양한 목석으로 작동하는 언어게임을 기반으로 비트겐슈타인이 제시한 것은 '삶의 형식'이며 그것은 철학이 기술적 방법을 통해 도달해야 할 일상성의 지점이다.

본질주의적인 언어관을 거부하고 가족 유사성을 수용하게 되면 언어에는 정확한 기준이란 없고 유사성만 있으므로 비트겐슈타인의 언어관은 상대주의라는 비난에 직면할 여지가 있다. 가버(N. Garver)는 삶의 형식에 대한 보다 구체적인 논의를 통해 비트겐슈타인의 언어관이 어떻게 자연주의로 해석될 수 있는지를 제안한다. 삶의 형식이란 "받아들여져야 하는 것, 즉 주어진 것"(『탐구』, 399)으로 언어게임들이 작동하기 위한 조건이며 실제적인 논거들의 궁극적 지반이다. 가버는 삶의 형식을 단일한 자연적 조건으로 해석하여 후기 비트겐슈타인이 상대주의자가 아니라는 아주 중요한 지적을 한다. 가버와 이승종은 비트겐슈타인의 삶의 형식이 인간의 종이라는 자연적 조건을 가리키고 있다는 점을 들어 하나뿐이라고 주장한다. 즉 인간은 언어의 사용과 활동에 차이는 있지만 모두가 공통적으로 언어를 사용한다는 사실은 선험적인 것이라고 주장함으로써 비트겐슈타인을 상대주의자로 간주하지 않는다.[16] 그러나 가버는 삶의 형식에 대한 다양한 해석들을 확정할 수 있는 비트겐슈타인의 언급이 없다고만 주장할 뿐이므로 단일한 삶의 형식은 정당화할 수 있는 근거가 부족하며 또한 삶의 형식을 하나로 볼 경우에 복수로서의 삶의 형식에 대해 해명할 수가 없다. 가버처럼 비트겐슈타인의 삶의 형식을 단일한 자연적 조건에 국한하여 해석하게 되면 삶의 형식을 다수로 해석하는 입장은 논의에서 제외된다.

이와는 달리 비트겐슈타인의 삶의 형식을 단일한 자연적 조건이 아닌 중층적인 구조로 해석하는 입장이 있다. 이명현은 육체와 정신을 분리하지 않는 관점에서 비트겐슈타인의 삶의 형식에 접근한다. 그리하여 삶의 형식은 "원초적 국면"과 "문화적 국면"으로 구성되며 전자는 "인간의 생물학적 특성에 뿌리를 두고 있는 국면"[17]이고, 후자는 "문화권마다 특수적인 것으로 그 문화 구성원에 의해 형성"[18]된 국면이다. 이명현에 의하면 비트겐슈타인의 언어관을 허무주의적 상대주의로 가는 것을 막는 객관주의적 요소는 "인간의 총체적 삶에 있어서 보편성"[19]에 있다. 하지만 이런 논의를 동해 이명현은 비트겐슈타인의 입장에는 문화적 상대주의와 실재론적 객관주의가 대립하고 있다는 다소 불명료한 입장을 보여준다. 이러한 불명료한 입장은 객관주의 아니면 상대주의라는 전통

---

16) Newton Garver, *This Complicated Form of Life: Essays on Wittgenstein* (Chicago, Ill.: Open Court, 1994), p. 266.

17) 같은 논문, p. 241.

18) 같은 논문, p. 247.

19) 같은 논문, p. 251.

철학의 이분법에서 객관주의를 선택하지 않으면 극단적인 상대주의로 빠지기 때문에 생기는 문제이다.

이에 대한 대안으로서 노양진은 반과학적이거나 비환원주의적인 자연주의 입장에서 일상성의 지반으로서 삶의 형식을 '신체화된 개념체계'(embodied conceptual system)라는 개념으로 해석한다.[20] 개념체계란 우리의 지각이나 인식의 배후에서 작동하는 배경 틀로 오늘날 '패러다임'(paradigm), '준거 틀'(frame of reference) 등의 이름으로 논의되는 것이다. 신체화된 개념체계란 그 개념체계가 추상적 실체로 구성된 고정된 틀이 아니라 우리 신체의 활동에 뿌리를 두고 구성된다는 것이다. 이렇게 구성된 개념체계에는 경험의 두 층위가 공존하는데 신체적·물리적 층위와 정신적·추상적 층위이다. 이 개념체계는 두 경험을 동시에 포괄하므로 유동적이지만 비교적 안정적인 경험의 틀이다. 왜냐하면 신체화된 개념체계의 특징은 첫째, 우리의 경험에서 신체적·물리적 층위의 중심성을 주장하고, 둘째, 경험의 두 층위의 상호작용적 구조를 적절하게 해명하는 데 있기 때문이다.[21]

신체화된 개념체계라는 개념에서 삶의 형식을 해석하면 그것은 자연적 층위와 문화적 층위로 구성되어 있다. 자연적 층위는 인간이 생물학적 종으로서 공유하는 단일한 것이지만 그것을 기반으로 형성된 문화적 층위는 은유적 확장을 통해 형성되는 것으로 변이가 있는 다양한 측면이다. 삶의 형식을 자연적 층위와 문화적 층위의 연속된 중층적 구조로 해석하게 되면 서로 상이한 문화적 조건은 다양성을 허용하게 되지만 단일한 자연적 조건이 문화적 다양

20) 노양진, 『몸·언어·철학』 (파주: 서광사, 2009), 12장 참조.

21) 같은 책, p. 281 참조.

성을 제약하는 역할을 하므로 극단적 상대주의로 가는 것을 막아준다. 이것이 의미하는 것은 삶의 형식에 대한 자연주의적 해석은 객관주의와 상대주의라는 전통철학의 이분법을 벗어나 일상성에서 객관성을 확보하여 완화된 상대주의가 가능한 방식을 제안하고 있다는 점이다. 삶의 형식의 일상성을 기반으로 하는 자연주의적 언어관은 초월적인 객관적 기준은 제공할 수 없지만 문화적 다원성을 허용하면서도 허무주의적 상대주의로 나아가지 않는 제3의 관점을 보여준다.

3. 듀이의 경험에 근거한 언어

듀이는 『경험과 자연』에서 자신의 철학적 입장을 "경험적 자연주의"(LW1: 10)라고 밝히는데, 그것은 자연이 경험에 의해 밝혀져야 한다는 것으로 일상적인 경험의 중요성을 강조하며 철학적으로 재정립한 입장이다. 이것은 철학의 결론이 일상적인 경험으로 회부되어 검증될 때 더 의미있게 되는데, 많은 철학은 일차적 경험을 낮게 평가하고 오히려 일상적인 삶과는 동떨어진 철학적 실재를 우월하게 여김으로써 정신과 물질이라는 이원론을 초래했다는 반성에서 비롯되었다. 경험적 자연주의는 현대 과학의 성과들을 자유롭게 수용하며, 경험이 탐구의 출발점이나 최종 목표가 되어야 한다는 입장이다. 그리고 듀이는 자연주의적이라는 말의 의미를 다음과 같이 표현한다.

> '자연주의적'이라는 용어는 다양한 의미를 갖는다. 그것이 여기에서 사용된 의미는 한편으로는 탐구 작용과 생물학적·물리적 작용 사

> 이에는 연속성이 있어서 단절이 없다는 것이다. 다른 한편으로는 '연속성'이라는 말의 의미는 이성적 작용들은 유기적 활동으로부터 성장하지만 창발하는 그것과 동일하지 않다는 것이다.[22]

듀이의 자연주의는 정신적인 작용이 유기체의 활동과 별도로 존재하는 것이 아니라 연속적이므로 추상적인 지적 탐구도 생물학적이고 물리적 작용과 분리되어 추구되어서는 안 된다는 것을 의미한다. 그것은 탐구 활동이 일상적이고 자연적인 과정으로부터 관찰과 실험을 통해 일반화된 것이지 신비한 직관으로부터 유래하지 않는다는 뜻으로 초월적인 것을 거부하는 입장이다.

듀이는 자연주의적 방법으로 경험을 새롭게 해석하여 경험에 근거한 언어관을 구성한다. 경험이란 "인간적인 특징을 갖는 모든 것의 복합체"(LW1: 331)로 언어는 그러한 경험의 활동이 확장하는 과정에서 창발한 것이다. 언어가 창발한다는 것은 인간과는 무관하게 언어가 그 자체 본질을 가지고서 존재하는 것이 아니라, 인간의 행위가 경험을 확장하는 과정에서 진화한 것으로 "인간 사회의 자연적 기능"(LW1: 137)이다. 듀이가 언어를 창발에 의해 인간 행위가 진화한 것으로 표현한 것은 환원주의를 배제하여 언어를 자연주의적으로 해명하려는 것이다. 언어에 대한 해명에서 환원주의를 배제한다는 것은 언어가 물리적·생물학적 조건들로부터 창발하지만 복잡한 화행과정을 단지 후두의 운동으로 환원시킬 수는 없다는 것이다.[23]

그렇다면 듀이에게 있어서 언어는 무엇인가? 언어는 구성원들이 있고 그 구성원들이 언어 습관을 획득하는 조직된 집단을 전제

---

22) Dewey, *Logic: The Theory of Inquiry: The Later Works, 1925~1953*, Vol. 12, ed. Jo Ann Boydston (Carbondale, Ill.: Southern Illinois University Press, 2008), p. 26.

23) S. M. 에임즈, 『실용주의: 퍼어스, 제임스, 듀이, 미이드의 철학』, 조성술·노양진 역 (광주: 전남대학교출판부, 1999), p. 56 참조.

하는 "행위의 형식"(form of action)(LW1: 144)으로서 언제나 공동의 목적을 실현하기 위한 활동의 수단으로 사용되는 도구이다. 이러한 측면에서 블랙(M. Black)은 듀이의 언어에 대한 일반적인 견해를 "인간 목적을 달성하기 위한 도구"[24]라고 요약한다. 알렉산더(T. Alexander)는 듀이의 언어를 자연 유기체의 행동 과정에서 진화된 형식이라는 점을 강조하여 "행위로서의 의미 이론"(theory of meaning as act)[25]이라고 명명한다. 무엇보다도 듀이가 강조하는 언어의 핵심은 의사소통(communication)이다. 의사소통이란 "동반자가 있는 활동에서 합의하여 수정과 규제를 통해 협력을 끌어내는 것"(LW1: 141)이다. 의사소통이 도구인 것은 공동체의 목적을 실현시키기 위해 사회적인 협동과 참여 행위를 조정하는 활동이기 때문이다.

듀이가 자연주의적 언어관을 제안한 목적은 물리적인 경험 세계와 관념적인 경험 세계의 이원론적 구분을 제거하고 연속성을 회복시키려는 데 있다(LW1: 7). 경험 세계를 물리적인 것과 관념적인 것으로 구분한 것은 초월주의의 언어관에서 비롯되었다. 왜냐하면 초월주의적 언어관은 언어의 기원과 지위에 대해 자연주의적 개념을 갖고 있지 않아서 말(logos)과 정신을 동일시할 뿐만 아니라 초자연적인 것으로 인식했기 때문이다. 사유는 인간이 상상력(imagination)을 통해 언어의 의미를 소유함으로써 생겨났음에도 불구하고, 형상과 본질이라는 이름 하에 사유를 경험으로부터 분리시키고 비자연적인 것으로 취급함으로써 두 경험 세계 사이에 "존

24) Max Black, "Dewey's Philosophy of Language," *The Journal of Philosophy*, Vol. 59 (1962), p. 200.

25) Thomas Alexander, *John Dewey's Theory of Art, Experience & Nature: The Horizons of Feeling* (Albany, N.Y.: SUNY Press, 1987), p. 123.

재와 본질의 간격"(LW1: 133)이 발생한 것이다.

물리적인 세계와 관념적인 세계를 자연주의적으로 연결시키기 위한 대안을 듀이는 경험으로부터 분리되지 않는 언어에서 찾는다. 슬리퍼에 의하면 듀이는 언어에 관한 사회이론을 구성함으로써 "의사소통이라는 공유된 경험에서 사건들을 대상으로 변형하는 언어적 인공물의 작동에 관한 세부적인 것을 완성"[26]하려고 했다. 그것은 "문화적인 현상으로서의 언어가 생물학적 행동과 존재적으로 연관되는 방식, 사회적인 의사소통이 자연적 유기체와 환경에서 이미 현존하는 물질적 특성과 특징에 대해 있는 우연적인 방식"[27]에 대한 해명이다. 여기서 우연적인 방식이란 이성을 통해서 언어를 정당화할 수 있는 필연적인 근거란 없다는 뜻이다. 이러한 해명이 가능한 것은 듀이의 언어가 생물학적인 것을 지적인 것으로 변형시키는 특별한 기능을 가지고 있기 때문이다.[28] 그래서 빈팔(P. Wienpahl)에 의하면 듀이의 언어이론의 근본 원리는 "몇 가지 생생한 재료의 경험 국면을 의도에 따라 새로운 대상들로 변형시키기 위해 사용되는 도구"[29]라는 것이다. 언어는 인간의 생물학적 활동으로부터 창발하며 인간은 언어를 획득하고 이해함으로써 "문화적 조건의 효과를 인간의 물리적 구조 내에 통합"[30]시킨다. 이것은 듀이의 언어가 한편으로는 자연과의 연속성 속에서 유기적인 활동으로부터 등장하는 행동의 생물학적 양상의 측면을 가지고 있

26) Sleeper, *The Necessity of Pragmatism*, p. 137.
27) 같은 책, p. 142.
28) Dewey, *Logic: The Theory of Inquiry*, p. 51 참조.
29) Paul Wienpahl, "Dewey's Theory of Language and Meaning," in Sidney Hook, ed., *John Dewey: Philosopher of Science and Freedom* (Westport, Conn.: Greenwood Press, 1976), p. 272.
30) Dewey, 같은 책, p. 52.

으며, 다른 한편으로는 한 개별자가 다른 개별자에게 관심을 갖고 공동체에 참여한다는 사실의 측면을 갖고 있다는 것을 보여준다.

듀이는 경험에 근거한 언어관을 통해 자연주의적 연결을 시도한다. 자연주의적 언어는 경험에 근거하므로 그 경험의 핵심적인 두 원리인 연속성과 상호작용에 의해 해명될 수 있다. 상호작용이란 유기체와 환경 사이에 발생하는 작용이고 연속성이란 몸과 마음, 물리적인 것과 정신적인 것 사이에 "완전한 단절"[31]을 배제한다는 원리다. 이에 관하여 듀이는 다음과 같이 말한다.

> 연속성과 상호작용이라는 두 원리는 서로 분리되어 있는 것이 아니다. 그 원리들은 가로막고 결합한다. 말하자면 이 원리들은 경험의 종적인 면과 횡적인 면이다. 다른 상황들이 계속해서 이어진다. 그러나 연속성의 원리 때문에 앞선 상황에서 다음의 상황으로 무언인가가 전해진다. 개인이 한 상황에서 다른 상황으로 지나감에 따라 그의 세계, 그의 환경은 확장되거나 축소된다.[32]

경험의 두 원리인 연속성과 상호작용은 따로 분리되어 작용하는 것이 아니라 가로막기도 하고 결합하기도 하면서 함께 작용한다. 그것들은 마치 날실과 씨실처럼 경험의 시간적인 면과 공간적인 면에 해당한다.

먼저 자연에서 언어의 등장은 상호작용으로 설명할 수 있다. 자연은 실체가 아닌 사건들이 상호 침투하는 작용들로 이루어졌는데 그 수준과 단계들은 다양하여 다음 세 가지로 구분된다(LW1: 208). 첫째는 물질을 일반적인 성격으로 정의하는 물질적 단계이고, 둘

31) 같은 책, p. 30.

32) Dewey, *Experience and Education: The Later Works, 1925-1953*, Vol. 13, ed. Jo Ann Boydston (Carbondale, Ill.: Southern Illinois University Press, 2008), p. 25.

째는 심적-물질적인 것을 정의하는 성질들을 공통적으로 가진 생명의 단계이며, 셋째는 내면이 다양한 개인들로 구성된 단계로 그 공통성은 의미들을 소유하고 그 의미에 반응함으로써 정신, 의사소통, 참여가 등장하는 단계이다. 이 마지막 세 번째 정신적 단계에서 인간은 언어를 만들고 의사소통을 통해 공동체의 활동에 참여한다.

듀이는 상호작용의 개념을 인식작용을 포함하는 '교호작용'의 개념으로 대체함으로써 발생론적인 접근 방식을 통해 기호의 기원과 진화 과정을 자세히 해명한다.[33] 교호작용으로 언어를 설명하는 것은 언어가 단지 사유를 전달하는 매개 수단이 아니라 인간이 환경에 적응하는 행동으로부터 비롯되어 발전해 왔다는 것을 강조하기 위해서다. 기호가 진화하는 과정에는 '신호'(signal), '의미부여'(designation), '상징'(symbol)의 세 단계가 있다.[34] 신호는 언어로 들어가기 전 초기 기호의 단계로, 언어가 개입되지 않는 '자연적 기호'의 단계이며 언어 표현의 단계로서는 가장 초보적이다. 의미부여(designation)의 단계에는 외마디 소리인 '단서'(cue), 대상에 대해 서술하고 특성을 부여하는 '기술'(description)과 '특성부여'(characterization), 엄밀한 과학적 탐구의 결과를 진술하는 '상세화'

---

33) 듀이는 상호작용과 교호작용(transaction)을 구분한다. 상호작용은 유기체와 환경이라는 두 실재가 존재하면서 서로 영향을 주고 받는다는 것으로 주로 물리적이고 인과적인 작용의 의미를 갖는다. 교호작용은 듀이가 후기 저작인 *Knowing and the Known*에서 상호작용을 보완하여 포괄적인 의미로 사용하기 위해 만든 것으로, 두 실재가 존재하는 것이 아니라 그 관계의 전체론적 측면을 강조하며 광범위한 인식작용을 포함하는 작용을 나타내는 말이다. 본 논문에서는 두 용어의 의미가 다르므로 구분하여 함께 사용할 것이다.

34) John Dewey & Arthur F. Bentley, *Knowing and the Known: The Later Works, 1925-1953*, Vol. 16, ed. Ann Boydston (Carbondale: Southern Illinois University Press, 2008), pp. 135-153 참조.

(specification)라는 세 과정이 있다. 상징이라는 기호 과정의 마지막 단계는 '인위적 기호'이며 수학 기호들이나 개념화된 원리와 같은 것으로 언어 체계 속에서 의미의 다양성을 추구하는 단계이다.[35] 인위적 기호로서 상징들은 언어 체계 속에서 상호 관련되고 통합되어 간다. 그리고 그 의미들은 확장될 뿐만 아니라 정교해진다.

위의 세 번째 단계에서 자연적 사건은 의사소통을 통해서 정신적 세계와 연결되는데 이것은 연속성으로 설명된다. 자연은 원래 사건들로 구성되는데, 자연적 사건들은 공적인 논의나 대화의 조건을 충족시키기 위해서 의사소통에 의해서 다시 생각되고 수정됨으로써 대상, 즉 의미를 가진 사물이 된다. 사물이 의미를 획득하게 되면 사물은 존재하지 않을 때에도 환경 속에서 대표자로 활동하는데, 환경 내에서 사건들의 의미는 상상력 안에서 무한히 결합되고 재배열되어 사고를 형성한다. 즉 인간은 말을 통해 사고하고 인식하는 의미의 세계를 만듦으로써 사고는 의미들을 소유하게 되는 것이다. 듀이는 인간이 물리적인 접촉에 대해 반응할 뿐만 아니라 의미에 반응한다는 점에서 동물과 차이가 있다고 본다. 인간은 의미에 반응하고 그것을 사용하는 능력이 있기 때문에 동물과는 다르게 관념적이고 정신적인 세계를 갖는다.

그렇다면 상상력을 통해 만들어진 이러한 관념적인 세계의 객관성은 무엇으로 보장하는가? 듀이는 의미가 "자연적 상호작용의 양식"(LW1: 149)이기 때문에 사적이지 않고 객관적이라고 주장한다. 의미는 화자, 청자 그리고 사물 간에 공통된 것으로, 우리가 공동으로 추구하는 결과를 완성시키기 위해 사물에 부여하는 규칙이다.

35) 듀이는 기호를 포괄적인 의미로 수용하여 '자연적 기호'와 '인위적 기호'로 구분한다. 전자는 언어가 개입되지 않은 것을 가리키고 후자는 언어적 기호나 부호가 개입된 것을 가리킨다. Dewey, *Logic: The Theory of Inquiry*, p. 57.

의미는 상징들과의 결합을 통해 맥락 내에서 발생하므로 변형을 겪어 소멸하기도 하지만 타인과의 의사소통을 통해서 공유하게 되므로 사적일 수가 없다. 공유된 언어의 의미는 퍼트남이 말한 것처럼 일정 정도 객관적인 의미와 상대적인 의미를 모두 포함하게 된다.

이렇게 구성된 듀이의 자연주의적인 언어가 사적이거나 상대적이 아닐 수 있는 것은 생물학적 유기체의 활동으로부터 연속적으로 창발하고 상호작용을 통해 의미의 세계를 타자들과 공유한다는 점에 있다. 듀이의 언어는 초월적인 객관성을 거부하므로 절대적인 기준은 확보할 수 없지만 인간의 경험에 근거하여 공통성을 확보한다는 점에서 새로운 기준을 제공하고 있다. 경험에 근거한 언어관은 상호작용을 통한 포괄적인 것이므로 누구 한 사람의 경험도 아닌 모든 사람들의 경험이기 때문이다. 언어는 성숙한 사람이건 미숙한 사람이건, 재구성된 과거의 경험이건, 현재에 알려진 경험이건, 모든 경험에 근거하므로 경험의 공통성을 확보한다. 자연주의적으로 해명된 듀이의 언어는 경험의 공통성에 근거하여 객관성을 확보하는 방식을 제안하고 있다.

4. 언어의 자연주의적 기반

자연주의를 수용하게 되면 초월적인 기준은 있을 수 없으므로 객관주의는 확보될 수 없으며 그 귀결은 제일철학과 토대주의의 거부로 나타난다. 그러나 객관주의를 거부하게 되면 단일한 기준을 인정하지 않으므로 다원주의를 받아들일 수밖에 없는데 그로부터 발생하는 것은 상대주의 문제다. 비트겐슈타인을 상대주의로 해석하는 입장은 드물지만 듀이는 상대주의로 종종 해석된다. 그 이유는 듀이의 시대에는 객관주의 아니면 상대주의라는 이분법적 시각이 지배적이었기 때문이다. 그러나 비트겐슈타인의 자연주의적 언어관의 관점에서 듀이의 언어관을 읽게 되면 듀이 역시 상대주의자가 아니라는 것이 밝혀진다.

퍼트남은 객관주의와 상대주의라는 이분법적 사고를 해체하고 극단화되지 않는 대안적 입장을 제안하는 과정에서 비트겐슈타인과 듀이라는 두 철학자에 주목한다. 퍼트남은 비트겐슈타인이 듀이와 함께 자연주의를 공유함으로써 거대한 형이상학적 건설을 하지 않고도 해체주의로 가지 않는 철학적 숙고를 제안한다는 것이다.

> 듀이와 비트겐슈타인은 어떻게 철저히 정직한 철학적 숙고가, 진리 자체를 혹은 세계 자체를 "해체하자"라는 번지르르한 주장 없이도, 우리의 편견과 우리가 애호하는 신념, 그리고 맹점을 들추어낼 수 있는가 하는 것을 가장 잘 보여 주었다. 만일 어떤 해체의 교훈이, **모든 것**이 '해체'될 수 있다는 것이라면, 그 해체는 아무런 교훈도 지니지 못한다.[36]

퍼트남은 『이성, 진리, 역사』에서 듀이의 입장을 '객관적 상대주의'라고 말한다. 객관적 상대주의란 "사물들은 상황에 따라서 옳거나-객관적으로-그를 수-객관적으로-있으며 이때 상황이란 문화와 환경"[37]을 말한다. 퍼트남은 이 입장을 "온건한 상대주의"(moderate relativism)라고 말하는데 그것은 가치 중에는 "객관적으로 상대적인 가치"도 있다는 의미다.[38] 즉 가치를 만드는 사람들이

---

36) 퍼트남, 『과학주의 철학을 넘어서』, 원만희 역 (서울: 철학과현실사, 1998), p. 269. (고딕은 원문의 강조)

37) 퍼트남, 『이성, 진리, 역사』, p. 192.

38) 같은 책, p. 198.

처한 상황, 자연, 그리고 역사가 주어졌을 때 객관적으로 합리적인 가치도 있다는 것이다. 퍼트남이 온건한 상대주의의 입장에서 말하는 객관성이란 "아무리 인간적인 객관성이라 하더라도 우리의 문제를 해결해 주기에 충분"[39]하다는 것이다. 퍼트남은 듀이가 민주주의에 대한 철학적 정당화를 통해서 상대주의와 회의주의에 빠지지 않는 방식을 잘 보여 주었다고 칭찬하지만, 듀이의 자연주의가 어떻게 상대주의와 회의주의에 빠지지 않는 객관적 상대주의일 수 있는지에 대해 구체적인 논의는 제시하지 않는다.

비트겐슈타인과 듀이의 자연주의적 언어관은 철학과 과학의 연속성에 대한 입장은 다르지만 과학이 궁극적 진리를 제공해 줄 것이라고 믿는 과학주의와 모든 것이 물리적 용어로 환원될 수 있다고 주장하는 환원주의는 거부하며 다음과 같은 유사성들을 갖는다. 첫째, 비트겐슈타인과 듀이는 각각 언어에는 본질이 있다거나 언어의 의미는 세계와의 지칭 관계에서 발생한다는 것을 거부하고 언어와 사용자와의 관계로 전환한다. 둘째, 언어와 사용자와의 관계에서 비트겐슈타인은 인간의 언어 사용을 본능적 행위라고 보며, 인간은 동물에 그치지 않고 이해하고 추리하는 능력은 동물과 공유하는 원시적 능력에서 성장한 것으로 보았다. 언어는 의사소통의 수단이지 어떤 추리 능력으로부터 생겨난 것이 아니라는 것이다. 또한 듀이는 인간이 언어를 사용하는 것을 인간 사회의 자연적 기능이며 인간이 동물과 다른 것은 언어를 사용하는 데 있다고 본다. 셋째, 이 두 입장은 언어가 실제로 사용되는 구체적인 상황적 맥락에서 그 의미가 발생한다고 주장한다. 이것은 초월적인 입장을 거부하고 구체적인 맥락을 중시하는 것에서 나타나는데 언어

39) 같은 책, p. 199.

의 의미는 의사소통 내지는 언어게임 내에서 발생한다. 넷째, 그들은 언어를 도구로 간주한다. 비트겐슈타인은 언어게임을 통해 언어가 다양한 목적을 실현하기 위해 사용되고 있다고 주장하며 단어를 도구상자 속의 도구와 같다고 표현하여 언어에 도구주의적인 측면이 있다는 점을 드러낸다. 듀이도 언어를 도구로 간주하는데 그것은 공동체의 목적을 실현시키기 위한 수단들을 사용하기 위해서는 언어로 지시하고, 암시하고, 기록해야 하기 때문이다. 블랙은 후기 비트겐슈타인과 듀이 언어의 유사성이 형식 논리에 대한 회의적인 태도에서 비롯된다고 본다.[40] 따라서 그들은 언어의 의미를 전통철학과는 다르게 '사용'(use)으로 전환하여 맥락이나 삶의 형식에서 찾고 사적 언어나 특별한 정신적인 영역이 있다는 관념에 반대한다.

비트겐슈타인의 자연주의적인 방식으로 듀이를 재해석하게 되면 그 역시 객관주의 아니면 상대주의라는 이분법을 벗어나므로 상대주의자가 아니다. 비트겐슈타인의 삶의 형식은 생물학적인 인간이 공유하는 자연적 층위와 '상대적 변이'(relativistic variation)가 있는 문화적 층위로 구성된 연속적인 중층적 구조로 해석될 수 있으므로 완화된 상대주의로 간주할 수 있다. 듀이의 경험 세계에는 물리적인 것과 관념적인 것이 따로 존재하는 것이 아니라 인간이 언어를 획득하고 이해함으로써 문화적인 것을 물리적인 것에 합병시킨다. 언어는 생물학적 몸을 가진 유기체가 환경과 상호작용하는 연속적인 과정에서 창발하며 인간은 의사소통을 통해 타자와 언어의 의미를 공유하고 문화를 형성한다. 퍼트남에 의하면 듀이는 자연주의를 "생물-사회 연속성"(bio-social continuity)[41]을 통해

40) Black, "Dewey's Philosophy of Language," p. 203 참조.

언급한다. 듀이의 자연주의적 언어는 경험에 근거하여 생물학적 환경과 문화적인 환경을 연속적인 중층적인 구조로 연결하므로 비트겐슈타인의 삶의 형식처럼 완화된 상대주의로 해석이 가능하다.

비트겐슈타인과 듀이의 언어관에 대한 자연주의적 해석은 최근 인지과학의 성과를 수용하여 경험의 본성과 구조를 새롭게 해명한 체험주의의 입장에 근거한다. 김동식에 의하면 듀이의 자연주의에서 자연의 연속성에 대한 강조는 체험주의로 계승, 발전되고 있다.[42] 체험주의는 우리의 경험이 몸으로부터 확장된다는 점에서 우리의 전 경험이 신체화되어(embodied) 있다고 주장하며 언어가 어떻게 발생하고 확장해 가는지에 대한 자세한 해명을 제공한다. 즉 신체적 활동을 통해서 '영상도식'(image schema)이 발생하며 그것은 추상적 층위로 은유적으로 투사함으로써 언어가 확장해 간다는 것이다.[43] 이 확장 과정은 은유적으로 이루어지기 때문에 산술적인 방식으로 환원되지 않는다. 체험주의는 경험이 몸에 근거한 신체적·물리적 층위로부터 점차 정신적·추상적 층위로 확장해 간다는 것을 인지과학의 성과를 통해 해명한다. 이것은 자연주의적 입장에서 객관주의와 주관주의 이분법의 허구성을 드러냄과 동시에 비트겐슈타인과 듀이 언어관의 현재성도 보여주고 있다.

비트겐슈타인과 듀이의 자연주의적 언어관은 초월적인 관점이 제공하는 객관주의적 토대를 구성할 수는 없지만 삶의 형식의 일상성과 경험의 공통성에서 지반을 확보하는 방식을 제안한다는 점에서 의의가 있다. 이러한 자연주의적 언어관은 삶의 형식과 경험

41) 퍼트남, 『과학주의를 넘어서』, p. 237.

42) 김동식, 『프래그머티즘』 (서울: 아카넷, 2002), p. 213.

43) 마크 존슨, 『마음 속의 몸: 의미, 상상력, 이성의 신체적 근거』, 노양진 역 (서울: 철학과현실사, 2000), 3-5장 참조.

의 중층적 구조에 주목하며, 그것을 토대로 '객관주의 아니면 상대주의'라는 이분법적 언어관이 편향적 견해들이라는 주장으로 나아간다. 비트겐슈타인과 듀이의 언어관을 자연주의로 해석하게 되면 객관주의와 상대주의라는 이분법을 넘어서서 다원주의를 수용할 수 있는 완화된 상대주의라는 제3의 입장이 가능하다.

5. 맺는 말

이 글은 비트겐슈타인의 자연주의적 시각에서 듀이의 철학을 완화된 상대주의로 재해석한 것이다. 먼저 비트겐슈타인의 철학을 자연주의로 해석하기 위해서 그가 가족 유사성을 통해 본질주의적인 언어관을 비판하고 일상성에로의 복귀를 주장한다는 점을 지적했다. 비트겐슈타인이 본질주의적인 언어관을 비판했음에도 불구하고 상대주의가 아닌 것은 언어 사용이 회귀해야 할 일상성의 지반으로서 삶의 형식을 자연적 층위로부터 문화적 층위가 형성되는 중층적인 구조로 해석할 수 있기 때문이다. 삶의 형식에 대한 이러한 자연주의적 해석의 귀결은 인간이 종으로서 공유하는 단일한 자연적 층위가 상대적 변이를 수용하는 문화적 층위의 원천이자 제약하는 역할을 함으로써 다원주의는 수용하지만 극단적 상대주의를 배제하는 완화된 상대주의의 방식을 제공한다는 점에 있다.

듀이의 자연주의적 언어관은 물리적인 경험 세계와 관념적인 경험 세계를 연결시키기 위해 기획되었다. 그는 언어를 통해 경험의 핵심적인 원리인 상호작용과 연속성에 근거하여 자연적 사건과 정신적인 세계를 연결하는 방식을 제안하려는 것이었다. 논의 결과 언어는 인간의 생물학적인 측면에서 창발하지만 인간은 언어를 획득하고 이해함으로써 다시 문화적 환경을 형성하고 인간의 물리적 구조 내에 통합시키는 역할을 한다는 것이 드러났다. 듀이의 언어 역시 생물학적 환경과 그 위에 형성된 문화적 환경이라는 연속적인 중층적인 경험 구조에 기반하고 있는 것이다. 그리고 이렇게 형성된 언어관은 경험에서 공통성을 확보하므로 상대주의가 아니다. 듀이의 언어관은 초월적인 기준을 거부하지만 경험의 공통성에 근거하여 허무주의적 분기를 제약하는 지반을 제시하므로 완화된 상대주의로 해석될 수 있다.

철학이 전개된 배경과 입장은 다르지만 후기 비트겐슈타인과 듀이의 언어관이 유사성을 갖는 것은 인간의 생물학적 조건에 기반한 자연주의적 관점을 공유하고 있기 때문이다. 이러한 관점을 공유하게 되면 초월적인 것을 거부하므로 인식론적 상대주의의 위협에 직면하게 된다. 이에 대해 후기 비트겐슈타인과 듀이는 각각 삶의 형식의 일상성과 경험의 공통성을 통해 객관주의와 상대주의라는 이분법을 넘어서는 방식을 제안한다. 오늘날 인지과학의 성과가 틀린 것이 아니라면 객관주의 아니면 상대주의라는 전통적인 이분법적 구분은 우리의 실제적 경험에 부합하지 않는 이론적 가상이다. 자연주의적 언어관은 객관주의와 상대주의를 넘어서 제3의 시각에서 완화된 상대주의가 가능한 방식을 제안한다는 점에서 그 의의가 있다. 나아가 제3의 시각을 제안하는 자연주의적 언어는 오늘날 절대적인 기준을 부정하고 허무주의적 상대주의로 나아가는 포스트모더니즘에 대한 대안적 언어관을 제공할 수 있다는 점에서 후기 비트겐슈타인 철학의 현재성이 드러남과 동시에 듀이 철학의 현재성도 드러낸다.

제 3 장
지식론 재구성하기

1. 머리말

분석철학자들의 눈에 듀이(J. Dewey)의 철학은 세련되지 못하고 지나간 구시대의 학설로 간주되었다. 그러나 분석철학을 이끌어 가는 영어권의 주요한 철학자들은 실용주의에서 대안적 사유를 모색하고 그를 앞서간 철학자로 주목한다. 예컨대 분석철학의 역사는 콰인(W. V. O. Quine), 굿맨(N. Goodman), 데이빗슨(D. Davidson), 퍼트남(H. Putnam), 로티(R. Rorty) 등을 통해 "실용주의화하는 특징"[1]을 보여주고 있다. 이들 가운데서 로티는 듀이의 실용주의에 주목하여 실용주의가 부활하는 계기를 마련한다. 로티는 듀이가 제임스와 함께 "분석철학이 거쳤던 변증법적 여정의 종착지에 미리 가서 기다렸을 뿐만 아니라 푸코(M. Foucault)나 들뢰즈(G. Deleuze)가 지금 여행하고 있는 길의 끝에 서서 기다리고 있다"[2]고 말한다. 비록 듀이나 제임스(W. James)에 의해 전개된 실용주의가 분석철학의 등장으로 중도에 좌절되었지만 로티는 듀이의 실용주

1) 리처드 로티, 『실용주의의 결과』, 김동식 역 (서울: 민음사, 1996), p. 29.
2) 같은 곳.

의를 재건하여 자신의 철학적 입장으로 삼으려는 것이다. 로티는 자신의 철학적 귀결이 듀이의 실용주의와 일치한다는 것을 확인하고 이를 통해 분석철학이 좌초한 한계들이 극복될 수 있다고 보았다.[3)]

현대 포스트모던(postmodern) 철학자인 로티가 『철학 그리고 자연의 거울』의 서론에서 듀이를 철학적 영웅으로 간주한 것은 '반표상주의'(anti-representationlism)에 가담하여 전통적인 철학 개념을 비판하는 데 기여했기 때문이다.[4)] 로티는 근세 인식론을 표상주의에 근거하여 지식을 체계화한 것으로 파악하였다. 그리고 반표상주의를 통해 로티는 근세 인식론의 지식 개념이 필연적이 아닌 '선택적'이라는 것을 폭로하고 '교화철학'(edifying philosophy)을 내세우며 실용주의로의 전환을 모색한다. 교화철학은 지식의 토대를 제공하는 것으로서의 철학의 역할을 거부하는 입장이며 나아가 토대없는 철학을 구체화한 '대화로서의 철학'으로 발전한다. 그런데 듀이주의자임을 자처하는 로티는 듀이의 실용주의를 수용하여 자신의 철학적 기조로 삼으려고 함에도 불구하고 지식에 대해 듀이와는 명백하게 다른 입장을 취한다. 심지어 반방법론을 표방하며 지나치게 해석을 강조하는 로티의 입장은 '과학적 방법'(scientific method)을 통해 지식을 체계화하는 듀이와는 대조적이라고 할 수 있다. 실용주의적 전환을 통해 로티는 듀이 철학을 적극적으로 옹호하지만 지식에 대한 아무런 대안도 제시하지 않는 포스트모던적 태도를 취함으로써 수용에 있어서 한계를 드러낸다.

---

3) Richard Rorty, "Comments on Sleeper and Edel," *Transactions of the Charles S. Peirce Society*, Vol. 21 (1985), p. 39.

4) 로티, 『철학 그리고 자연의 거울』, 박지수 역 (서울: 까치글방, 1998), pp. 13-14 참조.

이 글의 목적은 근세 인식론에 대한 듀이의 비판과 그의 대안을 검토하여 풍부한 경험적 탐구의 성과들을 수렴한 철학의 방향을 모색하는 데 있어서 그의 지식론이 현재성이 있다는 것을 제안하는 데 있다. 오늘날 '인지과학'(cognitive science)의 탐구 성과들을 수용하여 철학적 논의로 확장시키고 있는 체험주의(experientialism)는 전통적인 철학적 가정들이 그릇된 토대 위에 서 있다는 것을 지적한다. 이러한 체험주의의 시도의 결과는 철학이 경험과학의 성장과 함께 상호작용하며 지속적으로 발전할 수 있는 역할을 해야 한다는 것을 요구한다. 이러한 요구는 더 이상 철학이 경험과학적인 증거들을 외면한 채 과도한 이론적 가설을 세울 수 없다는 것을 함축한다. 그러나 낡은 형이상학적인 방식이 아닌 최선의 과학적 발견들을 수렴하는 방식에서 체험주의가 전개하는 철학적 탐구는 전혀 새로운 것은 아니며 듀이가 제안한 지식론의 좋은 사례이다. 듀이의 지식론은 선험적인 사유 방식을 비판하고 절대적인 기준을 제시할 수 없는 지적 환경에서 모두가 접근 가능하고 공유할 수 있는 경험적 방법에 의해 상대적으로 안정된 지식의 지반을 확보하는 방식을 보여주었다는 점에서 여전히 의의가 있다.

2. 방관자적 지식론 비판

듀이는 고대로부터 철학의 목적이 '확실성에 대한 탐구'에 있다고 특징지으며 근세의 인식론이 형성된 배경에는 지식이 새로운 지적 환경에 맞게 재조정될 필요가 있어서였다고 파악하였다. 17세기에 지식의 성과와 확실성과의 관계를 조정할 필요가 있었던 것은 새로운 탐구의 방법이 자연 세계에 대해 가졌던 이전 개념에 새로운 변화를 가져왔기 때문이다. 새로운 과학적 방법의 발전은 고대 그리스 철학이 확보한 완전한 확실성을 그대로 유지하여 지식을 근거지울 수 없게 만들었다. 따라서 근대 철학에 요구되는 것은 과학적 방법이 사용되기 이전의 정신과 지식의 본질을 자연 과학의 성과들과 결합시키는 것이었다.

듀이가 인식론의 핵심적인 문제로 지적하는 것은 근대 철학이 이원론적인 구도에서 확실성의 탐구를 중심으로 전개됨으로써 '지식'(knowledge)과 '행위'(action)의 관계가 분리되었다는 점이다. 듀이는 지식과 행위의 분리가 오랜 철학적 전통 속에서 현실 세계를 살아가는 사람들이 위험성을 제거하고 실제의 안전성을 확보하기 위해 완전한 확실성을 추구한 것에서 비롯되었다고 본다. 왜냐하면 완전한 확실성은 실제적이며 변화하는 세계 내지는 불완전한 활동에 의해 확보될 수 없으므로 물질보다는 정신이, 활동보다는 지식이 존중되었기 때문이다. 그 결과 철학자들은 육체적 활동을 피하고 정신적인 활동, 즉 이론적 활동을 통해 완전한 것을 추구하였다. 완전한 확실성의 탐구는 순수한 지식에 의해서만 성취될 수 있고 그 순수한 지식은 고정되고 영원한 궁극적인 존재인 실재를 대상으로 하여 획득된다는 점에 있다. 따라서 '이원론'(dualism)의 문제는 확실성의 추구로부터 이론과 실천이 구분되어 발생한 것으로 철학적 문제들의 근원이다.[5] 로티의 표현에 의하면 근세 인식론에서 주관/객관, 정신/물질, 경험/자연 등의 작은 이원론들은 '신성한 것/운 좋은 것'이라는 거대한 이원론의 변증법적 축소판으로 각각 일시적인 것과 지속적인 것을 나타낸다.[6]

---

5) Dewey, *The Quest for Certainty: The Later Works, 1925-1953*, Vol. 4, ed. Jo Ann Boydston (Carbondale, Ill.: Southern Illinois University Press, 2008), 2장 참조.

6) 로티, 『실용주의의 결과』, p. 145.

그렇다면 이원론에 근거한 근세 인식론의 문제는 무엇인가? 근세 인식론은 "시각 작용에서 발생한 것으로 보이는 것을 모형화한 것"[7]이다. '경험론'(empiricism)은 지식을 우리가 원하는지의 여부와 무관하게 감각에 의해 수동적으로 받아들이게 되는 '인상'으로 궁극적으로 규정하는 입장이다. 그리고 '합리론'(rationalism)은 순수한 이성 능력이 지식을 보증하며 주체와 그 주체에 의해 알려지는 객관은 궁극적으로 하나라는 입장이다. 듀이는 근세 인식론이 '실재하는 대상'과 그것을 보는 '정신'이 독립적으로 존재한다는 것을 전제하고 있으며 이렇게 성립된 지식에는 다음과 같은 가정들이 있다고 지적한다.[8] 첫째는 참다운 의미의 지식은 실재와 완전히 일치한다는 이론으로 아는 것, 즉 인식적으로 참인 것은 존재에 있어서 실재한다는 것이다. 둘째로 확실한 지식은 대상과 관계한다는 것으로 그것은 선행하는 실재이며 본질적 존재를 갖는 것이다. 듀이는 바로 이러한 가정들로 인하여 경험론이나 합리론이 오류를 범할 수밖에 없다고 비판한다. 인식론에서 지식이란 그 궁극적인 목표나 내용이 이미 만들어진 고정된 것이므로 지식의 기원, 의도, 성장과는 아무런 관계가 없이 사물 그 자체 혹은 절대적인 경험 외적인 실재에 관한 것이다.

듀이는 인식론의 문제가 '선택적 강조'(selective emphasis)[9]에서 비롯된 것으로 파악한다. 그것은 문제 사태를 해결하는 연구의 전 과정에서 특정한 하나의 측면만을 고립시키고 고정화시킨 데에서

---

7) Dewey, *The Quest for Certainty*, p. 19.

8) 같은 책, pp. 17-18 참조.

9) 듀이는 선택적 강조를 생략과 거부를 동반하는 것으로 정신 활동의 원동력을 제공하므로 그 작용을 거부하는 것은 모든 사고를 폐기하는 것이라고 말한다 (LW1: 31).

발생한다. 경험론은 감각적 조건을 강조하고 합리론은 개념을 강조한 결과 선행하여 존재하는 대상을 인식하는 자로부터 고립시키고, 고정화시켰다. 그리하여 인식론은 일련의 장면들 중의 하나만을 강조하여 그 고립 상태와 거기에 따르는 단편적 성격이 그 완결된 상태의 지식을 형성하게 된 것이다. 듀이는 데카르트(R. Descartes)의 철학에서처럼 근세 인식론이 육체와 독립되어 이성의 논리적인 사유를 통해 진리를 획득한다는 점에서 '방관자적 지식론'(spectator theory of knowledge)은 불가피한 것으로 결론짓는다. 즉 전통적인 이원론은 "인간을 이 세계에 있어서 하나의 이방인으로, 인간의 지적 작용을 하나의 수수께끼"[10]로 만들게 되었다는 것이다. 디긴스(J. Diggins)는 듀이가 인식론에 관한 논의들이 해결될 수 없다는 것을 보여주었다는 것에 의의가 있다고 평가한다.[11] 인식하는 자는 실재 세계에서 거기 밖에 있는 대상들을 원했지만 듀이는 대상들의 직접적인 존재를 안다는 것은 불가능하다는 것을 보여주었고 대상들은 인지되기 전까지는 공허하고 의미가 없는 것으로 간주한다.

이원론에 근거한 방관자적 지식론을 극복하기 위해 듀이는 '경험'(experience)을 새롭게 해석하여 경험과 자연 사이에는 '단절'(breach)이 없다는 의미의 '연속성'(continuity)의 원리를 주장한다. 전통철학은 경험과 자연을 구분하여 전자는 주관적인 것으로 후자는 객관적인 것으로 간주하였다. 듀이는 경험을 개인에 한정하거나 시간에 제한하지 않고 포괄적인 의미로 해석하여 "인간이 하나

10) Sidney Hook, "Introduction," in John Dewey, *Experience and Nature: The Later Works, 1925-1953*, Vol. 1, ed. Jo Ann, Boydston (Carbondale, Ill,: Southern Illinois University Press, 2008), p. x.

11) John Patrick Diggins, *The Promise of Pragmatism* (Chicago: The University of Chicago Press, 1994), p. 229.

의 유기체로서 환경에 적응해 가는 모든 과정"[12]이라고 말한다. 유기체로서 인간은 연속된 행위를 통해 환경과 끊임없이 '상호작용'(interaction)하며 성장하므로 경험은 자연과 분리되지 않는다. 듀이는 경험과 자연을 연결시키는 연속성의 원리에 대해 자연주의적 논리를 통해 다음과 같이 서술한다.

> '자연주의적'이라는 말은 다양한 의미를 갖는다. 여기에서 사용된 의미는 한편으로는 탐구 작용과 생물학적·물리적 작용 사이의 연속성에 단절이 없다는 것이다. 다른 한편으로는 '연속성'이라는 말의 의미는 이성적 작용들이 유기적 활동에서 생겨나지만, 그것이 생겨 나온 근원과는 동일하지 않다는 것이다.[13]

듀이의 자연주의적 논리의 기본 가정은 "하위적인(덜 복합적인) 활동이나 형태와 상위적인(더 복합적인) 활동이나 형태 사이의 연속성"[14]이다. 연속성 개념의 의미는 한편으로는 '완전한 단절'을, 다른 한편으로는 동일한 것들이 상위에서 하위로 환원하는 단순한 반복을 배제하는 것이다. 연속성 원리의 핵심은 주관과 객관, 경험과 자연 사이에 전통적 철학자들이 가정하는 것과 같은 뚜렷한 구분이 없다는 것이다. 경험은 자연과 연속적인 것이므로 주관과 객관은 독립적인 영역의 이름이 아니고, 다만 특별한 목적을 위해 상황들 속에서 기본적인 역할을 수행하기 위한 기능적인 구분들이다.[15] 따라서 듀이에게 있어서 경험은 이원론을 연결시키기 위한

12) 김동식, 『프래그머티즘』 (서울: 아카넷, 2002), p. 158.

13) Dewey, *Logic: The Theory of Inquiry: The Later Works, 1925-1953*, Vol. 12, ed. Jo Ann Boydston (Carbondale, Ill.: Southern Illinois University Press, 2008), p. 26.

14) 같은 책, p. 30.

15) 리처드 J. 번스타인, 『존 듀이 철학 입문』 (서울: 예전사, 1995), p. 133 참조.

"수단으로서의 핵심적인 요소"[16]인 것이다.

연속성의 원리로 경험을 새롭게 재구성하여 이원론의 문제를 극복하는 듀이가 도달한 결론은 철학이 불안에서 벗어나려는 확실성의 탐구로부터 사건들이 변화하는 과정을 능동적으로 통제하는 "안정성의 탐구"(search for security)[17]로 전환해야 한다는 것이다. 새로운 심리학의 등장으로 데카르트가 말하는 보편적인 회의란 인간에게 가능하지 않고 모든 것에 타당한 확실성의 탐구가 있을 수 없다면, 철학적 탐구는 개별화되고 특수한 문제에 관한 비교적 안정된 것을 추구하는 것으로 전환되어야 한다. 그런데 확실성의 탐구가 안정성의 탐구로 전환되면 '이성'(reason)은 행하는 것이 없으므로 자연에 아무런 변화를 가져오지 못하여 무용한 것이 되버린다. 캠블(J. Campbell)의 지적처럼 근세 인식론의 "영원한 것과 확실한 것에 대한 선택적 강조"[18]가 우리를 효율적인 행위로부터 멀어지게 이끌었던 것이다. 안정성의 탐구에서 이성은 '지성'(intelligence)으로 대체되는데 그것은 이성이 이론적인 것인 반면에 지성은 실천적이어서 이성이 할 수 없는 일을 하기 때문이다.

전통적인 철학에서 이성의 의미는 "성격에 있어 초경험적인 내재된 불가변적 자연의 질서를 그리고 우주의 질서가 파악되는 수단으로서의 정신의 기관"을 가리킨다.[19] 그러나 자연이 본질적으로 합리적이라는 학설로서 이성 개념은 인간에게 완전한 자연의 합리성을 외부에서 관조하는 역할을 부여하지만 인간으로부터 창

16) James Campbell, "Rorty's Use of Dewey," *Southern Journal of Philosophy*, Vol. 22 (1984), p. 185.

17) Dewey, *The Quest for Certainty*, p. 163.

18) James Campbell, *Understanding John Dewey* (La Salle, Ill.: Open Court, 1996), p. 87.

19) Dewey, 같은 책, p. 170.

조적이고 활동적인 임무를 빼앗아가 버린다. 듀이가 주장하는 지성이란 영원불변한 진리를 관조하는 이성과는 다르며 미래의 가능성을 약속해 주는 것으로 '창조적 지성'이라고 한다. 창조적 지성이란 "무엇인가를 만드는 기술적 지성이고, 생에 봉사하는 실제적 지성이며, 인간에게 위대한 수단을 제공하는 행동적 지성"[20]이다. 이성은 자연 바깥에 있으므로 방관자가 되어 결코 자연의 변화에 참여할 수 없는 반면에, 지성은 '앎'(knowing)을 통해 자연 내에서의 변화를 좌우할 수 있는 능력을 가진다.

듀이는 이원론적 사고가 타당하지 않는 이유로 생리학과 심리학의 발달, 생물학의 발달 그리고 실험적 방법을 들며 이들이 인식론에 중요한 변화를 가져왔다고 지적한다.[21] 즉 생리학과 심리학의 발달로 인하여 인식은 모든 활동과 고립되어 그 자체로서 완전한 것이 아니라 활동을 재조직하는 것과 관련되어 있다는 것이 드러났다. 또한 생물학의 발달에 의해 인식론에서 인식은 단순히 세계의 방관자에 지나지 않는 자의 활동이라는 생각과 인식을 그 자체만으로 완전한 것으로 보는 인식관에 따른 개념을 몰아내게 되었다. 그리고 실험적 방법은 "발견과 증명의 방법"[22]으로서 지식을 얻고 또 그 지식이 단순한 의견이 아닌 확실한 지식임을 보장한다. 여기에서 듀이는 인식론에 변화를 가져온 또 하나의 중요한 힘으로서 실험적 방법을 "지식을 만드는 체계적 방법"[23]으로 간주한다. 듀이의 지식이 확실성에 대한 탐구에서 안정성에 대한 탐구로 전

20) 김동식, 『프래그머티즘』, p. 160.

21) Dewey, *Democracy and Education: The Later Works, 1925-1953*, Vol. 4, ed. Jo Ann Boydston (Carbondale, Ill,: Southern Illinois University Press, 2008), pp. 346-349.

22) 같은 책, pp. 347-348.

23) 같은 책, p. 348.

환하게 된 데에는 경험적 방법과 그 성과들이 미친 영향이 크다. 과학적인 것과의 연장선상에 있는 지식은 결코 '절대성'이나 '완결성'을 제공하지는 않지만 '안정성'을 줄 수 있을 정도의 상대적인 우월성을 갖는다.

3. 과학적 방법에 근거한 지식론

듀이는 근세 인식론을 비판하고 지식을 형성하는 데 있어서 이원론에 근거한 그 어떤 지식의 모형 및 선험적 모형도 거부한다. 그렇다면 그의 철학에서 지식이란 무엇인가? '도구주의'(instrumentalism)로 집약되는 듀이의 실용주의에 있어서 지식이란 인간이 환경에 적응해 가는 과정에서 특정한 문제 상황에서의 해결을 위한 탐구의 도구이다. 도구로서의 지식은 탐구와 분리되어 자명한 진리의 발견이라는 고정된 외적인 목적을 갖거나, 오류 가능성을 원천적으로 봉쇄해 버리는 독단적 진술이 될 수 없다. 지식은 탐구와 함께 정의되며 불확실한 문제의 상황에서 그것이 해결된 안정된 상황으로 나아가는 과정이다. 이 과정에서 지식은 "우연적인 것을 통제하는 것"(LW1: 87-89)을 목적으로 하므로 과학적 탐구의 실제적인 절차들 속에서 발생한 탐구의 산물이다.

듀이는 참된 지식의 모형이 과학의 실험적 탐구들에서 발견되어야 한다고 보았다. 문제를 해결하기 위해 듀이가 제안하는 탐구의 원리는 실험적 방법에 의해 진행된다는 점에서 '실험주의'(experimentalism)이다. 실험주의란 당시 과학적 탐구자들의 방법에서 유래한 새로운 탐구 방식으로 "실험적 사고의 방식, 즉 제안과 가설이 문제에 대한 가능한 해결책으로 받아들여지는 사고의 방법"[24]을 가리킨다. 실험적 사고는 정신을 구성하는 의미들에 논리적 조작을 가한 것으로 사고를 통해 수용된 가설과 그 가설이 끌어내는 귀결들 사이를 연결시킨다. 실험주의는 절대적이고 궁극적인 대상이나 관념을 부정하고 반이원론적인 통합적 사유에 바탕을 둔 방법으로 다음 세 가지 특징을 갖는다.

> 첫째 모든 실험적 활동은 명백한 활동, 즉 환경에 일정한 변화를 일으키며 또는 환경에 대한 우리의 관계에 일정한 변화를 일으키는 명백한 활동을 포함하고 있다는 점이다. 둘째 실험은 무작위적 활동이 아니라 실제로 탐구하는 문제의 요구에 의하여 설정된 조건들과 맞아야 하는 관념들에 의하여 행해진다. 셋째 … 지시된 활동의 결과가, 사물이 서로 다르게 관계되는 새로운 경험적 사태의 구성물이 되며, 지시된 활동의 '귀결'이 '알려지는' 성질을 가지는 대상을 형성한다는 점이다.[25]

실험주의에 의하면 인식론이 전제한 가정은 확실한 지식이라는 것이 있고 그것은 선행하는 대상과 관련된다는 조건에서 성립하지만, 그것의 문제는 어떤 외부적인 활동도 용인하지 않는 데 있다. 듀이에 의하면 지식의 대상은 선행적으로 존재하는 것이 아니라 정신이 탐구하고 조사하고 반성하는 과정이라는 실제적 실험적 활동에 의해 구성된다. 듀이는 전통적인 지식론을 전복시키기 위해 실험적 방법인 과학적 방법을 사용한다.

듀이는 실험적인 외부적 활동을 용인한다는 점에서 경험론과 합리론에 반대하며 지식에 대해 다음과 같은 견해를 갖는다.[26] 첫째

24) S. M. 에임즈, 『실용주의: 퍼어스, 제임스, 듀이, 미이드의 철학』, 조성술·노양진 역 (광주: 전남대학교출판부, 1999), p. 16.

25) Dewey, *The Quest for Certainty*, p. 70.

지식의 대상은 지식 활동에 앞서서 존재하는 것이 아니라 활동의 산물이라는 점에서 우발적이다. 둘째 감각적 요소와 합리적 요소는 경쟁 관계가 아니라 지식을 가능하게 하기 위해 협력해야 하는 동맹자이다. 왜냐하면 이 양자가 서로 분리된다는 것은 행동의 유기적 연결로부터 고립된다는 것을 나타내기 때문이다. 듀이에게 있어서 지식은 행위의 과정으로서 알려지는 것과 인식하는 자 사이의 상호작용에서 성립되므로 수동적인 것이 아니며 유기체가 환경에 적응해 가는 능동적 과정이다. 따라서 사물은 앎과 별도로 선험적으로 존재하지 않는다. 이렇게 살아서 경험하는 존재가 자신이 속해 있는 세계의 활동에 깊이 관여한다면 인식은 "참여의 방식"이 되므로 결코 "냉담한 방관자의 나태한 관조"가 될 수 없다.[27] 그것은 지식의 목적이 '안다는 것'에 있는 것이 아니라 '행하는 것'에 있기 때문이다. 실험적 절차의 모형에 의하면 유기체와 독립된 이성의 순수한 논리적 활동을 통해 진리를 획득하는 방관자적 인식론은 시대 착오적인 것이다.

듀이는 실험적 지식론을 통해 지식과 행위를 통합하는 방식, 즉 지식을 얻는 과정이 실제 행동으로부터 분리되지 않는 방식을 제공한다. 실험적 지식론은 "과학의 지배적인 중요성"을 설명한 것으로 진리는 "구체적인 검증들, 반성적으로 보여지는 의미와 성과의 결합들을 지칭"한다는 점에 핵심이 있다.[28] 지식의 이상과 임무가 선행적 실재를 나타내는 것이라는 학설은 자연 과학적 성과에도

26) 같은 책, pp. 136-137 참조.

27) Dewey, *Democracy and Education*, p. 347.

28) Dewey, *The Theory of Experimental Knowledge: The Middle Works, 1899-1924*, Vol. 3, ed. Jo Ann Boydston (Carbondale, Ill.: Southern Illinois University Press, 2008), p. 126.

불구하고 지식의 목적을 순전히 주관적인 것, 즉 의식의 상태로 몰아넣는 것이다. 지식과 행위는 인간과 자연과의 "상호작용"에 의해 통합되는데 그것은 "자연적 존재가 갖는 보편적 특성"으로 유기체에게 주어진 행위이다.[29] 유기체가 상호작용의 행위를 통해 얻은 결과는 미래에 영향을 미치고 그 조건들 속에서 생의 과정은 진행되므로 결국 앎은 자연 내부에서 일어나며 그 결론은 행위를 변화시킨다고 할 수 있다. 그 결과 상호작용하는 유기체로서의 인간의 두드러진 특징은 자연에 참여하는 자라는 것이다.

로버트 듀이(R. Dewey)에 의하면 듀이는 인간 지식에 관한 사유의 전통적인 방식에서 행해져야 할 근본적 변화로 다음 두 가지를 지적했다.[30] 첫째는 인식자(knower)를 세계의 방관자로부터 자연에 참여자(participant)로 변화시켜야 한다는 것이다. 둘째는 앎이 선행하는 실재의 속성들을 파악한다는 견해로부터, 앎을 지식의 대상이 지시한 시험적 작동들의 결과인 실천적 활동의 형식으로 여기는 견해로 변화시키는 것이다. 이러한 점에서 그는 듀이 지식론의 장점이 "전통적 해명이 소홀히 했던 앎의 특징들을 의식하게 해 주었다"[31]는 점에 있다고 평가한다.

듀이의 지식론에서 불확실한 상황에서 안정된 상황으로 나아가는 탐구의 과정은 과학적 방법을 통해 수행된다. 즉 문제 상황으로부터 출발한 탐구는 엄밀한 과학적 방법을 통해 수행되어 최종적 판단에 도달한 결과로 문제 해결의 조건을 만족시킨다. 판단들은

---

29) Dewey, *The Quest for Certainty*, p. 195.

30) Robert E. Dewey, *The Philosophy of John Dewey: A Critical Exposition of his Method, Metaphysics and Theory of Knowledge* (The Hague: Martinus Jijhoff, 1977), pp. 142-143.

31) 같은 책, p. 150.

문제 해결을 통해 검증되는데 현재 문제를 해결하는 것으로 보이는 판단들은 미래의 추가적 탐구에 의해 전도될 수 있으므로 판단에 있어서 절대적으로 완결된 최종적인 것은 없다. 즉 그것은 항상 오류의 가능성을 인정하고 수정 가능하다고 보는 점에서 잠정적이다. 이런 과정을 통해 성립된 지식을 듀이는 "보증된 언명가능성"(warranted assertibility)[32]이라고 정의한다. 보증된 언명가능성이란 진리가 항구불변한 것이 아니라 문제 해결을 신뢰성 있게 보증해주는 것으로 보는 것이다. 듀이의 보증된 언명가능성이라는 개념은 진리 대응설과 진리 정합설에 근거한 진리라는 말 대신에 사용된 것이다. 그것은 과학적 방법을 통해 탐구자들 모두가 동의하는 참된 신념으로, 명제들은 가설들로부터 유래하는 그 예측들이 관찰되고 검증될 때에만 보증된다는 것이다. 보증된 언명가능성을 주장하는 듀이에게 있어서 전통적인 의미의 사유와 사물들과의 일치로서의 진리 개념은 언어도단적인 환영에 불과할 뿐이다.

듀이의 지식론에 대해 러셀(B. Russell)은 탐구의 목적이 "인간과 환경의 상호적응을 증대시키기 위한 것"으로 이 과정에서 탐구의 일정한 단계만 보장될 뿐 아무런 궁극성도 없고 아무런 언명도 영원히 보증되지 않으므로 "정지된 개념으로서의 '진리'란 거부"된다고 비판한다.[33] 즉 듀이는 지식을 형성하게 해주는 진리의 역할을 외면하고 있으며 그리하여 보증된 언명가능성이라는 것도 진리의 개념과는 달리 단지 잠정적인 것에 불과하다는 것이다. 그러나 듀이는 진리대응설에 근거한 진리 개념을 거부하므로 탐구나 지식에 대해 만족스러운 설명을 제시하지 않는다. 왜냐하면 지식은 실천

32) Dewey, *Logic: The Theory of Inquiry*, p. 16.

33) Bertrand Russell, "Warranted Assertiability," in J. E. Tiles, ed., *John Dewey: Critical Assessments*, V. 4 (London and New York: Routledge, 1992), p. 107.

과 밀접한 연관이 있어야 하므로 이론은 실천을 전제로 하거나 혹은 실천에 도움을 주는 것이어야 하기 때문이다.

로티는 듀이가 "과학적이며 경험적인 방법"[34)]을 철학에 적용시켰다는 것에 대해 부정적이다. 왜냐하면 로티는 실험실의 과학자가 채용하는 방법과 다를 바 없는 방법이 심적인 것과 물리적인 것의 구분없이 모든 종류의 존재가 구현된 일반적 특성들에 관한 진술을 만들어 낼 수 있다는 것에 동의하지 않기 때문이다. 이런 점에서 듀이의 경험적 방법 역시 고도의 중립성을 띤 전통적인 철학적 방법과 다름없다는 것이다. 그러나 로티가 비판하는 듀이의 방법은 전문적인 실험실의 연구 방식을 따르는 것을 의미하지 않는다. 듀이의 과학적 방법이 자연주의적인 것으로 간주되는 것은 "관찰과 실험을 수행하고, 추론과 해석에 유용한 기존의 사상 체계를 이용함으로써 자연의 몇몇 제한된 측면에 관해 무엇인가를 발견하는 데 성공했다고 결론짓는 모든 탐구자들의 방법과 조금도 다르지 않다"[35)]는 점에 있다. 듀이의 과학적 방법은 물리주의, 과학주의, 환원주의를 의미하지 않으며 초월적인 방법을 거부하고 모두가 공유할 수 있는 안정된 방식에서 경험을 확장하는 수단이다.

듀이의 과학적 방법의 의의는 전문적이고 물질적인 문제에 국한되지 않고 사회적이고 도덕적인 문제에 대한 모든 관념을 형성하고 시험하는 데도 마찬가지로 유효하다는 점에 있다.[36)] 과학적 방법에 대해 듀이는 최선의 확증을 가진 지식이 지시된 실천 활동으로 얻어진 것임에도 불구하고 산업상의 기술에만 제한되어 사용되고 사회적 문제들이 지성적인 실험적 활동에 의해 지시되지 않고

34) 로티, 『실용주의의 결과』, p. 192.

35) Dewey, "Half-hearted Naturalism," *Journal of Philosophy*, Vol. 24 (1927), p. 59.

36) Dewey, *Democracy and Education*, p. 348.

있는 점을 우려한다. 듀이는 이러한 태도가 사회적 문제들에 대한 신중한 경험적 탐구를 존중하지 않는 오랜 사회사상의 전통에서 비롯된다고 보고 경계한다. 그래서 듀이는 과학적 방법에 대한 태도를 소극적인 측면과 적극적인 측면으로 나눈다. 즉 소극적인 측면은 "일상사, 편견, 도그마, 검토되지 않는 전통, 얇팍한 자기관심사에 의한 통제로부터의 자유"이며, 적극적인 측면은 "모든 접근가능한 증거를 수집한 이후에 증거의 토대 위에서만 결론을 이끌어 내고, 탐구하고, 검토하고, 식별하는 의지"[37)]이다.

근세 인식론에 대한 비판 이후에 듀이가 제안하는 실험적 지식론은 초월적인 관점에서 확실성에 대한 추구를 거부하고 경험적 탐구에 근거하여 지식과 행위를 통합하는 방식을 제공하는 데 그 핵심이 있다. 듀이에게 있어서 경험은 행위와 사고를 포함하는 포괄적 개념이고 행위는 경험이 이루어지기 위한 하나의 구성요소이므로 행위와 지식은 서로 분리되어서 이해될 성질이 아니다. 따라서 지식은 행위와 불가분의 관계에 있으므로 문제를 해결하기 위한 원리를 탐구하는 방법은 경험에 의해 지식을 탐구하는 것이다. 듀이는 경험을 철학적 사고의 출발점으로 삼기 때문에 지식론을 구성하는 데 있어서도 경험적 탐구에 근거한 과학적 방법을 강조한다.

4. 치유를 넘어 재건으로

듀이의 반표상주의를 수용한 로티는 지식이 정신의 정확한 표상

---

37) Dewey, *Experience and Education: The Later Works, 1925-1953*, Vol. 13, ed. Jo Ann Boydston (Carbondale, Ill.: Southern Illinois University Press, 2008), p. 273.

에 의해 형성된다는 점에서 허구성을 지적하며 다른 지식들의 토대를 제공하는 특권화된 지식으로서의 인식론은 무용하다고 결론짓는다. 그러나 로티는 인식론을 비판하는 듀이의 입장에는 동의하지만 과학적 방법으로 지식을 체계화하려는 시도는 반대한다. 이것은 로티가 교화철학의 입장에서 듀이의 실용주의를 수용하므로 치유적인 측면은 옹호하지만 체계적인 측면은 거부하기 때문이다. 로티는 듀이가 경험이라는 개념을 재해석하여 '자연주의 형이상학'(naturalistic metaphysics)을 통해 이원론의 문제를 해결하려고 했다는 점을 비판한다. 로티는 지식의 획득이 곧 문제를 해결하는 것이라고 말하기 위해 듀이처럼 경험과 자연 사이에 어떤 연속성을 굳이 찾아내야 할 필요는 없다는 것이다. 로티는 듀이가 이원론의 문제들이 특별한 문화적 전통에 의해 부과되었으나 이제는 유용성이 다했다고 지적하는 것에 그쳐야 했다는 것이다. 듀이가 이원론을 연속성의 원리로 해결하려는 것은 '일반적 특성들'(generic traits)로 이원론의 문제를 해결하려는 것이므로 이것 역시 그가 비판한 전통적인 철학과 다를 것이 없이 "영구적이며 중립적인 모형"[38]을 제공하기 때문이다. 로티에 따르면 듀이는 그저 철학의 치유적인 역할만을 수행하고 체계 구성의 역할은 하지 말았어야 한다.

로티가 과학적 방법을 통해 지식을 체계화 하려는 듀이의 시도를 정면으로 부인한 것은 과학주의로의 귀결을 우려했기 때문이다. 철학의 과학화에 대한 로티의 우려는 반방법론인 '방법론 없는 실용주의'(pragmatism without methodology)로 귀결된다. 이것은 진리 중심의 철학적 논의를 거부하고 수용한 실용주의는 과학적 방법에 의한 것이 아닌 전체론적이어야 한다는 것으로 해석을 강조

38) 로티, 『실용주의의 결과』, p. 204.

하는 입장이다.[39] 반방법론으로서 해석을 강조하게 되면 철학은 여타의 지식들의 토대를 제공하는 학문으로서 더 이상 특권을 가질 수 없고 그저 대화를 위한 다양한 목소리들 중의 하나일 뿐이다. 그러나 로티 철학의 위험성은 과학적 방법을 통한 체계화의 시도가 과학주의로 귀결될 것이라는 점을 우려한 나머지 해석만을 지나치게 강조하여 극단화한다는 점에 있다.

로티의 철학은 객관주의의 전통을 무너뜨리는 데 있어서는 강한 설득력이 있지만 아무런 대안도 제시하지 않는다는 점에서 지적 무책임이라는 비판을 받는다. 번스타인(R. Bernstein)이 지적한 것처럼 로티는 토대주의적 방법론을 부정하는데 몰두하여 객관적 기준을 보장하는 그 어떤 방법도 없다는 논의를 전개하고 있거나 적어도 그러한 구별의 문제를 정면으로 다루지 않고 회피한다.[40] 로티는 방법론 없는 실용주의를 통해 듀이 철학의 치유적인 측면만을 수용하고 체계적인 측면을 거부함으로써 포스트모던적 입장으로 귀결하였다. 이것은 로티가 실용주의를 부흥시키는 것에는 기여했지만 듀이에 대한 "선택적 독해"[41]를 함으로써 그들 사이에 "화해할 수 없는 철학적 괴리"[42]를 드러내고 있음을 보여준다.

그러나 듀이의 철학에서 치유적인 측면을 수용한다고 해서 로티처럼 반드시 지식의 체계화의 가능성을 거부해야만 하는 것은 아니다. 로티와 같이 전통적인 방식에 대해 해체주의적이지만 지식의 체계화를 시도하는 입장으로 체험주의를 들 수 있다. 체험주의

---

39) Rorty, *Objectivity, Relativism, and Truth* (Cambridge: Cambridge University Press, 1991), pp. 63-77.

40) Richard J. Bernstein, "Philosophy in the Conversation of Mankind," *Philosophical Profiles* (Cambridge: Polity Press, 1986), pp. 21-57.

41) Campbell, "Rorty's Use of Dewey," p. 176.

42) 노양진, 『상대주의의 두 얼굴』 (파주: 서광사, 2007), p. 180.

는 경험적 탐구에 근거한 자연과학적 성과를 수렴하여 안정된 지식이 가능한 방식을 제안함으로써 듀이의 입장을 계승하여 발전시키고 있다. 체험주의는 실용주의를 처음부터 계승한 것은 아니지만 경험적 탐구에 근거해서 보다 안정된 지식의 가능성을 제안한다는 점에서 실용주의와 닮아갔으며 결과적으로 그 철학적 입장은 고전적 실용주의의 연장선에 있는 것으로 자리매김 되었다. 김동식은 듀이의 실용주의의 사상 가운데 자연의 연속성에 대한 강조가 존슨의 체험주의로 이어지고 있다고 지적한다.[43] 존슨은 지식이 신체화된 인간의 이해의 관점에서 인간 유기체와 환경과의 상호작용으로서 이해되어야 한다고 주장하여 듀이의 영향을 시사하고 있다.[44] 듀이의 실용주의 사상은 체험주의로 계승 발전되어 지식의 발생과 형성을 해명한다는 점에서 둘 사이의 연관성이 잘 드러난다. 존슨은 듀이가 좀 더 오래 살아 있었더라면 오늘날의 경험과학이 제공하는 경험적 자료들을 수용함으로써 더 설득력 있는 방식으로 자신의 철학적 입장을 수행할 수 있었을 것이라고 말한다.[45]

최근 경험과학적인 탐구의 대표적인 사례로 인지과학을 들 수 있는데, 체험주의는 그 성과들을 다음 세 가지로 요약한다. 첫째 인간의 인지는 대부분 무의식적이고, 둘째 정신은 본성적으로 신체화되어 있으며, 셋째 우리의 사고의 대부분은 은유적이다.[46] 체

43) 김동식, 『프래그머티즘』, p. 213.

44) 마크 존슨, 『마음 속의 몸』, 노양진 역 (서울: 철학과현실사, 2000), p. 368 참조.

45) Mark Johnson, "Good Rorty, Bad Rorty: Toward a Richer Conception of Philosophical Inquiry" (Unpublished typescript, Department of Philosophy, Southern Illinois University at Carbondale, 1989), p. 43 참조.

46) G. 레이코프·M. 존슨, 『몸의 철학: 신체화된 마음의 서구 사상에 대한 도전』, 임지룡 외 역 (서울: 박이정, 2002), p. 25 참조.

험주의는 인지과학의 성과들을 적극적으로 수용하여 사고가 은유에 의해 확장된다는 새로운 이론을 구성하여 철학적 논의로 확장시킨다. 이 중에서 '신체화된 정신'(embodied mind)이라는 주제는 우리의 정신 활동이 몸에 근거하고 있으며, 동시에 몸에 의해 제약된다는 것을 말한다. 체험주의는 이 주제를 통해 듀이가 근세 인식론의 핵심적인 문제로 지적했던 이원론의 문제에 대해 보다 구체적인 방식의 해명을 제공한다. 우리의 인식은 신체적 활동으로부터 직접적으로 발생한 '영상도식'(image schema)들을 토대로 은유의 방식으로 정교화되고 확장되므로 몸과 활동이 모든 인식의 궁극적인 뿌리라는 것이다.

사실상 듀이는 이원론의 문제를 극복하기 위해 '창발'(emergence)이라는 개념을 통해 연속성의 원리를 제시했지만 경험적 증거가 없어서 원리적인 설명만 했을 뿐 구체적인 설명을 하지 못했다. 그러나 체험주의는 여기에서 더 나아가 경험적 탐구에 근거한 새로운 은유론을 통해 구체적이고 물리적인 층위와 추상적이고 정신적인 층위와의 상관관계에 대한 해명 방식을 제시함으로써 상대주의와 객관주의를 넘어선 제3의 지식 가능성을 열어주었다. 체험주의는 스스로의 철학적 입장을 "경험적으로 책임 있는 철학"47)이라고 표현하는데, 이것은 선험적 사변으로 특징짓는 전통적인 철학적 방식을 넘어서서 듀이가 제안한 지식 모형의 한 성과물로 간주할 수 있다.

---

47) 같은 책, p. 43.

5. 맺는 말

듀이는 근세 인식론의 지식 개념이 확실성의 추구를 목적으로 한 결과 지식과 행위의 관계가 구분되었다는 것을 비판하고 그 근본적인 원인은 이원론에 있다고 지적한다. 근세 인식론에서 지식은 주체의 활동을 배제한 채 인식이 실재하는 것을 그대로 파악해 낸다는 것에서 성립되므로 방관자적 지식론인 것이다. 이에 대한 대안으로서 듀이는 실험과 관찰에 의한 경험적 탐구 방법을 철학에 적용하는 자연주의적 입장에서 지식이 인간의 실제적인 활동과 분리되지 않는 실험적 지식론을 제안한다. 실험적 지식론은 경험적 탐구에 근거한 과학적 방법에 의해 전개되므로 감각과 이성 능력에 의해 지식을 규정하는 근세 인식론의 철학 방식을 넘어서서 상대적이지만 안정된 지식을 제공한다. 그것은 이원론에 근거한 전통적인 지식 개념을 비판하고 문제 해결이라는 측면에서 실천을 보다 강조하는 지식 개념으로의 전환이다.

로티는 분석철학의 흐름 속에서 듀이의 실용주의를 부흥하는 계기를 마련하고 수용하는 것에는 기여했지만 그를 잘못 해석함으로써 그 어떤 지식론도 구성해서는 안 된다는 포스트모던적 입장으로 귀결한다. 이것은 로티가 방법을 거부하고 해석만을 강조하는 반방법론의 입장에서 듀이의 치유적인 측면만을 수용하고 체계화의 측면을 거부한 것에서 비롯된다. 그러나 듀이를 해석하는 데 있어서 로티처럼 치유적인 측면을 수용한다고 해서 반드시 체계화를 거부하는 지적 허무주의에 이르는 것은 아니다. 그 대표적인 사례로서 체험주의는 최근의 경험과학적 성과들을 수용하여 철학적인 논의에 적용시킴으로써 새로운 지식의 가능성을 제시한다. 체험주의는 자연주의적 방식에서 철학적 주제들에 대한 해명을 시도한다는 점에서 듀이가 시도했던 지식론의 현재성을 보여주고 있다.

체험주의에 반영된 듀이의 테제는 두 가지이다. 첫째는 철학적 탐구가 초월적 관점을 요구하지 않는다는 점에서 자연주의적 태도를 취한다는 점이며, 둘째는 철학적 지식이 경험과학적 지식과 분리되지 않는다는 점이다. 듀이의 지식론은 근세 인식론이 가정했던 확실성의 탐구를 거부하고 과학적 방법을 수용함으로써 자연주의적 태도를 유지하며 철학을 과학과 연속적인 탐구의 한 유형으로 간주한다. 체험주의 역시 경험과학에 근거한 최근의 성과들을 수용하여 철학적 논의로 확장하므로 우리를 넘어선 초월적 관점을 설정해야 할 이유가 없다고 믿는다. 그러나 이들이 초월적인 관점을 거부하고 철학을 과학의 연속적인 유형으로 간주한다고 할지라도 과학주의는 아니다. 이들은 공통적으로 자연주의를 유지하여 "모든 정신적 경험이나 실재들이 물리적 경험이나 실재로 환원될 수 있다"고 믿는 '환원주의'나 "과학이 완결된 지식을 제공할 수 있다"고 믿는 '과학주의'도 거부한다.[48] 듀이와 체험주의처럼 자연주의적 태도를 유지하게 되면 철학적 주제들을 탐구하는 데 있어 초월적 관점은 배제되어 최종적이고 완결된 지식은 제공하지 않지만 경험 세계에 대한 해명에 있어서 과학적 지식의 안정적 특성을 믿으므로 지식의 발전 가능성은 항상 열려 있다.

실용주의자 듀이의 지식론은 선험적 사변으로 특징지어지는 전통적인 철학적 방식에서 전개된 확실성의 추구를 비판하고 경험적 탐구에 근거한 안정성의 탐구를 지향한다. 현재 진행되고 있는 체험주의는 인지과학의 성과를 수용하여 사유의 확장을 은유로 해명하는 방식을 통해 상대적으로 안정된 지식을 확보하려고 시도한다

48) 노양진, 「인지과학과 철학적 탐구」, 『범한철학』, 제20집 (1999), p. 43.

는 점에서 듀이의 지식론에 대한 좋은 사례이다. 이들은 이성에 근거한 철학적 탐구 방식에서 벗어나 모두가 공유할 수 있고 접근할 수 있는 방식을 통해 새로운 지식의 가능성을 제시한다는 점에서 공통된다. 이러한 시도 속에서 듀이의 지식론은 절대적인 진리를 발견할 수 없는 인간의 유한성을 인정한 이후에 문화 내에서 보다 현실적인 지식에 관한 하나의 대안을 제시한다는 점에서 의의가 있다. 따라서 체험주의가 제안한 지식론은 수년 전에 듀이가 과학적 방법에 의해 제안한 지식론이 현재성을 가지고 있다는 것을 보여준다.

제 4 장
경험의 형이상학

1. 머리말

실용주의의 대표 철학자 듀이(J. Dewey)의 '자연주의적 형이상학'(naturalistic metaphysics)에 관한 오늘날의 논쟁은 그것이 '경험의 형이상학'(metaphysics of experience)인가 '존재의 형이상학'(metaphysics of existence)인가의 문제를 중심으로 이루어진다. 이 글의 목적은 두 입장이 경험과 자연의 이분법을 전제한다는 점에서 잘못된 것이며 오히려 '연속성의 원리'(principle of continuity)는 경험과 자연이 연속적인 방식을 제공한다는 의미에서 듀이의 자연주의적 형이상학을 경험의 형이상학이라고 해석하는 데 있다. 듀이의 경험 형이상학은 전통적인 형이상학의 문제를 극복할 뿐만 아니라 형이상학에 대한 대안을 제시한다는 점에서 해체만을 주장하는 로티식의 포스트모더니즘과는 구분된다.

듀이는 전통적인 형이상학이 존재의 확실성을 추구하여 완전한 것, 고정된 것, 필연적인 것만을 존재의 속성으로 돌리고 불완전한 것, 변화하는 것, 우연적인 것을 강등시키는 '이원론적 사고'에 근거하고 있다고 비판한다. 따라서 듀이는 전통적인 형이상학의 문제를 극복하기 위해 경험을 포괄적으로 해석하여 존재의 '일반적 특성'(generic traits)을 기술함으로써 이원론적 사고를 거부하는 자연주의적 형이상학으로 전환한다. 그러나 자연주의적 형이상학은 여전히 경험의 형이상학인가, 존재의 형이상학인가라는 논란에 직면한다. 이 논란의 핵심은 존재에 대한 일반적 특성이 경험에 주어진 것인가 아니면 존재 자체의 특성인가 하는 데 있다. 즉 경험의 형이상학은 일반적 특성이 경험에 의해 드러나므로 경험의 근본적 특성이라고 주장한다. 반면에 존재의 형이상학은 경험이 존재의 일반적 특성을 가리키는 수단이며 동시에 경험이 드러내는 존재의 특성은 존재의 특성들 중 하나라고 주장한다.

전통적인 형이상학에 대한 문제점을 지적하고 대안을 제시하는 듀이의 시도와는 달리 현대철학에서 포스트모던적 철학자들은 형이상학의 해체를 주장하고 있다. 논리실증주의(logical positivism) 철학자 에이어(A. Ayer)는 형이상학을 무의미한 것으로 간주했으며[1)], 리오타르(J.-F. Lyotard)는 "거대 서사에 대한 불신"(incredulity toward metanarratives)[2)]을 통해 모든 것을 해명하는 체계로서의 형이상학적 시도가 무익하다고 주장한다. 이러한 상황에서 듀이 형이상학의 잘 알려진 비판자 로티(R. Rorty)는 분석철학의 전통에서

---

1) 에이어는 명제를 두 가지로 구분하는데, 하나는 감각 경험에 의해 참 또는 거짓으로 결정되는 명제이고 다른 하나는 논리학과 순수수학의 동어반복적인 선험적 명제이다. 이러한 구분에 의하면 형이상학적 명제는 "형이상학적이기 때문에 참도 거짓도 아니며, 문자 그대로의 의미를 갖지 않는다." 즉 형이상학적 명제에는 경험과 무관한 가치에 관한 세계가 있다든지, 사람은 불멸하는 영혼을 가지고 있다든지, 혹은 초월적 신이 있다고 의미 있게 주장하는 것이 속한다. 알프레드 에이어, 『언어·논리·진리』, 송하석 역 (파주: 나남, 2010), p. 10 참조.

2) 장-프랑수아 리오타르, 『포스트모던적 조건』, 이현복 역 (서울: 서광사, 1992), p. 14.

실용주의의 부흥에 앞장섰음에도 불구하고 그의 형이상학은 전통적 형이상학의 또 다른 유형에 불과할 뿐이라며 강력하게 비판한다.

이 글은 위의 논쟁이 듀이의 연속성의 원리를 잘못 이해하여 발생했으며 그의 형이상학은 또 다른 의미에서 '경험의 형이상학'이라고 주장할 것이다. 그리고 경험의 형이상학은 전통적인 형이상학의 이원론의 문제뿐만 아니라 오늘날 대안 없이 해체만을 주장하는 로티식의 극단적 상대주의의 문제를 극복할 수 있는 현재적 시각이라는 점을 드러내려고 한다.

이러한 논의를 위해 2장에서는 듀이가 전통적인 형이상학의 문제인 이원론을 극복하기 위해 '경험적 방법'으로 자연주의 형이상학을 구성하지만 그것은 곧 경험의 형이상학인가 존재의 형이상학인가의 논쟁을 야기한다고 밝힌다. 그런데 이 논쟁에서 두 입장은 모두 경험과 존재의 구분을 전제하므로 잘못 되었다고 지적할 것이다. 3장에서는 듀이의 자연주의적 형이상학이 연속성의 원리에 의해 경험과 자연이 연속적인 방식을 제공한다는 의미에서 경험의 형이상학이라고 주장할 것이다. 4장에서는 로티가 어떠한 형이상학적 이론도 거부하는 입장에서 듀이의 경험 형이상학을 비판하지만 객관주의의 전통을 해체하고 극단적 상대주의 문제를 안고 있다는 점을 지적할 것이다. 그리고 이에 대해 듀이의 경험 형이상학은 '살아진 경험'(lived experience)에 의해 경험의 공통성을 확보하고 연속성의 원리를 통해 해체에 따른 극단적 상대주의 및 객관주의와 상대주의의 문제에 대한 해결책을 제시한다는 점에서 생명력이 있다고 결론지을 것이다. 이 글은 듀이의 경험 형이상학을 경험과 자연의 연속성을 중심으로 논의한다.

2. 경험의 형이상학인가, 존재의 형이상학인가?

전통적으로 형이상학은 우리가 살고 있는 존재 세계의 본성을 밝히는 것을 목적으로 한다. 듀이는 전통적인 형이상학자들의 문제가 불확실하고 불완전한 것을 비실제적인 존재의 상태로 귀속시킨 반면에, 체계적으로 확실하고 완전한 것을 참된 존재의 지위로 격상시킨 데 있다고 지적한다(LW1: 51). 그러나 듀이에 의하면 형이상학이란 참된 존재의 본성을 발견하는 데 있는 것이 아니라, 전통적인 형이상학자들이 분리시킨 두 개의 존재 영역을 하나로 합친 세계에서 인간이 적응하여 조화를 추구하는 노력이다(LW1: 52). 듀이는 전통적인 형이상학에서 발생한 문제를 이원론적 사유라고 진단하고 그 실수의 근원으로서 아리스토텔레스(Aristoteles)를 지목하며 다음과 같이 서술한다.

> … 아리스토텔레스가 휴식과 운동, 완전한 것과 불완전한 것, 현실적인 것과 잠재적인 것을 정의하고 구분하고 분류했던 철저한 방법은, 사람들이 덧붙이고 싶어하는 점잖은 척하는 전통을 고착시키는 데 많은 기여를 했다. 즉 전통이란 변화가 환영이라고 주장하는 더 가까운 길을 택한 사람들이 이룬 것보다 고정된 것과 규칙적인 것을 존재의 실재와 동일시하고 그리고 변화하고 위험한 것을 존재의 결함과 동일시하는 것이다(LW1: 48).

듀이에 의하면 이원론적 사유는 철학자들이 정신이나 물질의 세계가 그 자체로 완전하고 자족적인 것으로 존재한다고 간주하는 것에서 발생한다. 그러나 이러한 사유는 경험에 대한 인식을 등한시하고 경험적 방법을 결여한 것이다. 듀이가 『경험과 자연』에서 지적한 이원론의 사례는 다음과 같다.

> 내가 언급하는 것은 이상적 원형과 물질적 사건으로 나눈 플라톤적 구분, 실재의 등급을 매기는 특징으로서 이해되는 현실적인 형상과 가능적인 질료로 나눈 아리스토텔레스의 구분, 현상적인 자연적 대상들과 대조되는 칸트의 물자체, 현대의 절대적 관념론자들 간에 통용되는 실재와 현상의 구분과 같은 것들이다(LW1: 53).

이원론적 사유는 '선택적 강조'(selective emphasis)로 인해 발생한 '철학적 오류'(philosophical fallacy)이다. 선택적 강조란 어떤 것을 생략 또는 거부하는 것으로 정신 활동에 필수적이지만(LW1: 31), 문제는 의도적인 은폐나 부인으로 인해 선택적 강조를 받지 못한 대상을 실재하지 않는 것처럼 취급한다는 데 있다. 듀이에 의하면 이것은 경험의 특정한 측면만을 선택하고 그것을 실체화하여 궁극적 기준으로 삼는 것으로 편견과 선입견의 철학이다. 그러나 듀이는 불완전한 존재와 위험한 존재도 완성되고 고정된 존재와 동등한 등급을 받고 취급되어야 하는 것이 바로 존재의 특징이라고 주장한다. 듀이가 부각시키려는 것은 이 세계가 규칙적이고 안정적인 것과 불안정하고 불확실한 것이 뒤섞여 있다는 점이다.

듀이는 선택적 강조에 의한 이원론적 사유로부터 벗어나기 위해 경험적 자연주의의 입장에서 경험적 방법이 철학의 방법이 되어야 한다고 주장한다. 왜냐하면 철학적 오류는 반성적 사고에 의해 실재하는 것이 본래적으로 '주어진'(given) 것처럼 취급하는 비경험적 방법에 의해 발생했기 때문이다. 듀이는 경험을 일상적인 '일차 경험'(primary experience)과 반성적인 '이차 경험'(secondary experience)으로 구분한다(LW1: 15-16). 듀이에게 참된 경험적 방법이란 철학이 일차적인 경험의 실제적인 내용으로부터 출발하고 반성은 그로부터 발생한다는 것이다. 그런데 전통적인 철학은 오랫동안 일상적인 경험으로부터 멀어져 반성적 경험만으로 이론을 구성하여 참된 세계와 목적을 전제함으로써 진정한 문제는 도외시하여 무미건조하게 되었다. 전통적인 철학은 이론을 구성하는 반성적 경험으로 구성되었으므로 일차적 경험으로 되돌아와 검증을 받아야 하는데 그렇게 하지 않아서 이원론과 같은 철학적 문제를 발생시킨 것이다.

듀이가 경험적 방법을 수용한 것은 그것이 경험을 전체적으로 통합적인 것으로서 공정하게 다룰 수 있는 유일한 방법이라고 여겼기 때문이다. 그는 경험적 방법을 '지시적 방법'(denotative method)이라고 부르는데 그것은 "지시되거나 표시될 수 있는 모든 일체의 것"[3]으로 경험을 철학의 출발점과 종료점으로 삼는 것이다. 지시적 방법은 사물이 존재하는 것으로서 우리에게 알려진 것이 아닌 사물이 경험되는 것으로서 경험의 '직접성'(immediacy)을 수용한 것이다.

> 경험주의의 요청으로부터 …… 그 무엇도 연역될 수 없다. …… 그러나 원리의 실제적인 의의는 철학적 분석 방법의 의의이다-방법은 과학자의 것과 종류가 동일하다 …… 그러한 방법은 사변적이지 않다; 그것은 신, 자유, 불멸성에 대한 어떤 통명스러운 논증도 허용하지 않고 또한 물질이나 관념이나 의식 등의 배타적인 실재를 허용하지 않는다. 그러나 그것은 이 용어들이 의미하는 모든 것을 말하는 방식을 제공한다.[4]

---

3) S. M. 에임즈, 『실용주의: 퍼어스, 제임스, 듀이, 미이드의 철학』, 조성술·노양진 역 (광주: 전남대학교출판부, 1999), p. 67.

4) Dewey, "The Postulate of Immediate Empiricism," *The Middle Works, 1899-1924*, Vol. 3, pp. 165-166.

직접적 경험주의는 인간이 자연을 인식하기 전에 이미 인간이 자연의 상황 속에 내던져져 느끼고 소유하고 겪는 직접적인 경험을 하는 존재로 가정한다. 그것은 "지금 우리가 있는 여기에서" 그리고 "역동적이고 살아 있는 구체적인 경험"으로부터 시작한다는 것으로 경험이 철학의 출발점이 된다.[5] 듀이가 지시적 방법을 사용하는 것은 일상적인 경험의 의미를 철학적으로 재정립하여 출발점으로 삼으려는 의도에서 비롯된다. 경험의 직접성을 수용하게 되면 인식하는 주체와 인식되는 대상이 원래 '실체'로서 존재한다는 사유는 거부되고 상호작용 내에서의 '기능'으로 전환한다. 이것은 듀이가 제안하는 새로운 경험 개념으로 다음과 같이 서술된다.

> 경험은 꿈, 정신이상, 병, 죽음, 노동, 전쟁, 혼동, 애매함, 거짓말과 실수를 포함한다. …… 철학에서 방법으로서 경험의 가치는 지시가 처음과 마지막에 온다는 것에 우리가 주목할 것을 강요하는 것이며, 따라서 여전히 의심하고, 문제에 대답하기 위한 논의를 하려면 지적되고, 지시되는 것으로 가서, 저 사물 속에서 대답을 발견해야 한다 (LW1: 371-372).

듀이의 경험 개념은 근세 인식론의 '주어진' 경험 개념과는 대비되며 구체적인 상황 속에 존재하는 인간 유기체가 늘 직면하는 일상적인 일차 경험, 즉 '살아진' 경험이다. 전통적으로 철학자들이 경험을 "주체가 겪는 사적인 사건"으로 보았다면, 듀이의 경험은 "그냥 느껴지거나 갖게 된 것으로서 기본적으로 느낌, 사유, 행함"을 포함하는 활동이다.[6] 힉맨(L. Hickman)은 듀이가 형이상학에

5) 정해창, 『듀이의 미완성 경험』 (파주: 청계, 2013), pp. 100, 105.

6) 같은 책, pp. 100-101.

공헌한 것은 일차적 경험인 살아진 경험과 타협하여 일반적 특성에 대한 탐구를 과학에 맡겼다는 점에 있다고 말한다.[7] 선택적 강조는 실재하는 것을 선택하는 것이므로 경험을 인지적인 것으로 다루는 경향이 있는데, 지시적 방법에 의해 파악된 사물은 우리에게 알려지기 이전에 이미 사용되고 향유되므로 비인지적이다. 비인지적인 경험은 상호작용하는 유기체의 몸의 활동으로부터 비롯되며 우리가 살고 있는 특정한 세계에서 직접적인 편재적 '질성'(quality)에 의해 주어진다.

듀이의 형이상학에서 경험은 철학적 방법으로서 자연에 접근하는 유일한 방법이다. 인간은 능동적이고 조작적인 방법을 통해 자연의 피상적인 것만을 밝혀내는 것이 아니라 깊숙이 침투하여 숨겨진 것들을 드러낸다. 과학적 방법은 유기체가 고도로 전문화된 조건에서 경험을 확장하여 발전시킨 것으로 자연 법칙을 수립하여 자연의 비밀을 드러낸다. 따라서 경험은 자연의 중심으로 꿰뚫고 들어가 그 자체를 탐구하여 드러내고 변형시키는 탁월한 방식이다. 나아가 경험은 세계에 직접적으로 직면하여 깊고 넓게 자연 내부를 깊숙이 파고 들어가서 사방으로 확장됨으로써 추론을 형성한다.

듀이는 경험적 자연주의의 입장에서 지시적 방법을 통해 새로운 유형의 형이상학을 시도하는데 이것이 자연주의적 형이상학이다. 듀이는 전통적인 체계 형이상학을 비판했지만 형이상학 자체를 거부한 것이 아니다. 새로운 형이상학은 "물리적인 것이든 정신적인 것이든 모든 종류의 존재에 의해 명백하게 드러나는 일반적 특성(generic traits)에 관한 기술"(LW1: 308)로 정의된다. 일반적 특성의 예에는 "구조와 과정, 실체와 우연, 물질과 에너지, 영원과 흐름,

---

7) Larry Hickman, *Pragmatism as Post-postmodernism* (New York: Fordham University Press, 2007), p. 19 참조.

일자와 다수, 연속성과 불연속성, 질서와 진보, 법과 자유, 획일성과 성장, 전통과 혁신, 합리적 의지와 강제적 욕구, 논증과 발견, 현실적인 것과 가능적인 것"(LW1: 67) 등이 있다. 아리스토텔레스의 형이상학이 자연을 넘어서서 존재의 본성에 대해 탐구하는 것이라면, 일반적 특성에 대한 기술로서 듀이의 형이상학은 자연 이전의 것이나 자연을 넘어선 어떤 초월적인 것도 배제하고 오직 경험에 의해 존재 혹은 자연에 접근한다는 점에서 자연주의적이다.

그러나 듀이의 자연주의적 형이상학은 지시적 방법의 결과인 일반적 특성이 경험적 특성인지 자연적 특성인지의 여부에 의해 경험의 형이상학인가 존재의 형이상학인가 하는 논쟁을 야기한다. 가드너(T. Gardner)에 의하면 이 논쟁은 존재의 일반적 특성이 다만 경험으로만 파악된 근본적인 특징인지 아니면 존재가 경험보다 범위가 훨씬 넓으므로 경험이 결여하는 일반적 특성을 갖는 것인지 하는 것이다.[8] 듀이의 형이상학을 경험의 형이상학이라고 주장하는 입장에는 훅(S. Hook)과 스터(J. Stuhr)가 있고, 존재의 형이상학이라고 주장하는 입장에는 슬리퍼(R. W. Sleeper)가 있다. 훅은 듀이가 존재의 형이상학보다는 오히려 경험의 형이상학을 우리에게 제공하고 있다고 주장한다. 왜냐하면 일반적 특성이 경험의 근본적 특징이라는 것은 의심할 수 없지만 존재의 근본적 특징이라는 듀이의 주장을 의심하기 때문이다. 훅은 자연에서는 발견되지 않는 우리 경험의 많은 특징들이 있으므로 듀이의 형이상학은 존재의 형이상학이 아니고 경험의 형이상학이라고 주장한다.[9] 즉 경험 내에 있는 존재론적 특성은 자연 속에 있는 존재론적 특성에 대

8) Thomas Gardner, "The Subject Matter of Dewey's Metaphysics," *Transactions of the Charles S. Peirce Society*, Vol. 36 (2000), pp. 396-397 참조.

9) 같은 논문, pp. 397-398 참조.

한 증거일 수 있지만 그것들이 필연적으로 동일한 특성은 아니라는 것이다.[10] 스터도 듀이의 형이상학을 경험의 형이상학이라고 주장하는데, 그 이유는 불안정성, 연속성, 성질, 사회성 등과 같은 일반적 특성이 경험의 특성이므로 존재의 특성이 아니며 존재의 특성은 경험과는 무관하다는 데 있다.[11]

반면에 슬리퍼는 듀이의 형이상학이 경험의 형이상학이라기보다는 오히려 존재의 형이상학이라고 주장한다. 경험이 듀이의 형이상학에서 중요한 역할을 한다는 것을 인식하지만 경험은 존재의 근본적인 특징을 지시하는 수단이면서 동시에 저 근본적인 특징들 중의 하나이기 때문이다.[12] 따라서 슬리퍼는 듀이의 형이상학을 경험의 형이상학으로 보게 되면 "듀이를 아리스토텔레스주의자라기보다 훨씬 더 칸트주의자로, 경험론자라기보다는 훨씬 더 현상론자로, 실재론자이기보다는 훨씬 더 관념론자로 만든다"[13]는 점에서 그의 형이상학을 존재의 형이상학으로 간주한다. 슬리퍼가 듀이의 형이상학을 존재의 형이상학이라고 주장하는 것은 그가 사

---

10) Sidney Hook, "Introduction," in John Dewey, *Experience and Nature: The Later Works, 1925-1953*, Vol. 1, ed. Jo Ann Boydston (Carbondale, Ill.: Southern Illinois University Press, Carbondale, 2008), pp. xiii-xiv 참조.

11) Gardner, "The Subject Matter of Dewey's Metaphysics," p. 398 참조. 듀이의 형이상학을 경험의 형이상학이라고 주장하는 스터는 형이상학을 다음과 같이 특징짓는다. 경험의 형이상학은 체계적이고, 포괄적이며, 경험에 근거하고, 한정된 일반적 특성에 대한 기술이며, 역사적이고 발전하는 것이어야 하며, 비판에 개방적이어야 하고, 이론에 대한 평가가 가능해야 하며, 유일한 형이상학적 문제란 없으며, 형이상학의 주제와 본성은 인간의 삶을 개선시키기 위한 도구라는 것이다. John Stuhr, "Toward a Metaphysics of Experience," *The Modern Schoolman*, Vol. 57 (1980) 참조.

12) Gardner, "The Subject Matter of Dewey's Metaphysics," p. 397 참조.

13) R. W. Sleeper, "What is Metaphysics?" *Transactions of the Charles S. Peirce Society*, Vol. 28 (1992), p. 184.

유를 해석하는 데 있어서 하이데거와 일부 닮은 점이 있다는 것에 근거한다.[14)]

그러나 가드너는 위의 논쟁이 듀이의 형이상학을 잘못 이해하여 발생했다고 비판한다. 왜냐하면 위에서 지적한 경험의 형이상학과 존재의 형이상학은 듀이의 형이상학을 이해하는 데 있어서 경험과 존재의 구분을 함축함으로써 그가 극복하고자 했던 경험과 실재라는 그 분기점을 전제하고 있기 때문이다.[15)] 가드너는 경험과 자연에는 단절이 없고 연속적이라는 주장의 근거를 "경험이란 자연 안에 있을 뿐만 아니라 자연에 관한 것이다"(LW1: 12)라는 듀이의 표현에서 찾는다. 이 표현에는 두 가지 의미가 있는데, 첫째는 경험의 대상이 자연이라는 것이다. 즉 자연은 경험된 경험이 아니라 자연인 돌, 식물, 동물, 질병, 건강, 온도, 전기성 등에 관한 것으로 자연에 관한 경험이다. 둘째는 경험 자체가 실제로 자연의 일부이므로 어떤 방식으로 상호작용하는 사물들은 경험된 사물인 것이다. 물론 위의 논쟁에 대해 가드너는 듀이의 형이상학에서 경험과 자연이 연속적이라는 표현에 근거하여 경험의 형이상학과 존재의 형이상학의 문제점을 잘 지적하고 있지만 경험과 자연이 연속적인 방식에 관해서는 충분히 논의하지 않는다.

이 논쟁에 대한 좀더 설득력있는 해명은 알렉산더(T.n Alexander)가 듀이의 경험 형이상학에 관해 논의한 것에서 찾을 수 있다. 듀이는 자연이 경험을 통해 알려진다면 자연 자체에 속한 것과 경험에 의해 파악된 것 사이를 우리가 어떻게 구분해야 하는가에 관한 문제로 인하여 유물론자 내지는 관념론자라고 비판받았다. 알렉산

14) 같은 논문, p. 185 참조.

15) Gardner, "The Subject Matter of Dewey's Metaphysics," pp. 399-401 참조.

더는 이 문제가 듀이의 연속성을 동일성으로 잘못 이해하여 발생했다고 지적한다. 즉 연속성의 원리를 잘 이해하면 경험과 자연은 연속적이라는 것이 드러나고 그것이 또한 경험 형이상학의 기반이라는 것이다.[16] 그러나 비판자들은 듀이의 이러한 측면을 무시하여 근본적인 특징을 이해하지 못해 형이상학에 관한 논쟁을 야기시킨다. 알렉산더가 듀이의 형이상학을 경험의 형이상학으로 보는 것은 경험과 존재라는 두 분기점을 전제하지 않으며 경험의 연속성의 원리에 의해 경험과 자연이 연속적인 방식을 제공하기 때문이다.

3. 연속성의 원리에 근거한 경험의 형이상학

듀이 철학의 형이상학에 관한 저서인『경험과 자연』의 목적은 전통철학에서 자연으로부터 분리되어 있는 인간의 경험을 조화시킴으로써 이원론적 사유를 극복하는 데 있다. 듀이가 경험과 자연의 분리를 피하기 위해 제안하는 유일한 방식은 경험의 모든 양상이 결국에는 자연의 특성을 실현하는 방식이라는 것을 인정하는 것이다(LW1: 30-31). 즉 일반적 특성으로서의 형이상학은 지시적 방법에 의해 실재를 있는 그대로 기술한 것으로 "경험 안에 있고 경험에 의해 노출되는 사물들의 존재 방식"[17]을 설명하려는 시도이다. 이 장에서는 알렉산더의 주장을 따라 듀이의 자연주의적 형이상학을 연속성의 원리에 근거한 경험의 형이상학으로 간주하고

---

16) Thomas Alexander, *John Dewey's Theory of Art, Experience, and Nature: The Horizons of Feeling* (Albany, N.Y.: SUNY Press, 1987), p. 95 참조.

17) 정해창, 같은 책, p. 119.

그 원리를 '상황'(situations) 개념으로 해명할 것이다.

듀이의 형이상학에서 존재 즉 자연이란 무엇이며 경험과 어떤 관계가 있는가? 듀이의 자연주의적 형이상학에서 존재는 아리스토텔레스가 말하는 실제로 존재하는 것만이 아니라 불안정한 것과 안정된 것, 확실한 것과 불확실한 것, 조화와 부조화 등 그 두 세계를 모두 혼합한 포괄적인 것이다. 여기에서 아리스토텔레스의 형이상학과는 달리 듀이의 형이상학이 부각시키려고 하는 것은 이 세계가 규칙적이고 안정적인 것들과 불안정하고 불확실한 것들이 뒤섞여 있다는 점이다. 이러한 자연은 더 이상 하나의 질서를 통해 끊임없이 작동하는 기계도 아니며 어떠한 목적을 실현하기 위해 움직이는 세계도 아니고 다만 생성, 소멸을 거듭하며 끊임없이 변화하는 세계이다. 변화하는 세계에서 완성이란 없으므로 "자연은 언제나 미완성 상태에 있다."[18] 자연은 끊임없이 계속되는 '상호작용'을 통해 발생한 사건들로 구성되고 또한 그것들은 지속적으로 변화한다. 따라서 "모든 존재는 사건(event)이다"(LW1: 63).

자연에서 발생하는 상호작용은 세 가지 수준으로 구분되는데, 즉 "물리-화학적인 수준"(physicochmical level), "심리-물리적 수준"(psychophysical level), "인간 경험의 수준"(level of human experience)이 있다(LW1: 200). 이 세 수준은 상호작용의 복합성과 친밀성의 정도에 따라 차이가 있다. 인간은 이러한 자연의 외부에 존재하는 것이 아닌 그 일부이며 경험은 인간이 자신을 둘러싼 자연과의 무한한 상호작용에 의해 발생하는 것의 총체이다. 따라서 인간의 경험도 상호작용을 통해 발생하므로 하나의 사건이며 위의 세 번째 수준의 유형에 속한다. 듀이에게 있어서 경험이란 인간과 환경이

---

18) 같은 책, p. 58.

삶의 터전에서 다양한 방식으로 만나 서로를 변형시키는 주된 매개체이다. 인간 경험의 수준에서 특징은 인간이 언어를 사용하여 감정을 객관화시키고 자연을 설명한다는 것이다. 듀이의 자연 개념에서 중요한 것은 이렇게 늘 변화하고 규칙적인 것과 불규칙적인 것이 섞여 있는 세계에 인간이 참여하여 균형을 취하는 기능도 포함된다는 점이다. 이것은 듀이의 형이상학이 전통적인 아리스토텔레스의 형이상학과 다른 가장 큰 차이로서 인간이 관찰자의 입장에 서서 자연을 관조하는 존재가 아니라 자연의 내부에서 환경과 상호작용을 하며 참여하는 존재이기 때문이다. 그렇다면 인간의 경험과 자연은 격리되어 존재하는 것이 아니라 의사소통을 하며 환경과의 상호작용에 참여한다는 점에서 연결된다.

번스타인(R. Bernstein)은 듀이가 경험과 자연의 연속성에 대해서 연속성의 원리만 내세울 뿐 아무런 설명을 하지 않았다고 비판한다.[19] 물론 듀이는 연속성의 원리에 자주 호소하지만 그에 대해 자세히 해명하는 것은 아니다. 그러나 알렉산더는 번스타인이 듀이의 연속성의 원리를 간과하고 있다고 비판하고 경험과 자연을 연결시키는 것은 연속성의 원리이며 그것은 상황이라는 개념에 의해 설명될 수 있다고 주장한다.[20] 연속성의 원리는 경험이 자연으로부터 등장하므로 자연과 연속적이며 동시에 경험은 자연의 범위 안에 포함된다는 것을 표현한다. 그것은 경험 자체가 통합되어 있으므로 행위와 대상, 주관과 객관 사이에 어떠한 구분도 인정하지 않고 전체로 받아들인다는 점에서 "양방적"(double-barrelled)(LW1: 18)이다. 또한 그 원리는 경험의 환원할 수 없는 참신한 측면을 포

---

19) R. J. 번스타인, 『존 듀이 철학 입문』, 정순복 역 (서울: 예전사, 1995), p. 239 참조.

20) Alexander, *John Dewey's Theory of Art, Experience, and Nature*, p. 103 참조.

함함으로써 '자연적인 것'으로부터 '관념적인 것'이 발생하는 '창발주의'(emergentism)의 토대가 되기도 한다. 듀이는 연속성의 원리에 관해 다음과 같이 서술한다.

> '자연주의적'이라는 용어는 다양한 의미를 갖는다. 그것이 여기에서 사용된 의미는 한편으로는 탐구 작용과 생물학적·물리적 작용 사이에는 연속성이 있어서 단절이 없다는 것이다. 다른 한편으로는 '연속성'이라는 말의 의미는 이성 작용들은 유기적 활동으로부터 성장하지만 창발하는 그것과 동일하지 않다는 것이다.21)

연속성의 원리는 물리적인 것과 관념적인 것, 자연적인 것과 사회적인 것, 마음과 몸 사이에 '단절'(breach)이란 없으며 새롭게 발생한 것은 그것이 발생한 것에로 환원되지 않는다는 의미이다. 따라서 연속성의 원리는 자연주의와 창발주의, 즉 더 높은 형식들이나 양상들이 더 낮은 것으로부터 발생하지만 그것들로 환원될 수 없다는 것이며 참신한 것을 포함한다. 와일드(J. Wild)는 창발주의에 대해 "단지 더 높은 질서가 더 낮은 질서 위에서 발견되고 그리고 어떠한 의미에서 그것을 포함하는 방식을 포괄할 뿐만 아니라, 동시에 그것을 인수하고 그리고 그것이 인수되는 것들에 의해 설명될 수 없는 새로운 구조로 통합하는 방식"22)이라고 해명한다.

경험과 자연이 연속적인 방식을 이해하는 데 있어서 중요한 것은 상황이다. 상황은 자연의 내부에 있으며 그것을 구성하는 것은

---

21) John Dewey, *Logic: The Theory of Inquiry: The Later Works, 1925-1953*, Vol. 12. ed. Jo Ann Boydston (Carbondale, Ill.: Southern Illinois University Press, 2008), p. 26.

22) John Wild, "Foreword" to Maurice Merleau-Ponty, *The Structure of Behavior*, trans. Alden Fisher (Boston mass.: Beacon Press, 1963), p. xiii.; Alexander, *John Dewey's Theory of Art, Experience, and Nature*, p. 99 재인용.

사건으로 상호작용하는 과정들의 한 복합체이다. 하나의 상황은 다른 상황들과 역동적인 연관성을 지니고 있으므로 모든 상황들은 상호 무관하게 있지 않고 큰 장의 부분들로서 상호작용하기 때문에 맥락적이다. 상황의 구조는 원자적으로 존재하지 않으며 기계적이지도 않고 고정적이지도 않고, 안정적이기도 하고 불안정하기도 하므로 역동적이다. 각각의 상황은 하나의 지배적인 질성에 의해 통일됨으로써 특징지워지기 때문에 시작과 끝이 있는 하나의 상황으로 제한되며 결코 되풀이될 수 없는 개별적인 것이 된다. 상황 개념은 다음과 같이 부정적인 진술로만 접근할 수 있다.

> "상황"이라는 말이 가리키는 것은 단일한 대상이나 사건 혹은 대상들과 사건들의 집합이 아니다. 왜냐하면 우리는 따로따로 분리되어 있는 대상과 사건에 관해 결코 경험할 수 없고 판단할 수도 없을 뿐만 아니라, 오직 하나의 맥락적 전체와 관련하여 있기 때문이다.[23]

상황 속에서 인간은 지시적 방법에 의해 사물을 경험된 것으로 파악하여 일반적인 특성을 기술함으로써 담론을 형성한다. 상황에는 도덕적인 상황, 인식적인 상황, 미적인 상황 등이 있으며 구조화된 안정된 것 혹은 역동적인 불안정한 것으로 표시된다. 듀이가 상황을 통해 의도한 것은 철학적 사유가 문제 상황에서 발생되었음에도 불구하고 맥락을 소홀히 하고 맥락과 관계없이 대상이나 사건을 분석적으로 다루게 되는 것을 막기 위해서다. 의식은 유기체가 환경과의 긴장 관계에서 상황을 재구성할 필요가 있을 때 발생한다. 의식의 기능은 한 상황에서 문제가 있는 긴장하는 특징을 파악하고 지적으로 재구성하여 그것들을 재방향짓는 데 있다. 따

23) Dewey, *Logic: The Theory of Inquiry*, p. 72.

라서 철학적 사유란 불확실한 것과 안정된 것이 혼합된 세계에서 환경과 상호작용하는 인간이 불확정적인 문제 상황에 직면하여 안정된 상황으로 전환하는 시도들 속에서 하나의 기능으로서 발생한 것이다.

상황은 삶세계에서 당연한 것으로 받아들여야 하는 "직접적인 편재적 질성에 의한 하나의 전체"[24]이다. 직접적인 편재적 질성은 우리에게 주어진 구체적인 상황 내에서 유기체에 의해 느껴지는 직접적인 존재이므로 명백하게 "정의할 수 없고 서술할 수 없는" (LW1: 74) 일차 경험의 질적 재료이다. 질성 이론을 받아들이게 되면 우리는 주관과 대상을 고정된 것으로 구분하기를 중단하고 기능으로 간주하게 되므로 주-객 이원론의 문제는 사라진다. 왜냐하면 질성은 경험 속에서 우리에게 직접적으로 느껴지므로 주관적인 것도 아니고 객관적인 것도 아닌 상황이나 맥락에서 발생하기 때문이다. 듀이는 "질성적 사고"(Qualitative Thought)라는 논문에서 상황과 대상을 다음과 같이 구분한다. 즉 상황은 단일한 질성에 의해 철저히 지배되고 특징지워지는 복합적인 존재이며 대상은 전체로부터 추상을 통해 정의되는 복합적인 전체의 요소이다. 그 구분의 핵심은 "사유에서 대상을 선택하고 관계하는 것은 상황에 의해 통제된다"[25]는 데 있다. 듀이에 의하면 우리는 명백히 질적인 세계에 살고 있고 사유는 질성적 숙고에 의해 규제된다. 질성적 사고는 사유가 사유되는 대상과 이분법적으로 대립하지 않으며 일상생활에서 우리에게 직접적으로 질적으로 경험되는 것이 우리 사유의 배경이자 출발 지점이라는 것을 나타낸다.

---

24) 같은 책, p. 73.

25) Dewey, "Qualitative Thought," *The Later Works, 1925-1953*, Vol. 5, ed. Jo Ann Boydston (Carbondale, Ill.: Southern Illinois University Press, 2008), p. 246.

과인락(J. Gouinlock)은 상황이란 인간이 의식적으로 참여하는 사건이므로 만약 인간이 없다면 자연에는 아무런 상황도 없다고 주장한다.[26] 안정된 상황과 불안정한 상황에서 인간은 기능을 통해 참여하여 균형을 취하기 때문에 상황은 "인간이 세계에 존재하는 방식"[27]이다. 인간이 참여하는 상황이란 다름 아닌 삶의 상황이므로 문화에 인간이 의식적으로 참여하는 사건이기도 하다.[28] 듀이는 삶의 상황에서의 상호작용은 연합하여 매우 넓고 복합적이므로 그로부터 발생하는 사건을 '사회적인 것'(the social)이라고 부른다. 사회적인 것이란 듀이가 제안하는 철학적 범주에 관한 논의의 출발점으로서 "우리의 관찰로 접근할 수 있는 전체를 가장 넓고 풍부하게 명시한 것"[29]이다. 인간 경험은 물리적인 것, 생명적인 것, 정신적인 것의 범주와 연속적이고 포괄적일 뿐만 아니라 그것들을 통일된 사회적 활동 내에서 실현하므로 사회적인 것이다. 이것이 가능한 것은 인간은 가장 복합적인 방식으로 사회적 행동을 발전시켜 생물학적 본능을 문화적 경험으로 변형시킨다는 데 있다.[30]

---

26) James Gouinlock, *John Dewey's Philosophy of Value* (New York: Humanities, 1972), p. 8 참조.

27) Alexander, *John Dewey's Theory of Art, Experience, and Nature*, p. 106.

28) 듀이의 형이상학에서 인간 경험의 상호작용에서 발생하는 사건은 존재의 단위로서 질성의 기능이다. 브와베르(R. Boisvert)는 사건을 『경험과 자연』에서 중심사상으로서 나타난 존재론적 범주로 간주하며 다음과 같이 정리한다. 첫째 사건은 상호작용 밖에 있지 않고 안에 있다. 둘째 사건은 원자가 아닌 세포처럼 이질적이고 복합적이며 열려 있다. 셋째 사건은 영원하지 않고 시간적이다. 넷째 사건은 시간적으로 제한되고 환원불가능한 복합물이다. 실재하는 것으로서 사건이란 일상적인 경험의 풍부하고, 복합적인 다양성을 수용한다. Raymond Boisvert, "Dewey's Metaphysics: Ground-Map of the Prototypically Real," In Larry Hickman, ed. *Reading Dewey* (Bloomington, Ind.: Indiana University Press, 1998), pp. 159-160 참조.

29) Dewey, "The Inclusive Philosophic Idea," *The Later Works, 1925-1953*, Vol. 12. ed. Jo Ann Boydston (Carbondale, Ill.: Southern Illinois University Press, 2008), p. 53.

이것을 창발주의로 표현하면 인간의 층위에는 자연의 생명 형태에 현존하지 않는 더 새롭고 더 복합적이고 더 높은 층위의 환원할 수 없는 특성이 있다. 이렇게 인간의 경험으로서의 사건이 자연과 연속성을 갖는 것은 "문화적인 존재로 있으면서 생물학적인 존재로 있기를 멈추지 않으며 또한 생물학적 존재로 있으면서 물리적인 존재로 있기를 멈추지 않기"[31] 때문이다.

존재의 일반적 특성은 경험과 자연의 연속성의 원리 위에서 탐구되므로 듀이의 형이상학은 경험의 형이상학이다. 연속성의 원리를 통해 해명된 경험 형이상학의 주된 특징은 환원주의를 거부하고 창발주의를 수용한다는 데 있다.[32] 자연은 일상적인 다양한 사건으로 재구성됨으로써 더 이상 선택적 강조에 의한 참된 존재로서의 제일 원리나 실체는 존재하지 않는다. 또한 대상이나 사건은 상황이라는 맥락 속에서 질성에 의해 직접적으로 느껴지므로 이미 인식되기 전에 소유되고 향유되어 이원론으로 사유와 구분되는 인식의 대상도 아니며 맥락과 무관하게 분석적으로 탐구될 수도 없다. 구체적인 상황 속에서 인간은 의식에 의해 의미를 '창발'(emergence)하므로 물질적인 것과 관념적인 것, 자연적인 것과 사회적인 것은 연속적이게 된다. 즉 인간의 경험은 몸의 활동에서 비롯되는데 그것은 신체적이고 물리적인 것을 기반으로 정신적이고 추상적인 것이 창발하므로 물리적인 것과 정신적인 것은 따로 분리되이 있지 않고 연속적인 것으로 있으며 참신한 것을 포함한다. 따라서 연속성의 원리에 근거한 듀이의 경험 형이상학은 가장 충만하고 풍부한 경험의 방식으로 인간과 자연과의 이분법적 관계를

30) Alexander, *John Dewey's Theory of Art, Experience, and Nature*, pp. 107-108 참조.
31) 같은 책, p. 107.
32) 같은 책, p. 95 참조.

넘어서려는 시도라고 할 수 있다.

4. 근거도로서의 형이상학

전통적인 형이상학이 안고 있는 이원론의 문제를 극복하기 위해 시도된 듀이의 경험 형이상학은 '근거도'(ground-map)로 귀결된다. 경험의 형이상학이 경험적 방법에 의해 일반적 특성을 기술하는 것은 사건으로 구성된 세계에는 안정된 것도 있지만 불확실한 것도 있어 위험성이 존재하므로 인간이 세계에 '적응'(adjustment)하기 위해서는 이 세계가 어떠한 세계인지를 알 필요가 있기 때문이다. 따라서 브와베르(R. Boisvert)에 의하면 존재의 본성에 대한 탐구로서 형이상학이 '체계'(system)와 연합했다면 듀이의 경험 형이상학은 '지도'와 연합한다.[33] 체계로서의 형이상학은 참으로 존재하는 것들을 탐구하기 위해 세계에 대한 관조자를 요구하는데, 경험을 통해 일반적인 특성을 탐구하는 지도로서 형이상학은 문제 상황에 대처하고 통제함으로써 조화로운 세계를 만들기 위해 참여자를 필요로 한다.

정순복은 듀이의 형이상학이 "거울식의 반사와 관조"의 자리에 "질[성적] 상황에로의 참여"을 대체시켜 놓음으로써 전통적인 형이상학의 오류를 벗어나 포스트모던 형이상학의 새로운 지평을 마련해 준다고 평가한다.[34] 일반적 특성으로서 형이상학은 철학의

---

33) Raymond Boisvert, "Rorty, Dewey and Post-Modern Metaphysics," in J. E. Tiles, ed. *John Dewey: Critical Assessments* (New York: Routledge, 1992) 참조.

34) 정순복, 「존 듀이의 형이상학: 예술의 메타포를 중심으로」, 『미학』, 제21집 (1996), p. 169 참조.

한 분파로 '비판으로서의 비판'이라는 철학적 활동을 위해 방향성을 제공하는 근거도이다. 스터는 근거도의 특징을 다음 세 가지로 정리한다.[35] 첫째 듀이의 형이상학은 철학사에 대한 기술이기보다 미래를 위한 처방이다. 둘째 근거도는 학문의 토대를 정초하는 것이 아니라 세계의 일반적 특성을 제공함으로써 구체적인 상황에서 특정한 가치를 실현하기 위해 유용한 방향을 제공하는 역할을 한다. 셋째 형이상학은 더 이상 영원히 실재하는 완성된 것도 아니며 진행 중이며 수정 가능한 것이다.

오늘날 그 어떤 이론의 체계화도 반대하면서 해체적인 경향을 지지하는 로티는 듀이의 경험 형이상학을 강력하게 비판한다. 로티는 전통적인 철학의 이원론의 문제를 해결하기 위해 굳이 존재의 일반적 특성을 서술할 필요가 없다고 주장한다. 듀이처럼 "지식의 획득이 곧 문제의 해결"이라고 말하기 위해서 "'경험'과 '자연' 사이에 '연속성'을 찾아낼 필요가 없다"는 것이다.[36] 듀이의 일반적 특성으로서 경험과 자연에 대한 재서술 역시 영원의 관점을 배제하고 우연성(contingency)과 시간성을 강조하게 된다고 할지라도 "미래의 탐구에 대한 영구적이며 중립적인 모형"[37]을 제공한다는 점에서 여전히 또 다른 형이상학이 되기 때문이다. 로티는 듀이의 일반적 특성에 대한 탐구도 존재에 관한 기본적인 연관 유형과 그것들 사이의 관계를 발견하는 것이 되므로 전통적인 이원론의 문제를 치유하기 위한 시도와 조화되기가 어렵다고 보았다.

로티에 의하면 철학적 이원론에 대항하는 방식에는 두 가지, 즉 헤겔적인 것과 로크적인 것이 있는데 듀이의 형이상학은 이 두

35) Stuhr, "Dewey's Reconstruction of Metaphysics," p. 173 참조.

36) 리처드 로티, 『실용주의의 결과』, 김동식 역 (서울: 민음사, 1996), p. 206.

37) 같은 책, p. 204.

가지를 혼동했다는 것이다. 헤겔적인 방식은 역사주의적인 것으로 이원론이 과거에는 유용한 어휘였지만 지금은 더 이상 쓸모가 없는 어휘로 간주하는 것이다. 로크적인 방식은 자연주의적이며 "'저급 과정과 고급 과정 간의 연속성'을 강조하는 비이원론적 방식에 입각하여 서술하는 것이다."[38] 그런데 듀이는 자연주의적인 로크(J. Locke)의 방식과 역사주의적인 헤겔(F. W. Hegel)의 방식 모두를 원했으며 그로 인하여 문제를 발생시켰다는 것이다.

로티가 비판하는 것은 듀이가 심신 문제를 다루면서 유물론적으로 설명하는 것을 피하는 동시에 비과학적인 이론화의 방식을 피하기 위해 '상호작용의 질성'과 같은 표현을 사용했는데 그것이 바로 관념론적이라는 것이다. 왜냐하면 듀이는 대상의 의미가 그것의 질성을 유기체가 느낌으로써 형성된다고 했는데, 이러한 논의는 칸트(I. Kant)가 선험적 자아에 호소하여 했던 작업과 유사하게 되어버렸다는 점에서다. 그 결과 듀이의 '환경과의 교섭'이나 '조건에 대한 적응' 등과 같은 표현들은 자연주의적이면서 동시에 선험적으로 되어 애매하게 되었다는 것이다. 로티는 이러한 방식 대신 헤겔의 방식을 통해 듀이가 "관람자 지식론 모델"이라는 낡은 어휘를 버렸으면 애당초 심신 이원론의 문제는 해소될 수 있었다고 여긴다.

그러나 듀이의 경험 형이상학에 대한 로티의 이러한 비판은 역시 다른 비판자들과 마찬가지로 이원론의 관점을 전제하고서 경험적인 하위적인 것을 선험적인 상위적인 것으로 흡수시켜 환원주의적으로 해석하는 실수를 범하고 있다. 그것은 듀이가 연속성의 원리를 통해 극복하려고 했던 것에 반하는 것으로 다른 비판자들과

---

38) 같은 책, p. 207.

마찬가지로 오해에서 비롯된 것이라고 할 수 있다.[39)]

듀이의 형이상학에 대한 로티의 비판은 반토대주의의 입장에서 체계 건설적인 역할을 포기하고 철학의 치유적인 측면만을 강조하는 철학적 의도에서 제기하기 때문에 왜곡된 측면이 있다. 이러한 로티의 태도는 듀이의 형이상학적인 체계 건설에는 반대하지만 이원론과 같은 사이비 문제의 원인을 진단하고 치유하는 측면만을 옹호하는 의도에서 비롯된다. 따라서 로티가 듀이의 경험 형이상학에서 칭찬하는 것은 "주관-객관, 정신-물질 등과 같은 사이비 '철학적 문제들'이 어떻게 야기되며 어떻게 해소될 수 있는지"[40)]에 관한 치유적인 측면에 한해서다. 오히려 이론의 체계화에 대한 로티의 비판은 객관주의 전통을 해체시킴으로써 극단적 상대주의 문제를 발생시킨다. 그리고 극단적인 상대주의라는 비난에 대해 로티 자신은 객관주의와 상대주의의 이분법을 넘어서 있으므로 근거없는 우려라고 일축한다. 그러나 로티가 극단적 상대주의라는 비난으로부터 벗어나려면 객관주의/상대주의 이분법을 벗어났다고 주장만 할 것이 아니라 그것이 어떻게 가능한지를 보여주어야 한다.

듀이의 경험 형이상학은 오늘날 로티가 직면한 해체에 따른 극단적 상대주의의 문제 및 객관주의/상대주의 이분법에 대한 대안이 될 수 있다. 먼저 힉맨은 로티가 극단적 상대주의라는 비난을 받는 이유에 대해 경험을 언어로 전환하여 언어에는 우연성만이 있다는 점을 강조한 결과라고 지적한다. 즉 로티적인 포스트모더니즘이 위험성을 초래한 것은 "인간 경험에 대한 적절한 공통 분모가 없기 때문"[41)]이다. 듀이의 경험 형이상학의 출발점으로서 살아

39) 노양진, 『상대주의의 두 얼굴』 (파주: 서광사, 2007), pp. 167-168 참조.

40) 로티, 『실용주의의 결과』, p. 193.

41) Hickman, *Pragmatism as Post-postmodernism*, p. 19.

진 경험은 구체적인 삶의 상황에서 인식하는 것이 아닌 직접적으로 느껴지는 복합적인 것으로 우리의 일상적 삶을 자연 그대로 생생하게 경험하는 방식이다. 이 경험이 공통분모 즉 '공통성'(commonality)을 갖는다는 것은 그의 지시적 방법에서 잘 나타난다.

> 지시적 방법은 우리가 행하는 것, 향유하는 것, 겪는 것의 총체적이고 강제적인 것들에 대한, 즉 노동을 강요하고, 요구를 만족시키고, 아름다움으로 우리를 놀라게 하고, 처벌 하에 복종을 강요하는 것에 대한 반성적 경험을 개선시키고 정교화한 것의 이면을 살펴야 한다고 우리에게 말한다. 공약수는 편리함이고 최대공약수는 최고의 편리함을 갖는다. 그러나 그것의 본유적인 "실재"나 진리는 그것이 나누는 수의 공약수보다 더 크다고 가정할 근거는 없다. 그리고 지성적 경험의 대상들은 다른 양상을 한 사물들의 최대공약수이다. 즉 그 대상들은 괄목할만한 가치를 갖지만, 대상들을 배타적인 실재로 전환한다는 것은 임의적인 구분들과 해결할 수 없는 문제로 가는 지름길이다(LW1: 375-376).

듀이는 존재에 대한 탐구가 확실한 지식을 획득하려는 시도에서 일반적인 특성에 대한 탐구로 진행할 것을 제안한다. 듀이의 지시적 방법에 의한 접근은 추상적인 정신적 과정의 결과와 함께 시작하지 않고, 주어진 구체적인 상황 속에서 일상적인 경험과 함께 시작한다. 따라서 살아진 경험이 공통성을 획득하는 방식은 듀이의 탐구가 실제적으로 느낀 존재 사건들로부터 출발하여 다양한 인간 경험의 가장 기본적인 층위에서 경험을 근거짓고 통약시킨 데 있다. 힉맨은 듀이의 지시적 방법이 "관찰과 실험"에 관심을 가질 때 "인간 경험의 공통된 특성"을 외면하지 않으므로 극단적 상대주의의 경향들을 극복할 수 있다고 주장한다.[42] 탐구는 의사소통을 하는 인간 유기체의 자연적 기능이고 경험의 공통된 특성은 관찰과 실험에 의해 발생하기 때문이다.

나아가 경험의 형이상학에서 연속성의 원리는 극단적 상대주의가 기대고 있는 객관주의와 상대주의 이분법의 문제를 해소하는 새로운 방향을 암시하고 있다. 객관주의/상대주의 이분법은 마음과 세계의 관계 문제에서 비롯된다는 것을 모두가 공유하고 있지만 아직 명확한 해결 방안은 제시되지 않고 있다. 듀이의 경험의 형이상학은 연속성의 원리에 의해 경험과 자연, 물질적인 것과 정신적인 것이 연속적인 방식을 해명했는데 그것은 인간 경험의 핵심인 정신이 몸의 활동으로부터 창발한다는 데 있다. 그러나 듀이가 창발이라는 개념을 사용한 것은 혁신적이지만, 아쉽게도 당시는 과학적 성과들이 오늘날처럼 풍부하지 않아서 그것이 작용하는 방식을 구체적으로 설명하지는 못했다.

체험주의를 표방하는 존슨은 듀이의 연속성의 원리를 수용하여 경험이 신체로부터 발생하여 사유로 확장하는 방식을 해명함으로써 객관주의/상대주의 이분법의 문제를 풀어갈 계기를 마련해 주고 있다. 존슨은 최근 인지과학적인 탐구 성과를 수용하는 철학적 논의에서 '상상력 이론'을 통해 객관주의와 상대주의의 중간 지대가 가능하다는 것을 제시하여 '객관주의 아니면 상대주의'라는 이분법의 문제를 해소하는 새로운 길을 연다. 존슨에 의하면 마음/몸, 이성/상상력, 사실/가치 등의 이분법적 구분은 전통적인 이론이 신체의 중심성을 간과하여 발생되었다. 상상력 이론은 상상력이 인간의 이해에서 중심적인 역할을 하며 그 구조는 신체적인 수준의 경험에서 직접적으로 발생한 것에 기반한다.

---

42) 같은 책, p. 21 참조.

상상력 이론에서 핵심적인 역할을 하는 것은 '영상도식'(image schema)과 '은유적 투사'(metaphorical projection)이다.[43] 영상도식은 우리의 신체적 경험으로부터 직접 발생하며 개념화 이전에 우리의 이해를 근거지을 뿐만 아니라 동시에 제약한다. 이 영상도식은 은유적으로 확장됨으로써 의미, 추론 등과 같은 추상적인 측면들이 생겨난다. 상상력 이론은 영상도식을 통해 몸이 인식의 공적이고 상호 주관적인 근거라는 것을 그리고 은유적 투사를 통해 인식의 상대적 변이가 발생한다는 것을 설명한다. 상상력 이론은 우리의 인식에 객관주의와 상대주의의 요소가 공존하고 있음을 보여줌으로써 전통적인 '객관주의 아니면 상대주의'라는 이분법은 가상적인 이론의 산물이라는 것을 드러낸다. 그렇다면 영상도식에 의해 우리에게 주어진 인식의 구조는 몸에 근거하기 때문에 절대적 객관성도 아니지만 순전히 자의적인 변이를 허용하는 극단적 상대주의만도 아닌 제3의 입장이 가능하다. 상상력 이론은 듀이의 경험 형이상학의 연속성의 원리를 확장시켜 추상적인 사유가 창발하는 방식을 구체적으로 해명함으로써 객관주의/상대주의 이분법을 넘어서는 해결책을 제시한다.

5. 맺는 말

듀이의 형이상학에 관한 논쟁에서 일반적 특성으로서 자연주의적 형이상학은 연속성의 원리에 의해 경험과 자연이 연결되는 방

---

43) 마크 존슨, 『마음 속의 몸: 의미, 상상력, 이성의 신체적 근거』, 노양진 역 (서울: 철학과현실사, 2000), 3-5장 참조.

식을 보여 준다는 의미에서 경험의 형이상학이다. 인간의 경험은 자연 내에서 상호작용을 통해 발생하는 하나의 사건이며 상황에 의식적으로 참여함으로써 경험의 의미를 창발하므로 자연과 연속적이게 된다. 이러한 일반적 특성으로서의 형이상학은 경험적 특성만도 아니고 자연의 특성만도 아닌 경험과 자연의 양방적이며 연속적인 방식에서 파악된 것이다. 듀이의 경험 형이상학은 연속성의 원리에 근거하여 양방적이므로 환원주의를 거부하고 창발주의를 수용하여 경험과 자연, 사회적인 것과 자연적인 것, 정신과 물질 등의 연속적인 방식을 제공한다. 따라서 불확실하고 안정된 것이 섞여 있는 세계에서 경험과 자연의 연속성의 원리를 기반으로 기술된 일반적 특성은 전통적인 의미의 참으로 존재하는 세계의 본성에 대한 탐구가 아니다. 듀이는 전통적인 이원론의 형이상학을 거부했지만 형이상학 자체를 거부한 것이 아니다. 그가 제안하는 새로운 유형의 형이상학이란 위험한 세계를 항해하기 위해 요구되는 지도로서 비판이라는 철학적 활동에 방향성을 제공하는 역할을 한다.

듀이의 경험의 형이상학의 의의는 경험과 자연이 연속적인 방식에서 일반적 특성을 구성함으로써 전통적인 이원론의 형이상학을 극복한다는 데 있다. 로티는 전통적인 이원론적 사유를 넘어서는 듀이의 방식에 문제가 있다고 비판하지만, 이러한 비판은 객관주의 전통에 대한 강한 해체적인 입장에서 비롯되므로 극단적 상대주의의 문제를 불러온다. 그러나 듀이의 형이상학은 살아진 경험에서 출발하고 관찰과 실험이라는 경험적 방법에 의해 공통성을 확보하므로 극단적 상대주의의 문제에 빠지지 않는다. 나아가 듀이의 경험 형이상학은 극단적 상대주의 문제에 배경이 되는 객관주의/상대주의라는 이분법을 해소할 수 있는 시각을 제공한다는 데 현재성이 있다. 연속성의 원리는 체험주의의 상상력 이론에 수용되어 신체적인 경험으로부터 정신이 창발하는 구체적인 방식을 해명하는 것으로 확장된다. 그리하여 우리의 인식 구조는 객관주의만으로 혹은 주관주의만으로 구성된 것이 아니라 객관주의적인 요소와 주관주의적인 요소가 공존하고 있다는 것을 보여준다. 듀이의 경험 형이상학은 현재의 과학적 성과와 충돌하지 않고도 객관주의와 상대주의라는 이분법적 대립을 넘어서는 해결의 실마리를 제공하므로 로티식의 포스트모더니즘을 극복할 수 있다.

제 5 장
가치에 대한 경험적 해명

1. 머리말

이 글의 주된 목적은 듀이(J. Dewey)의 자연주의적 가치론에서 가치가 경험으로부터 발생하는 방식을 검토하고 그의 가치 개념의 의의를 제안하는 데 있다. 오늘날 가치에 관한 논의에서 듀이 가치론은 두 가지에서 의의가 있다. 첫째 그것은 '과학적 방법'(scientific method)을 가치의 문제에 적용하여 사실과 가치의 이분법을 넘어서는 시각을 제시한다. 둘째로 그것은 경험에 기반하여 가치의 발생을 해명함으로써 경험의 '공통성'(commonality)에 근거하여 가치의 객관성 기준에 대한 새로운 실마리를 제공한다. 전통적으로 가치에 관한 논의는 가치의 객관성을 확보하기 위해 존재성을 요구했지만 경험주의자들의 지속적인 비판에 의해 가치의 형이상학적 실재성은 거부되었다.

경험주의적 정신을 물려받은 20세기 논리실증주의(logical positivism)는 경험의 검증원리(verification principle)에 의해 사실명제는 의미있는 것으로 여기는 반면, 가치명제는 무의미한 것으로 간주함으로써 사실명제와 가치명제를 이분법적으로 구분한다. 사실과 가치의 이분법에서 발생하는 문제는 가치주장이 무의미하므로 화자의 주관적인 정서나 태도를 표출하는 '정서주의'(emotivism)로 간주한다는 데에서 비롯된다. 그러나 이러한 입장은 가치주장의 지적인 논의 가능성을 부인하므로 도덕적 회의주의에 빠질 우려가 있다. 이 상황에서 현재 가치론의 논의가 해결해야 할 과제는 사실과 가치의 이분법을 넘어서고 가치주장에 객관성의 위상을 부여하는 것이라고 할 수 있다.

이 글은 사실과 가치의 이분법으로부터 발생한 이러한 문제들을 해결하는 데 듀이의 가치론이 여전히 의의가 있다는 것을 보여주려고 한다. 듀이의 철학은 분석철학 이전에 등장했지만 가치가 과학으로부터 분리되는 것을 심각한 문제로 간주하였으며 이것을 극복하는 것을 가치론의 과제로 삼는다. 과학과 가치의 이분법을 극복하기 위한 시도로서 듀이의 가치론은 가치의 문제에 과학적 방법을 적용함으로써 가치명제가 가능한 방식 및 절차를 제공한다. 그런데 최근 분석철학의 흐름 내에서도 가치의 문제를 해결하기 위해 실용주의로의 이행을 통해 접근하는 경향들이 있다.

사실과 가치의 이분법을 지속적으로 비판한 퍼트남(H. Putnam)은 듀이의 가치론에서 관찰과 실험에 근거한 '탐구'를 적극적으로 수용하여 사실판단이 가치를 전제하므로 사실은 가치와 불가피하게 얽혀있다고 주장한다. 또한 존슨(M. Johnson)은 '가치평가'(valuation)를 '도덕적 숙고'(moral deliberation)로 간주하고 그것을 인지과학적 탐구의 성과들을 통해 입증함으로써 실험에 기반한 가치에 관한 논의는 공적인 경험에 참여하므로 상대주의가 아니라고 주장한다. 퍼트남은 사실과 가치의 이분법을 넘어서기 위해서 그리고 존슨은 가치 주장에 객관성을 부여하기 위해 듀이의 가치론을 해석하고 확장함으로써 그에 대한 대안을 제시하고 있다.

듀이의 가치론은 전통적인 가치론과 달리 가치가 경험으로부터 발생하는 방식을 자연주의적으로 해명한다는 점에서 큰 의의가 있다. 그러나 가치의 발생을 자연주의적으로 해명할 경우에는, 가치가 그 자체로서 존재하는 것이 아니라면 가치란 무엇이며 그리고 가치의 객관성을 어떻게 확보할 것인가가 중요한 문제로 부각된다. 이 문제는 듀이 가치론의 현재적 의의를 드러내는 과정에서 함께 논의될 것이다.

이러한 목적을 위해 2장에서는 분석철학과 듀이의 가치에 대한 논의가 공유하고 있는 가치의 문제에 대해 서술하고, 듀이가 경험에 기반하여 가치를 해명하는 배경을 검토할 것이다. 3장에서는 과학과 가치의 이분법의 문제를 극복하기 위한 듀이의 대안으로서 '가치평가론'(theory of valuation)을 제시할 것이다. 이것은 가치의 문제에 과학적 방법을 적용한 것으로 가치가 경험으로부터 발생하는 자연주의적 방식을 중심으로 논의할 것이다. 4장에서는 분석철학 내에서 퍼트남이 사실/가치의 얽힘을 주장하기 위해, 그리고 존슨이 가치에 객관성을 부여하기 위해 듀이의 가치론을 수용하는 방식에 관해 서술할 것이다. 이러한 탐색을 통해 듀이의 가치론은 절대적인 가치가 우리에게 주어질 수 없다면 가치를 탐구하는 제3의 열린 방식을 제안하고 있다고 결론지을 것이다.

2. 가치의 문제

1) 사실과 가치의 이분법

20세기 과학의 발전으로 실증적인 탐구 방법에 대한 신뢰는 분석철학에서 언어를 분석하는 관심으로 이어진다. 언어 분석은 도덕판단이나 주장을 탐구의 대상으로 삼고 가치 언어들이 어떠한 의미를 지니고 있는가를 문제 삼는다. 논리실증주의자들의 구분에 의하면 판단이 경험적으로 검증이 가능하여 참과 거짓으로 구분되는 명제는 '인지적으로 유의미한'(cognitively meaningful) 것이 되고, 다만 정서를 표현할 뿐인 명제는 참과 거짓으로 검증될 수 없으므로 '인지적으로 무의미한'(cognitively senseless) 것이 된다. 이 구분을 따르면 가치판단은 참과 거짓으로 검증이 불가능한 무의미한 발언으로 간주된다. 그러나 이 구분은 사실/가치의 분리라는 이분법적 사고를 형성하며, 나아가 인지적으로 무의미한 가치주장은 보편타당성을 확보하지 못해 상대주의적인 지위를 갖거나 진리가 부정되는 도덕적 허무주의를 초래한다.

퍼트남은 사실과 가치의 이분법에 경험주의의 "마지막 독단"[1] 이라는 꼬리표를 붙인다. 왜냐하면 이분법을 지지하는 철학자들은 객관성을 사실과의 대응에서 찾으므로 가치판단을 무의미한 것으로 간주하여 정서주의를 지지하지 않기 때문이다. 이분법의 문제가 발생한 것에 대해 노양진은 문장에 대한 의미론적 접근이 두 가지 잘못된 가정에서 출발함으로써 비롯되었다고 지적한다.[2] 첫째 사실문장과 가치문장이 명확히 구별될 수 있으며, 둘째 사실문장과 가치문장은 각각 그것들에 대응하는 경험들을 반영한다는 것이다. 또한 길병휘는 사실과 가치의 이분법을 절대적으로 신봉하는 것은 가치에 관한 진술을 무의미한 것으로 간주해 버리므로 "절대성을 가진 것으로 인지되어 온 도덕적 당위나 명령이 주관적이고

---

1) 힐러리 퍼트남, 『사실과 가치의 이분법을 넘어서』, 노양진 역 (파주: 서광사, 2010), p. 243. 이하 이 책은 『이분법』으로 약하고 본문에 쪽수와 함께 표기한다.
2) 노양진, 『나쁜 것의 윤리학: 몸의 철학과 도덕의 갈래』 (파주: 서광사, 2015), p. 26.

상대적인 지위 밖에"[3] 누릴 수 없는 도덕적 허무주의를 불러온다고 주장한다. 그러나 가치에 관한 논의가 무의미한 것으로 간주된다고 하더라도 우리의 삶은 여전히 가치에 대한 논의를 필요로 하기 때문에 사실과 가치의 이분법은 극복되어야 한다.

사실과 가치의 이분법은 '사실'(is)에서 '당위'(ought)를 추론할 수 없다는 흄(D. Hume)의 유명한 원리로부터 암시되었다. 즉 그는 "신은 우리의 창조자이다"를 증명하는 과정에서 갑자기 "우리는 그에게 복종해야 한다"와 같은 당위판단으로 전환할 수 없다는 것이다.[4] 그것은 사실판단이 '사실의 문제'를 기술할 때, 어떤 당위판단도 그것에서 추론될 수 없다는 것이다. 흄의 이 사례는 단순히 사실에서 당위를 추론할 수 없다고 말하는 것이 아니다. 그는 좀더 넓게 옳음(right)에 관한 사실의 문제가 혹은 덕(virtue)에 관한 사실의 문제가 존재하지 않는다고 주장하고 있다(『이분법』: 39). 덕과 악덕에 대응하는 관념의 구성요소들은 우리 안에서 일어나는 정서들일 뿐이기 때문에 실제로 존재하는 사과에 대한 그림과 달리, 그에 대응하는 대상이 존재하지 않는다는 것이다. 이것은 논리실증주의의 구분이 가치판단, 특히 윤리적 판단을 무의미한 것으로 간주하여 지식의 영역으로부터 축출하려는 의도를 가졌다면, 흄이 의도한 것은 사실과 가치의 이분법은 원래의 구분이 아니며 윤리학이 사실문제에 관한 것이 아니라는 것을 보여준다.[5]

---

3) 길병휘, 『사실과 가치』 (서울: 서광사, 1996), p. 17.

4) David Hume, *A Treatise of Human Nature*, ed. L. A. Selby-Bigge and P. H. Nidditch (Oxford: Oxford University Press, 1978), pp. 469-470.

5) 퍼트남은 흄 이후로 다양한 종류의 가치판단이 철학적 논의에서 배제되고 윤리학의 진술 내지는 윤리학의 본성에 관해서만 얘기하는 것이 실증주의자들에게서 두드러지게 나타나는 현상에 대해, 그 이유는 실증주의자들의 실제 표적이 윤리학의 가정된 객관성 또는 합리성에 있기 때문이라고 지적한다.

전통적인 가치에 관한 논의에서 주된 과제는 기술적 명제로부터 규범적인 것을 연역해 내는 것이지만, 듀이의 가치론에는 "사실적 진술로부터 가치 진술을 끌어내는 논리적이거나 존재론적인 문제는 없다."[6] 왜냐하면 듀이에게 있어서 가치판단은 사실의 문제를 기술할 때 당위적인 판단을 추론하는 데 있지 않고, 어떠한 가치의 문제를 해결하기 위해 "경험한 대상의 조건과 그 귀결에 관한 판단"[7]이기 때문이다. 이 경우에 가치판단은 가치의 문제를 해결하기 위한 목적으로 어떠한 수단을 행했을 때 그 귀결에 관한 주장이므로 옳거나 그르다는 당위적인 주장을 하지 않는다. 가치판단은 가치의 문제가 발생한 상황을 통일하여 해결하기 위한 의미 있는 행위를 지적으로 형성해 주는 정보를 제공하므로 당위적인 표현을 할 필요가 없는 것이다.

듀이는 논리실증주의보다 앞서간 철학자이지만 사실과 가치의 구분에 관해 공통된 문제의식을 가지고 있었다. 듀이가 과학과 가치의 분리에 대해 고심했다면, 논리실증주의는 사실과 가치의 이분법적 구분을 언어분석의 관점에서 좀더 섬세하게 표현한 것이라고 할 수 있다. 듀이에 따르면 가치가 자연과학으로부터 분리된 것은 당시 자연과학으로부터 목적론적인 숙고가 제거되었기 때문이다.[8] 근대과학이 등장하기 전까지 그리스 과학 개념은 불신을 받

퍼트남, 『사실과 가치의 이분법을 넘어서』, p. 46 참조.

6) James Gouinlock, *John Dewey's Philosophy of Value* (New York: Humanities Press, 1972), p. 207.

7) Dewey, *The Quest for Certainty: The Later Works, 1925-1953*, Vol. 4, ed. Jo Ann Boydston (Carbondale, Ill.: Southern Illinois University Press, 2008), p. 211.

8) Dewey, *Theory of Valuation: The Later Works, 1925-1953*, Vol. 13, ed. Jo Ann Boydston (Carbondale, Ill.: Southern Illinois University Press, 2008), p. 221. 이하 이 책은 LW13으로 약하고 본문에 쪽수와 함께 표기한다.

지 않았으므로 모든 자연의 변화는 그 자체의 본성을 실현하기 위해 움직인다는 목적론이 적절한 것으로 간주되었다. 가치에 관한 듀이의 문제의식은 가치 표현이 자연과학적 명제와 분리되어 있다는 것에서 비롯된다. 자연과학적 명제는 가치의 표현을 포함하지 않지만 인간의 행동은 가치평가의 영향을 받기 때문에 가치의 표현을 포함한다. 따라서 듀이는 "자연과학과 인간사 사이를 대조하는 것은 명백히 근원적인 분열을 일으키므로 구분되기에 이른다" (LW13: 192)고 비판한다. 그는 분리 문제를 다음과 같이 시대의 위기라고 파악한다.

> 인간 자신이 사는 세계에 관한 신념과, 그 행위를 지도해야 하는 가치와 목적 사이의 통합과 협동을 회복하는 문제는 현대인의 삶에서 가장 심각한 문제이다. 그것은 삶으로부터 고립되지 않으려는 철학의 문제이다.[9)]

듀이가 과학과 가치의 분리 문제를 극복하는 방식은 가치의 문제 상황에 과학적 방법을 적용하는 것이다. 그러나 여기서 가치의 문제에 과학적 방법을 적용한다는 것은 가치에 관한 과학을 도모한다는 것은 아니다. 또한 과학을 통해 경험 속에서 과학적인 법칙을 발견하거나 혹은 우리의 도덕적이고 윤리적인 삶이 과학적인 정신에 의해 지배되어야 한다는 것이 아니다. 과인락(J. Gouinlock)에 의하면 듀이에게 있어 과학은 우리가 세계를 이해하기 위한 경험적인 학문분야이므로 "인간 가치의 가장 큰 해방자"[10)]이다. 그런데 철학을 재구성하는 데 있어서 듀이가 계속해서 지적한 문제

---

9) Dewey, *The Quest for Certainty*, p. 204.

10) Gouinlock, *John Dewey's Philosophy of Value*, p. 227.

는 우리가 과학의 영향을 받아서 발전된 문명 세계에 살고 있으면서도 가치의 문제에서는 "선과학적인 도덕적 전제와 방법"[11]에 의해 살고 있다는 것이다. 듀이에게 있어서 과학과 가치의 문제는 과학이 가치를 다루기에 부적합하거나 참담한 가치라는 것도 아니라, 반대로 "과학이 가치의 지식과 비판에서 그리고 도덕판단의 절차에서 아직까지 사용되지 않았다는 것"[12]이다. 듀이는 과학적 탐구와 인간 영역에 관한 탐구가 분리하게 되면 다음과 같은 귀결에 도달한다고 우려한다.

> '과학적인' 탐구는 가치와 무관하다는 근거하에, 인간의 문화와 인간의 기본적인 이해, 관심, 활발하게 움직이는 목표 등에 '가치'가 수반된다는 이유로 '사회학' 이론이 그것들을 고려 대상에서 제외한다면, 필연적인 결과로서 인간 영역에 대한 탐구는 아무리 기교가 뛰어나더라도 피상적이고 상대적으로 사소한 것에 한정되게 된다.[13]

듀이의 궁극적인 목적은 자연, 과학, 가치를 포괄하는 통합적인 이론을 발전시키는 데 있으므로 삶의 문제에 과학적 방법을 적용한다. 듀이의 가치론은 인간의 문제와 사회적인 문제에 과학적 방법을 적용한 것으로 그 핵심은 인간 행동에 관한 진정한 명제가 가능한 방식을 제시하는 데 있다. 그리하여 가치론의 목표는 "가장 바람직하고 지적인 가치들을 가져다주는 진행 절차를 찾아내는 것"[14]이다. 듀이의 가치론은 완벽한 이론으로서 존재하지는 않지

---

11) 같은 책, p. 228.

12) 같은 책, p. 230.

13) 존 듀이, 『철학의 재구성』, 이유선 역 (서울: 아카넷, 2010), pp. 33-34.

14) 리처드 번스타인, 『존 듀이 철학 입문』, 정순복 역 (서울: 예전사, 1995), p. 167.

만, 사용에 의해 발전하고 완성되어야 하는 하나의 프로그램으로서 제안된 "방법론적 수단"(LW13: 239)이다. 방법론적 수단으로서 가치론은 경험과 함께 시작한다는 데 특징이 있다. 왜냐하면 가치는 실체로서 존재하는 것이 아니고 우리 인간이 환경과 상호작용하는 "경험의 방식들"[15]에서 비롯되기 때문이다. 듀이는 인간이 직면하는 구체적인 경험된 '상황'(situation)으로부터 가치가 어떻게 발생하는지를 해명하는 데 관심을 갖는다.

2) 경험으로부터 고립된 가치

에임즈(S. Eames)에 의하면 가치론에서 혼동은 일반적으로 세 가지 입장에서 해결되는데 듀이는 이 가운데 어느 것에도 동의하지 않는다.[16] 첫째 일부 사람들은 진정한 가치명제나 판단은 없다고 주장한다. 둘째 일부 사람들은 가치가 정신주의적이거나 정서주의적인 영역에 위치한다고 주장한다. 셋째 여전히 일부 사람들은 가치가 과학 위에 있는 초월적인 영역에 위치한다고 주장한다. 무엇보다도 듀이는 가치가 실재한다고 가정하는 초월적이고 주관주의적인 논의가 빈약하다고 비판하는데, 그 이유는 그 입장들이 가치를 구체적인 경험적 상황으로부터 고립시키기 때문이다.[17]

가치가 초월적인 것으로서 실재하게 되면 자연과 경험을 넘어서 선한 것, 참된 것, 아름다운 것이 되므로 경험으로부터 고립하게 되어 인간이 산출하고 운영하는 것과 아무 관련이 없게 된다. 근대 주관주의 철학은 경험이 원자적 감각들로 구성되지만 자연과

15) 노양진, 『나쁜 것의 윤리학』, p. 26.

16) S. M. Eames, *Experience and Value: Essays on John Dewey and Pragmatic Naturalism* (Carbondale, Ill.: Southern Illinois University Press, 2003), p. 82.

17) Gouinlock, *John Dewey's Philosophy of Value*, pp. 166-167 참조.

관계하지 않는다고 주장함으로써 자연과 연속성을 확보하지 못해 선을 비판할 수 없게 만들었다. 따라서 초월 철학과 주관주의 철학은 현실적인 가치 경험을 과학적인 설명과 통제로부터 배제시키고 가치를 경험과 과학으로부터 분리시키는 이원론으로 귀결한다. 듀이는 가치가 실재한다고 보는 입장을 다음과 같이 비판한다.

> 알려지고, 그런 다음 대상의 특성을 유일한 궁극적인 실재로서 정의하여 고립시키는 것은 사물들을 사랑스럽고 경멸적인, 아름답고 추한, 경탄스럽고 끔찍하게 하는 고유한 본성을 부인하게 만든다. 그것은 자연이 무관심하고, 죽은 기제라는 신념을 설명하는 것이다; 그것은 현실적인 경험에서 대상들의 가치 있는 것과 가치 있다고 평가된 특징들이 근본적으로 성가신 철학적 문제를 다시 새롭게 만드는 이유를 설명해 준다(LW1: 28).

듀이에 의하면 전통적인 이론이 혼동과 실수를 저지르게 된 가장 큰 원인은 "단일하고, 고정된, 최종적인 선"이 존재한다는 가정에서 발생하는 경험의 부재에 있다. 그런데 비경험주의 철학은 그것들을 바로잡는 데 만족하지 않고 오히려 그것들을 무시하는 우를 범하였다. 단일하고, 고정된, 최종적인 것에 대한 믿음은 일상적인 경험에 어두운 그림자를 드리우고 지적인 재구성을 한계짓는 심각한 폐단을 낳기 때문이다. 따라서 최종적인 것에 대한 믿음은 "변화하고, 움직이고, 개별화된 선과 목적의 다양성에 대한 믿음"으로 대체되어야 하고, "원리, 기준, 법칙이 개별적이며 유일무이한 상황을 분석하기 위한 지적인 도구라는 믿음"으로 나아가야 한다.[18)]

---

18) 같은 곳.

철학자들이 경험으로부터 고립하게 되면 현실적인 탐구 절차에 기여하고 확장하는 방식을 결정할 수가 없게 된다. 가치 문제에 있어서도 철학자들은 가치 경험을 통해서만 구체적인 사물에 가치가 있는지 없는지를 결정할 수 있으므로 비경험적인 방식에서 가치가 존재하는지의 여부를 문제삼을 수 없다. 그렇다면 철학적인 문제는 가치의 실재에 대해 묻는 것이 아니라 가치를 풍부하게 하고 확장시키는 탐구의 절차나 기준을 명료화하고 비판하는 것이 되어야 한다. 또한 직접적인 가치 경험으로부터 규범이나 원리, 이상들이 어떻게 유래하는지 그 방식을 결정해야 한다. 철학자들은 이론보다는 가치가 경험되는 구체적인 상황에 관심을 갖고 그에 대한 분석으로부터 가치판단을 끌어내야 한다.

듀이처럼 가치에 관한 논의에서 경험을 중요하게 여기는 입장은 오늘날 도덕적 가치를 논의하는 윤리학의 영역에서도 찾아볼 수 있다. 패파스(G. Pappas)에 의하면 '선'(Good)을 추구하는 이론은 "도덕적인 문제 상황이라는 유일한 맥락 내의 특정한 탐구와 항상 연결되어 있다는 것"[19]을 보지 못해 실패했다. 즉 대부분의 이론들은 살아진 상황에서 발견된 '통합된 통일'과 '분석되지 않는 총체'와 함께 시작하는 대신 반경험적으로 시작함으로써 이원론 혹은 균열을 야기하게 된 것이다. 존슨 역시 전통적인 도덕 이론이 우리의 경험으로부터 시작하지 않고 "목적", "기쁨", "원리", "덕", "선", "임무", "권리", "행복"과 같은 추상적인 것으로 되돌아가 읽음으로써 도덕적 경험을 소홀히 하는 데에서 실수가 야기되었다고 지적한다.[20]

---

19) Gregory Pappas, "Dewey's Ethics: Morality as Experience," ed. Larry A. Hickman, *Reading Dewey* (Bloomington, Ind.: Indiana University Press, 1998), p. 103.

20) Mark Johnson, *Morality for Humans: Ethical Understanding from the Perspective of*

도덕적인 문제는 "여기서 지금"(here and now)(MH: 96) 다루어야 할 구체적이고 맥락 의존적인 문제이므로 도덕적인 문제 상황은 유일한 것이다. 도덕적 상황은 명백한 행위를 하기에 앞서 판단과 선택을 요구한다. 그러나 이 상황에서 실천적 의미는 자명하게 드러나지 않으므로 탐구되어야 한다. 그 상황에서는 욕구가 갈등을 일으키므로 올바른 행위의 방향을 찾아내기 위해서는 탐구가 요구된다. 탐구에 대해 듀이는 다음과 같이 말한다.

> 상황의 구조를 상세히 관찰하고, 다양한 요소를 분석하고, 모호한 것을 명확하게 하고, 더 눈에 띄는 생생한 특징들은 좀 낮춰서 보고, 자체로 드러나는 다양한 행위 양식의 결과를 추적하고, 채택하게 되는 예상되거나 가정된 결과가 실제 결과와 일치할 때까지 이루어진 결정을 가설적이고 잠정적인 것으로 보는 일이 필요하다. 이런 탐구가 바로 지성이다.[21)]

듀이의 자연 개념에는 불안정한 것과 안정된 것이 섞여 있으므로 그로부터 가치의 문제가 발생한다. 가치의 문제 상황은 진행되고 있는 개별자의 활동이 지연되고, 방해받고, 불만족스러울 때, 그리고 좌절하고, 혼동하며, 당황해 할 때 발생하기 때문이다. 자연의 불안정한 성격에서 문제가 발생하면 구체적인 상황은 행위자에게 그 환경에 적절한 행위 과정을 선택할 것을 요구한다. 인간은 자연과 관계함으로써 행위를 통해 불완전한 상황의 유형을 완성된 상황으로 자연의 방향을 결정짓는다. 가치에 대한 탐구는 문제가 발생하는 불확정적인 상황을 확정적인 상황으로 변경시키기 위해 문

Cognitive Science (Chicago: The University of Chicago Press, 2014), p. 94 참조. 이하 이 책은 MH로 약하고 본문에 쪽수와 함께 표기한다.

21) 듀이, 『철학의 재구성』, p. 193.

제를 구성할 때부터 시작된다. 상황을 복구시키기 위해서는 그 문제 상황을 만족할 수 있는 방식의 활동을 통해 상황을 전환시켜야 한다. 듀이의 가치 탐구에 관한 절차는 우리가 구체적으로 경험하는 상황 개념을 중심으로 전개된다.

3. 가치는 경험으로부터 어떻게 발생하는가?

듀이에게 있어서 가치란 무엇인가? 가치는 그 자체 실체로서 존재하고 있는 것이 아니기 때문에 정의될 수 있는 것이 아니다. 가치는 어떠한 것의 특성, 속성, 자질을 가리키는 형용사적 단어로 좋은, 훌륭한, 탁월한 단어들과 유사한 것이다.[22] 따라서 가치는 구체적인 대상에 부착되어 그것을 '선택'하거나 '거부'하는 과정에서 평가되는 것으로서 가치 성질(value-quality)이라고 할 수 있다.

> 가치와 같은 사물은 없다. … 유일한 것, 경험된 것, 그러나 정의할 수 없는, 가치 성질을 갖는 사물들, 온갖 종류의 사물들이 있다. 복수의 가치, 혹은 단수의 가치는 대상, 사건, 상황, 사물(res), 질성 소유하기를 위한 편리한 약어일 뿐이다.[23]

가치는 대상 그 자체가 갖는 본질적인 성질로서 존재하는 것이 아니고 인간의 활동에 의해서 존재하는 것이다. 따라서 가치에 관

---

22) Dewey, "The Field of Value," *The Later Works, 1925-1953*, Vol. 16, ed. Jo Ann Boydston (Carbondale, Ill.: Southern Illinois University Press, 2008), p. 346 참조.

23) Dewey, "Values, Liking, and Thought," *The Middle Works, 1899-1924*, Vol. 15, ed. Jo Ann Boydston (Carbondale, Ill.: Southern Illinois University Press, 2008), p. 20.

한 물음은 '가치란 무엇인가?'가 아니라 '가치는 어떻게 발생하는가?'가 되어야 한다. 듀이는 가치에 관한 논의에서 유일하게 물어야 할 질문은 가치가 존재로 드러나는 방식이라고 주장한다.[24] 듀이는 가치의 발생을 해명하기 위해 '직접적인 것'(the immediate)과 '완결적인 것'(the consummatory)을 구분한다. 이 구분은 가치가 직접적으로 느낀 것이라기보다 지성에 의해 완결 되어간다는 것을 나타낸다. 듀이는 전자를 "직접적 평가하기"(direct valuing)라고 불렀고, 후자는 "반성적 판단으로서의 가치평가"라고 부름으로써 둘 사이를 구분한다.[25] 평가하기는 우리가 인식하기 이전에 직접적으로 느낌으로써 이미 소유한 것이고, 가치평가는 지적인 상호작용으로 상황을 통일하기 위해 반성하고 숙고하는 과정이다. 이처럼 듀이의 가치론은 가치평가론으로서 직접적인 가치로부터 시작해서 완결된 가치가 발생하기까지의 전 과정 혹은 절차이다.

직접적 가치(immediate value)는 충동에 의해 느낀 것이고 완결된 가치는 '지성'(intelligence)에 의해 성취된 것이다. 충동에 의한 직접적 가치가 단절되어 문제가 발생하면 문제 상황은 가치평가의 절차에 의해 결정된 상황으로 변형됨으로써 완결적 가치가 발생한다. 지성은 가치 경험의 단절을 극복하기 위해 수단-목적(means-ends)의 연속성을 탐구하여 더 나은 방법을 비교하고 모색함으로써 최종적으로는 최선의 방법을 끌어낸다. 이렇게 경험에 기반한 지성의 방법은 언어에 의해 그 사용이 더 정교해지고 나아가 오류를 수정하는 것을 가능하게 한다. 따라서 가치평가는 지성의 방법을 통해

---

24) Dewey, "The Meaning of Value," *The Middle Works, 1899-1924*, Vol. 2, ed. Jo Ann Boydston (Carbondale, Ill.: Southern Illinois University Press, 2008), p. 72.

25) Dewey, *Ethics: The Later Works, 1925-1953*, Vol. 7, ed. Jo Ann Boydston (Carbondale, Ill.: Southern Illinois University Press, 2008), p. 266.

현존한 것을 재구성하거나 재조직하여 새로운 것을 만들어 내는 행위 양식이다. 가치평가는 다음과 같은 과정을 통해 발생한다.

> 행위는 종종 직접적이어서 어떠한 욕구와 목적이 개입하지 않으면 가치평가가 전혀 일어나지 않는다. …… 그러나 만일 욕구와 기대목적(end-in-view)이 생명력있는 충동이나 습관적 성향과 활동의 실행 사이에 개입한다면, 충동이나 의도는 어느 정도 수정되고 변형될 것이다. … 기대목적과 관계된 욕구가 생겼다는 것은 일어난 충동이나 틀에 박힌 습관을 변형시켜려는 것이다. 그러한 경우에만 가치평가가 발생한다(LW13: 221).

듀이는 전통적인 가치론이 '욕구'(desire)와 '관심'(interest)을 맥락적 상황에서 다루지 않고 그로부터 고립하여 원래 있는 것으로 간주하여 다룸으로써 혼동과 실수가 발생한다고 지적한다. 욕구와 관심이 맥락적 상황과 관련없이 원래 있는 것으로 다루어진다면 그것은 궁극적인 것이 되어버리므로 경험에 의해 확인될 수 없다. 따라서 듀이의 가치평가론은 구체적인 상황에서 발생한 욕구와 관심에 관한 명제로부터 출발한다. 경험적으로 근거지워진 욕구와 관심에 관한 명제는 경험에 의해 검증될 수 있기 때문에 가치평가의 근원이 된다.[26]

26) 듀이는 가치 표현이 경험적 의미가 있다는 것을 다음 세 가지로 진술한다. 첫째, 가치 표현은 사회적 현상으로 사람들의 행동과 관계한다. 둘째, 언어적 상징들을 통해 경험적으로 관찰할 수 있는 사물들의 실제적인 경우는 느낌에 의해서가 아니라 실험 테스트를 통해 결정된다. 셋째, 그렇다면 가치평가 현상은 사회적이거나 대인관계적인 현상이므로 관찰 가능한 사건들에 관한 명제에 재료를 제공하며 그것들은 경험 테스트를 통해 검증되거나 반박될 수 있다(LW13: 200-201).

1) 욕구와 관심

가치평가는 '소중히 여기는 것'(prizing)에 결여된 것이 있거나 필요로 하는 것이 있을 때, 혹은 갈등하는 것들이 있어서 선택해야 할 때 욕구로부터 발생한다. "욕구는 항상 이전 활동 체계나 상호 관련된 에너지 내에서 방해를 받거나 위협받고 갈등이 생길 때 발생한다"(LW13: 239). 듀이가 가치평가에 관한 논의를 욕구에 관한 명제로부터 시작하는 것은 그것이 경험에 근거하므로 검증될 수 있기 때문이다. 따라서 아무런 의심도, 아무런 필요도, 아무런 욕구도 없는 곳에서는 탐구의 원인이 있을 수 없으므로 가치평가도 없다.

관심 역시 한 상황에서 구체적으로 구성되고 한정된 존재의 맥락에서 또 다른 것과 연결되므로 어떤 대상에 관심을 기울이는가에 따라 가치가 달라진다. 관심은 인간의 활동을 외적인 조건과 매개하는 데 영향을 미친다. 즉 관심은 "구체적 귀결을 산출할 조건들을 획득하고 안정될 수 있도록 행위를 방향짓는다"(LW13: 205). 인간이 관심을 갖게 되면 사건의 과정과 그것의 궁극적인 쟁점에 관해 이해관계가 생기므로 특정한 결과를 낳도록 행동을 유도할 수 있다.

가치평가가 욕구와 관심으로부터 출발하는 것은 그것이 경험적 사실과 관련되므로 현실적으로 존재하는 것을 옳게 해명할 수 있다는 점에서다. 욕구와 관심이 존재하기 위해서는 비합리적이지만 생명력있는 충동이 있어야 하므로 충동 또한 가치평가에 필수적인 조건이다. 가치-표현이 욕구와 관심과 연관되면 가치평가는 경험적으로 관찰할 수 있는 행동 패턴이 되므로 연구 대상이 될 수 있다.

2) 목적과 수단

가치평가명제는 욕구와 관심에서 출발하므로 경험적으로 관찰할 수 있는 물리적 명제로서 근거 지워진다. 그러나 가치평가명제가 물리적 명제와 다른 점은 수단-목적 관계를 포함한다는 것이다. 듀이는 전통적인 견해에서 목적과 수단이 분리하게 된 것은 본래적인 사물과 유용한 사물을 구분한 것에서 비롯된다고 비판한다. '내재적인'(inherent), '본래적인'(intrinsic) 등과 같은 낱말은 지칭하는 것을 관계로부터 벗어나 절대적인 것으로 해석하는 것에서 구성된다. 그러나 가치론에서 목적과 수단을 구분하는 것은 "현실적인 조건을 경험적으로 탐구하는 데 실패"(LW13: 220)했기 때문이다. 수단은 관계 속에 있고 매개적인 역할을 하기 때문에 "존재하는 상황"과 "사용에 의해 존재되어야 하는 상황"을 중재한다(LW13: 214). 또한 목적이 이루어지기 위해서는 그것을 실현하는 수단도 살펴야 하므로 어떤 측면에서 목적은 수단에 의존한다고 할 수 있다.

과인락에 의하면 듀이가 목적과 수단을 연속적인 것이라고 주장한 것의 핵심은 "욕구 그리고 계몽된 의미 있는 행위를 지적으로 형성하는 데 필수조건인 정보를 제공"[27]하려는 데 있다. 목적이란 충동에 아무런 문제가 발생하지 않을 때에는 일어나지 않지만 존재하는 상황에서 결여된 것, 필요한 것, 원하는 것이 있을 때 충동이 수정되어 욕구가 발생함으로써 형성된다. 즉 이것은 가치의 문제 상황으로 충동에 의해 직접적으로 느낀 직접적 가치에 혼동이나 단절이 생기면 이 장애물을 제거하기 위해 욕구가 기대목적을 원함으로써 발생한다. 욕구가 발생하지 않으면 원하는 것이 없게 되

27) Gouinlock, *John Dewey's Philosophy of Value*, p. 310.

므로 기대목적은 발생하지 않으며, 기대목적이 없으면 가치평가도 없다. 기대목적이란 상황에 "포함된 모든 다른 하위활동을 조정하는 특정한 활동"(LW13: 234)으로 그 안에서 작동하는 요소들을 통일하기 위해 기대하는 가능한 방식이다.

듀이가 가치론에서 '합리적'(reasonable)이라고 하는 것은 기대목적이 현실적으로 존재하는 것들에 의해 인과적으로 조건지워진다는 것이다. "기대목적으로 채택된 대상은 조건들이 수단으로서 조사되고 평가된 그 정도만큼만 보장된다"(LW13: 213). 기대목적은 상황 속에서 결여된 것과 갈등하는 것에 대한 탐구가 얼마나 적절하게 수행되었는가에 따라 설정됨으로써 활동을 방향짓고 원하는 것을 획득할 수 있다. 현실적인 조건을 탐구하지 않은 채 기대목적이 형성되면 그것은 구체적인 경험적 상황과 무관한 것이 되므로 가치평가론을 왜곡한다. 그리고 수단과 목적은 절대적으로 구분되는 것이 아니며 구체적인 경우에 작동하는 조건들을 분석적으로 평가한 과정의 결과에 의해서 정해진다. 목적이나 그에 대한 귀결이 활동을 조직화하고 조정할 때 활동은 목적이 될 수도 있고 수단이 될 수도 있기 때문이다. 시간과 관계 속에서 목적은 종결되고 수단은 그것이 더 나은 활동에서 해명되는 조건을 제공한다. 목적과 기대목적의 차이는 목적은 수단에 의해 존재하게 되는 것이고 기대목적은 이전 문제를 해결할 수 있도록 활동을 방향짓는 것이다.

3) 숙고

숙고는 가치의 문제 상황을 통일시키고 활동을 조직화하여 적절한 행위를 구상하기 위해 필요하다. 숙고는 가치의 문제를 해결하는 데 있어 가장 핵심적인 개념으로 "실행 수단인 조건들의 견지에서 다양한 대안적 욕구들을 곰곰이 따져보는 것"(LW13: 213)이다. 듀이는 숙고의 절차에 대해 다음과 같이 서술한다.

> 숙고는 현실적으로 다양한 행위 과정들에 대한 상상적 리허설(rehearsal)이다. 우리는 마음 속에서 충동에 이끌려 계획을 짠다. 우리는 상상력 속에서 다양한 단계들을 따르고 그것들을 거침으로써 그 귀결을 발견한다. 그리고 우리는 그 귀결을 좋아하고 승인하고, 혹은 싫어하고 승인하지 않을 때, 원래의 충동이나 계획이 좋거나 나쁘다는 것을 알게 된다.[28]

숙고는 욕구로 인해 발생한 가치의 문제를 해결하기 위해 '극적 리허설'(dramatic rehearsal)을 하는 것이다. 극적 리허설은 현실적으로 구체적인 문제 상황을 해결할 수 있는 다양한 행위 가정들을 상상하는 것이다. 상상한다는 것은 가능한 다양한 행위에 대해 그 귀결을 꼼꼼하게 따져보고 다른 가능한 행위들과 그 효율성을 비교해 보는 것이다. 상상적인 절차는 행위를 위해 경쟁하는 전망들을 비교하는 방식을 제공한다. 듀이는 문제 상황의 기대된 기능 내에서 대안이 절대적으로 옳다, 그르다, 선하다라고 가치평가 할 수 없으므로 대안의 효율성을 비교한다. 이렇게 상황에 의해 발생한 현실적인 문제들을 다루는 대안들은 주관적 느낌이나 초월적 진리가 아니므로 과학적 주장이라고 할 수 있다. 왜냐하면 가치의 문제가 발생한 구체적인 상황은 참여자들에 의해 공유되며 그 해결은 과학적인 명제들에 의해 뒷받침되기 때문이다.

극적 리허설은 다양한 대안들 중에서 만족스러운 계획이 구상될 때까지 계속해서 진행된다. 행위하는 방식이 결정된다는 것은, 달

28) Dewey, *Ethics: The Later Works, 1925-1953*, Vol. 7, ed. Jo Ann Boydston (Carbondale, Ill.: Southern Illinois University Press, 2008), p. 275.

리 표현하면, '행위 계획'이라고도 할 수 있으며 그것은 기대목적과 동일한 표현이다. "기대목적이 상황을 통합하는 데 성공한다면 이 통합은 경험의 완결적 국면"[29]을 이룬다. 숙고가 적절한가 적절하지 않는가는 욕구들을 통일시키고 해방시킬 수 있는 대안들의 의미에 의해 결정된다. 이러한 점에서 숙고는 가치를 형성하므로 창조적이라고 할 수 있다.

4) 평가

가치는 '평가'(appraisal)로부터 발생한다. 욕구와 관심에 기반하여 구성된 가치명제는 사실에 관한 명제이고 인간의 행동은 관찰에 개방되어 있으므로 평가될 수 있다. 가치명제를 평가하기 위해서는 평가명제(appraisal proposition)가 필요하다. 평가명제는 행위를 결정하는 규칙을 서술한 것이며 규칙은 제안된 행동 양상의 가치를 판단하기 위한 기준으로 사용된다. 예를 들어 환자를 위해 무엇을 해야 더 나은지를 의사가 결정할 때, 무거운 짐도 지탱할 수 있는 다리를 건설하기 위해 기사가 어떤 자재를 요구해야 하는지를 결정할 때, 규칙이 필요하다(LW13: 210). 그 규칙들은 실험되어 과학적으로 보증된 물리적 일반화에 의지하여 행위에 대해 "제공 가능성이나 필요에 관해 사물들을 가치평가"(LW13: 211)한다. 그리하여 의학적 치료는 건강 회복을 목적으로 평가됨으로써 가치가 발생한다. 평가명제는 "만약 그러한 대안이 채택된다면, 그러그러한 귀결이 따를 것이다"[30]라는 형식을 취한다. 그 가설들은 실험

---

29) Gouinlock, *John Dewey's Philosophy of Value*, p. 133.

30) Dewey, *Logic: The Theory of Inquiry: The Later Works, 1925-1953*, Vol. 12, ed. Jo Ann Boydston (Carbondale, Ill.: Southern Illinois University Press, 2008), p. 173.

테스트에 공개되므로 그에 대한 적절한 조건과 귀결을 관찰할 수 있다. 가치명제의 발생에 대해 듀이는 다음과 같이 말한다.

> 명백한 가치명제는 사물들이 수단으로서 적절함과 유용함에 관해 평가될 때마다 존재하는데, 왜냐하면 그러한 명제는 발생했거나 이미 존재하는 사물이나 사건에 관한 것이 아닌 …, 존재해야 되는 사물에 관한 것이기 때문이다(LW13: 237).

가치명제는 수단-귀결에 관한 가능한 관계처럼 정확하게 진술하므로 옳다, 그르다, 마땅히 해야 한다라는 당위적인 주장을 하지 않는다. 가치판단은 실재하는 당위적인 것이 아니라 지적인 행위로 산출되어야 하는 사건에 관한 것이기 때문이다. 듀이 진술의 핵심은 도덕판단이 주관적인 느낌이거나 초월적 진리의 진술이 아니라 자연에 관한 충만한 과학적 주장이라는 데 있다. 도덕판단은 '인간과 관련된 소중히 여기기'의 사건으로 사실에 관한 진술이 존재한다는 것이지 저 사실의 가치를 판단하는 것이 아니다. 가치판단은 문제 상황을 완결된 상황으로 변형시켜 그 상황의 선이 창조되도록 하는 것에서 구성된다.

5) 인지적인 것과 정서적인 것의 구분을 넘어서

듀이의 가치평가론은 불안정한 자연의 구체적인 상황에서 발생한 가치의 문제를 해결하기 위해 과학적 방법을 적용하여 가치가 발생하는 과정을 구성한다. 과학적 방법이란 엄격한 과학적 절차에 의해 규제되는 방법으로 문제를 진단하고, 가설을 구성하고, 그것에 대한 귀결을 추론하여, 그 결과를 행동을 통해 검증하는 일반적인 탐구 양식이다. 인간의 가치평가 문제에 물리학, 화학, 생물학의 내용을 형성하는 명제들이 도입되면 사실로서 관찰할 수 있으므로 경험적으로 검증할 수 있다. 그러나 물리적 조건에 관한 적절한 지식이 없으면 "가치평가에 포함된 대안적인 욕구와 의도의 귀결을 예측한다는 것은 불가능하다"(LW13: 247). 자연과학들에 의해 근거 지워진 "가치평가에 관한 경험적인 이론은 새로운 가치평가를 산출하는 규제 방법으로 제공될 수 있다"(LW13: 246). 이것은 "과학에 대한 의식이 인간적인 가치에 대한 의식으로 가득 차게 될 때"[31] 인간을 압박하고 있는 이원론이라는 균열이 무너진다는 듀이의 말을 뒷받침한다.

가치평가론은 도덕적 탐구와 과학적 방법이 통합한 것이므로 인간관계와 활동에서 인지적인 것과 정서적인 것 사이에 균열이 없다는 것을 보여준다. 인지적인 것과 정서적인 것 사이에 균열이 생기면 인간의 욕구는 검증 가능한 명제들에 의해 가치평가를 산출하지 못하므로 오히려 인간이 세계에 적응하지 못하도록 압박하는 요소가 될 수 있다. 과학적으로 보장된 명제들은 인간 행동을 위해 사용되고 인간의 정서와 통합됨으로써 가치평가를 타당하게 하는 최고의 수단이 된다.

4. 사실과 가치의 이분법을 넘어서

1) 사실/가치의 얽힘

퍼트남에게 있어 가치는 도덕적이고 윤리적인 가치에 국한되지 않으며 인식적인 가치도 포함한다. 퍼트남에 의하면 논리실증주의

---

31) 듀이, 『철학의 재구성』, pp. 200-201.

자들의 사실과 가치의 이분법은 인지적으로 유의미한 사실명제만을 언어의 총체로 보는 과학의 언어이므로 편협한 과학주의적 구도에 근거한 잘못된 견해이다. 이 견해에 따르면 가치는 인지적으로 무의미한 것이므로 주관적인 것이 되며 따라서 합리적 논의가 불가능한 것이다(『이분법』: 69). 물론 논리실증주의의 사실과 가치의 이분법적 구도는 콰인의 비판 이후에 완전히 무너졌지만, 퍼트남은 그 이분법이 잘못된 견해라는 것을 보여주기 위해 '두터운'(thick) 윤리학의 개념인 '잔인한'이라는 술어의 사례를 든다.

잔인한이라는 개념은 때로는 규범적인 목적으로 사용되고, 때로는 기술적 개념으로 자유롭게 사용되므로 사실과 가치의 이분법에 반례가 된다. 사실과 가치의 이분법은 지식이 실재하는 대상과 대응할 때 확보되는 객관성을 기반으로 성립한다. 전통적으로 객관성은 지식이 실재적인 세계와 대응할 때 획득되는 것으로 형이상학적 실재론은 객관성을 확보하기 위한 이론적 작업이다.[32] 그러나 언어에 의해 세계를 기술하는 것과 객관성은 동등하지 않으므로, 과학과 윤리학의 이분법이 실재가 사실에 대응한다는 절대적인 객관성에 호소하여 발생되었다는 것은 잘못된 것이다.

퍼트남이 사실과 가치의 이분법을 비판한 것은 윤리학의 토대와 관련하여 " '플라톤적' 영역을 거부하고도 어떻게 윤리적 판단의 객관성이 옹호될 수 있는지의 문제"(『이분법』: 22)를 다루기 위한 시도에서 비롯되었다. 퍼트남은 비형이상학적 실재론, 즉 비플라톤적 해명의 근거를 실용주의자들, 특히 듀이에게서 찾는다. 퍼트남은 고전적 실용주의자인 퍼스(C. S. Peirce), 제임스, 듀이, 그리고 미드(G. H. Mead)로부터 "과학 자체가 가치를 전제한다"(『이분법』:

32) 노양진, 『나쁜 것의 윤리학』, 7장 참조.

22)는 주장을 수용한다. 즉 '정합성'(coherence), '그럴듯함'(plausibility), '합당함'(reasonableness), '단순성'(simplicity) 등의 인식적 가치는 모든 경험에 편재해 있으므로 과학이론이나 탐구가 가치를 전제한다는 것이다.

그렇다면 퍼트남에게 있어 가치란 어떠한 방식으로 존재하는가? 이 물음에 대답하기 위해 퍼트남은 "가치가 만들어지는가, 발견되는가?"라고 묻고 그에 대한 답을 듀이의 가치론에서 찾는다. 퍼트남에 의하면 듀이에게 있어 객관적 가치는 감각기관에 의해서가 아니라 "우리의 평가에 대한 비판"(『이분법』: 176)에 의해 생겨난다. 그리고 평가는 우리의 지속적인 과학적인 활동과 분리될 수 없으며 어떤 것이 보증되는가 보증되지 않는가는 평가에 대한 지적 반성에 의해 결정된다. 가치의 문제 상황이 발생하면 그에 대처하기 위해 다양한 방식들 중에서 수단과 목적을 부단히 재고하여 어떤 것이 더 나은지를 비교하는 방식을 통해 가치를 찾기 때문이다. 퍼트남은 이것을 넓은 의미의 '탐구'(inquiry)라고 보는데, 그것은 "우리 삶에서 어떻게 좋음을 증대시킬 것인지에 관한 실험과 토론을 통한 학습"(『이분법』: 168)에 관한 이야기이다.

듀이에 의하면 진리란 영원불변하는 것이 아니라 과학적 방법에 의해 잠정적으로 인정되는 '보증된 언명가능성'이다. 이 입장에 의하면 듀이에게 있어 객관적 진리는 물리학의 진리에서만 가능하고, 윤리학에서는 객관적인 진리가 성립하지 않는다. 그러나 듀이의 윤리학에 관한 보증된 주장도 "물리학의 보증된 [언명]가능성 그 이상의 근거를 필요로 하지"(『이분법』: 187) 않는다. 가치에 관한 주장도 보증되거나 보증되지 않는 것은 지속적인 우리의 과학적 활동과 함께 지적 반성인 비판에 의해 결정되기 때문이다. 따라서 퍼트남은 가치 탐구에 있어서도 일반적인 탐구 양식을 적용한 듀이의 과학적 방법을 옹호한다. 과학적 방법은 관찰과 실험 그리고 그 결과에 대한 공적 토론을 기반으로 진행되므로 탐구를 성공적인 것으로 이끌어 준다.

퍼트남이 오랫동안 관심을 가진 문제는 "과학적 탐구에서 가치 판단이 전제되는 방식"(『이분법』: 227)이다. 이를 해명하기 위해 퍼트남은 실용주의자들의 "사실에 관한 지식은 가치에 관한 지식을 전제한다"(『이분법』: 242)는 입장을 수용하고, 정합성, 단순성, 그럴듯함, 합당함의 가치가 듀이의 탐구를 통한 비판에 의해 만들어진다고 결론짓는다. 여기서 듀이의 과학적 방법에 기반한 탐구는 퍼트남이 형이상학적 인식론적 방법을 거부하고 해결책으로 제시한 것이다. 왜냐하면 탐구는 모든 맥락과 문제 상황을 넘어서서 절대적인 관념을 찾는 것도 아닌 합리적인 논의가 가능한 지점을 제안하고 있기 때문이다. 그것은 "모든 것을 협력적으로, 민주적으로, 오류주의적으로 탐구하고 논의하고 시도하는 것"(『이분법』: 87)이다.

번스타인(R. Bernstein)은 퍼트남이 윤리학적 회의주의에 반대하여 도덕적 객관성을 옹호하기 위해 사실/가치의 얽힘을 보여준다는 점에서 효과적이라고 공감한다. 하지만 번스타인은 퍼트남이 "실제로 작동하는 방식, 옳고 그른 것을 우리가 결정해야 하는 방식, 구체적인 상황에서 어떤 가치 판단이 참이고 거짓인가를 헤아리는 방식"[33]을 우리에게 구체적으로 보여주지 않았다고 비판한다. 이러한 문제가 발생하는 것은 퍼트남이 합리성 개념을 유지한 상태에서 듀이의 가치에 관한 탐구를 수용하기 때문이다. 퍼트남은 객관적인 가치가 선험적으로 존재하며 그것은 "평가에 대한 비

---

33) Richard J. Bernstein, "Putnam: Entanglement of Fact and Value," *The Pragmatic Turn* (Cambridge: Polity Press, 2010), pp. 166-167.

판”(『이분법』: 176)에 의해 발생한다고 주장한다. 퍼트남에게 있어 시행착오를 통한 듀이의 민주주의적인 가치 탐구는 “객관성에 관한 비형이상학적 사유 방식”[34]이며 도덕적 객관성을 성취하기 위한 규범과 기준의 조건을 제공한다. 이러한 퍼트남의 입장은 자연주의적인 듀이의 가치론을 합리성을 옹호하는 방식에서 해석한 것으로 보인다. 비록 퍼트남은 듀이가 원하지 않는 형식으로 그의 가치론을 해석했다고 할지라도 그 시도는 과학적 활동을 통한 탐구를 수용하여 사실/가치가 얽혀있는 관계를 드러내려고 한다는 점에서 듀이 가치론의 현재성을 잘 보여주고 있다.

2) 가치의 공통성

존슨은 오늘날 인지과학적인 탐구의 성과들을 수용하여 듀이의 가치론이 좀더 구체적으로 해명될 수 있다는 것을 보여준다. 존슨은 듀이의 입장을 수용하여 그 자체로 가치있는 것은 없으므로 명사인 가치 대신에 동사인 ‘평가하기’를 선호하며, 가치가 “유기체가 환경 안에서 잘 기능하기 위해 역동적으로 방향지워진 활동” (MH: 52)이라는 것을 강조한다. 존슨에 의하면 가치는 ‘자연적 상황’으로부터 등장하며, 그것은 네 가지 층위로 구분할 수 있다 (MH: 2장). 첫째, 가치는 유기체의 생존과 평안을 위해 필연적인 것이다. 둘째, 가치는 사회의 상호작용으로부터 발생하는 친숙한 대인관계와 연결된다. 셋째는 복잡한 사회적인 상호작용과 제도들과 연결된 가치로서, 예를 들어 공감하는 인간의 애정, 돌봄, 양육의 층위가 여기에 해당한다. 넷째는 의미, 성장, 자기-함양을 위한 우리의 탐구와 연결된 가치이다. 이 네 가지 층위는 간략하게 생

34) 같은 책, p. 163.

존, 타자 돌봄, 공동체, 의미 있는 삶과 관련된 가치에 해당한다.

존슨은 인지과학적인 탐구의 성과들을 수용하여 듀이가 가치에 관한 논의에서 사용한 두 개의 핵심적인 개념인 '평가하기'와 '가치평가'를 보다 구체적으로 해명한다. 전자는 "직관적인 판단 과정"이고, 후자는 "좀더 숙고적이고 반성적인 비판적 사유 과정"으로서, 두 과정은 연속적인 관계에 있다(MH: 87-88). 직접적인 평가하기는 충동에 의해 느낀 것이지만 자기 비판적인 능력을 갖지 못해 새로운 문제를 해결하지 못하는 이전의 사유나, 욕구, 습관 등도 포함한다. 가치평가는 평가하기에 대해 비판할 수 있는 적절한 거리를 두는 방식이다. 존슨은 듀이의 가치론을 직관적인 인지과정에서 반성적인 궤도로 전환하는 연속적인 과정으로 간주하고 가치평가를 중심으로 논의한다.

존슨은 반성적인 가치평가를 '도덕적 숙고'(moral deliberation)로 간주한다. 도덕적 숙고는 가치의 문제에 직면한 구체적인 상황에서 경험을 재구성하여 해결하는 방식이다. 그리하여 가치평가를 통해 문제가 발생한 불확정적이고, 갈등적인 상황은 명료하고, 조화롭고, 통일된 상황으로 변형된다. 가치의 문제는 이전 습관이 새롭게 발생한 조건을 다루지 못하여 발생한 것으로 긴장, 갈등, 좌절을 느끼는 것이다. 가치의 문제 역시 우리에게 주어지는 것이 아니므로 탐구를 통해 밝혀내야 하며 문제를 정확하게 정의하지 못하면 상황을 해결할 수 없게 된다. 여기서 존슨이 강조하는 것은 도덕적 숙고가 "문제 상황의 재료를 새로운 형태로 질서 지음으로써 상황을 변경하는 변형적인 활동 방식"(MH: 118)이라는 것이다. 이때 "효과적인 도덕적 숙고의 핵심"은 문제 상황을 파악하여 "더 나은 것으로 재구성하여 저 상황에 지적으로 반응하는 것이다" (MH: 99).

존슨에 의하면 도덕적 숙고는 "정신적 시뮬레이션"(mental simulation)으로서 "인지적-의욕적-정서적-시뮬레이션(cognitive-conative-affective simulation)의 과정"이다. 이 과정은 문제 상황을 해결하기 위한 잠정적인 수단으로 인지, 느낌, 상상력이 함께 짜여진다. 다시 말해 우리의 의미 만들기와 이해하기가 편재하여 퍼지면, 상상적 투사를 통해 주어진 문제를 해결할 수 있도록 극적 리허설로 다양한 행위 과정을 시도하고 그리고 투사된 상황에 대해 정서적 반응을 활성화 시킨다. 정서는 "몸 상태를 무의식적으로 탐지하여 발생시킨 몸 반응의 복합적인 패턴"(MH: 101)이므로, 특정한 맥락에서 문제 상황을 최고로 잘 해결하는 시뮬레이션을 결정하는 데 중요한 역할을 한다. 이것은 도덕적 숙고가 이성적인 것으로만 구성되는 것이 아닌 정서적인 것과 상상적인 것이 개입하는 복합적인 과정이라는 것을 보여준다. 인지과학적인 경험적 탐구의 성과들을 통해서 도덕적 숙고에 관한 존슨의 해명은 반성적인 가치판단에 정서적인 것과 인지적인 것 사이에 균열이 없다는 듀이의 주장이 오늘날에도 여전히 의의가 있다는 것을 입증한다.

도덕적 숙고는 상황에서 전개되므로 경험과 함께 시작하고 경험과 함께 끝난다. 탐구 형식이 상황을 강조하는 것은 도덕적 숙고가 우리의 현실적인, 살아진, 구체적인 도덕적 상황에 반응해야 하기 때문이다. 그러나 도덕적 숙고가 질적인 상황에 매어 있다는 주장은 상대주의 문제에 직면한다. 그 이유는 가치가 고정된 실체로서 객관적으로 존재하지 않고 구체적인 상황에서 발생한다는 점에서 형이상학적 실재론에 대립하기 때문이다. 상황을 강조하는 가치 탐구에서는 자아가 구체적 상황에 놓여져 있어 보편적인 고정된 가치를 주장할 수 없다. 김태길은 전통적인 가치에 관한 견해를 크게 두 가지로 나눈다. 하나는 가치 실재론으로 "가치는 대상 속에

본래부터 깃들어 있는 성질로서 인간의 어떠한 심리 작용과도 관계없이 그 자체가 객관적으로 존재하는 것"[35]이라는 입장이다. 고전적인 이론에 의하면 가치는 영원불변하는 초월적인 것으로 실재하거나 마음에서 발생하는 것이므로 가치론을 탐구하는 목적은 모든 가치들이 수렴하는 최고선을 발견하는 것이었다. 다른 하나는 가치 상대론으로 "가치는 마음과 대상 사이의 관계를 통하여 생기는 것으로서, 사람 또는 그 밖의 어떤 유정자의 심리가 발동하지 않는 곳에는 존재하지 않는다"[36]는 입장이 있다. 김태길은 듀이에게 있어서 가치는 "선천적으로 미리 주어진 실재가 아니라 마음이 관여를 통하여 경험 안에 생기는 일종의 관계"[37]이므로 가치 상대론에 속하는 것으로 간주한다.

패파스에 의하면 가치가 성질로서 경험되는 특정한 상황이 주관적으로 느껴지고 경험된다고 해서 주관적인 것은 아니다. 왜냐하면 상황은 타자들에게 객관적이고, 공유되고, 접근가능하기 때문이다. 여기서 경험은 단지 주관적인 반응이기보다 오히려 유기체와 환경의 상호작용의 과정이므로 객관적이다. 또한 성질로서 경험되는 가치가 측정되고 예측되지 않는다고 해서 주관적이고 임의적인 것이 아니다. 이러한 가치에는 절대적인 기준이 없지만 가치의 불일치는 일상적인 경험에서의 불일치와 동일한 방식으로 취급될 수 있기 때문이다. 듀이가 경험에 호소한다는 것은 가치의 문제에 일반적인 방법을 적용하여 공동으로 참여하고 탐구하는 것이다. 이것은 상황 밖에서 기준을 가져오는 것이 아니라 상황을 면밀하게 주목하고 참여자들이 자원을 공유하여 공통된 경험을 갖도록

35) 김태길, 『존 듀이의 사회철학』 (서울: 명문당, 1990), p. 73.

36) 같은 곳.

37) 같은 책, p. 74.

한다. 가치의 문제가 발생하는 불확정적인 상황에서 참여자들은 자원을 공유하여 상황을 개선하기 위해 가설을 확증하거나 거부한다. 가치에 대한 탐구는 상황을 해결하기 위해 요구되는 것과 일치될 때까지 계속된다. 상황은 "구체적이고 비인지적이고 비언어적인 맥락"[38]이지만 이것은 규범과 담론이 발견되고 검사될 수 있는 기반이다. 따라서 듀이에게 궁극적인 척도는 경험된 상황이며 "더 낫거나 더 나쁜 것에 관한 탐구와 판단은 상황에 대한 언급에 의해 통제된다."[39] 상황이 없으면 가치와 관련하여 관찰하고, 실험할 수 있는 공유하는 지반이 없으므로 가치 탐구에 접근할 수 없다. 패파스에 의하면 듀이의 가치 개념은 '살아진 상황'과 함께 시작하므로 "객관적 상대주의"[40]이다. 왜냐하면 우리가 경험하는 가치는 사물들을 소유하는 것처럼 현실적으로 가치 성질을 갖기 때문이다.

듀이의 가치 개념은 경험된 것이며 관찰과 실험에 의해 입증된다는 점에서 힉맨(L. Hickman)과 존슨은 패파스와 동일한 입장을 취한다. 힉맨은 듀이의 '지시적 방법'(denotative method)이 관찰과 실험에 근거하여 인간 경험의 공통된 특성을 외면하지 않으므로 극단적 상대주의의 경향들을 극복할 수 있다고 주장한다.[41] 존슨은 가치론에 대한 자연주의적인 해명이 "어떠한 가능한 행위 과정이 특정한 상황 내에서 우리의 도덕적 문제-해결에 이를 때, 그것이 더 좋은지, 그리고 다른 것들이 더 나쁜지를 생각할 증거와 일반적인 근거를 우리가 제공할 수 있다고 믿는 한해서"(MH: 196)

38) 같은 책, p. 120.

39) 같은 곳.

40) Gregory Pappas, *John Dewey's Ethics: Democracy as Experience* (Bloomington, Ind.: Indiana University Press, 2008), p. 115.

41) Larry Hickman, *Pragmatism as Post-postmodernism* (New York: Fordham University Press, 2007), p. 19.

'비상대주의적'이라고 말한다. 가치가 발생하는 듀이의 상황 개념은 절대적인 객관성의 기준을 제공할 수는 없지만 참여한 모든 사람들이 공유한다는 점에서 '공통성(commonality)으로서 객관성'의 기준을 제공한다.

5. 맺는 말

오늘날 분석철학의 흐름에서 가치의 주된 문제는 객관성을 사실과의 대응에 있다고 봄으로써 사실과 가치를 분리시키고, 가치주장을 인지적으로 무의미한 것으로 간주하여 가치에 관한 논의를 회의적인 것으로 만든다는 데 있다. 듀이의 가치론은 당시의 사유에서 물리적 명제와 가치 표현이 구분됨으로써 삶에 큰 문제를 야기한다는 지적으로부터 이분법을 극복하기 위해 시도된 것이다. 듀이는 이분법의 문제를 극복하기 위해 과학적 방법을 가치의 문제에 적용시킨 가치평가론을 제안하는데, 그것은 가치가 발생하는 절차를 제안하는 데 목적이 있다. 그리하여 듀이는 욕구와 관심에 기반하여 가치명제가 가능한 방식을 제시하고 또한 가치명제를 물리적인 명제와 구분하기 위해 목적-수단을 설정하고, 나아가 지성에 의한 방법인 상상적인 숙고로부터 가치가 발생하는 방식에 대해 해명했다. 이제 더 이상 듀이에게 가치는 실체로서 존재하는 것이 아니며 구체적인 가치의 문제 상황에서 직접적인 가치가 숙고에 의해 완결된 가치로 변형됨으로써 만들어지는 것이다. 이것은 듀이가 구체적으로 경험된 상황 속에서 가치의 발생을 자연주의적으로 해명하는 방식이다.

듀이의 가치론은 다음과 같은 점에서 오늘날 가치의 문제에 대한 대안이 될 수 있다. 첫째, 듀이의 가치론은 사실과 가치의 이분법을 넘어서는 방식을 제공한다. 퍼트남은 사실과 가치의 이분법을 비판해 왔는데 듀이의 관찰과 실험에 근거하여 가치에 관한 민주주의적인 탐구를 수용하고 사실판단은 가치를 전제한다는 점에서 사실과 가치는 얽혀 있다고 주장한다. 둘째, 존슨은 듀이의 도덕적 숙고가 구체적인 맥락의 경험된 상황 속에서 발생한다는 것을 인지과학적 탐구의 경험적 성과들을 수용하여 해명함으로써 듀이의 가치 개념이 상대주의적이 아니라고 주장한다. 듀이 가치 개념의 현재성을 드러내기 위한 퍼트남과 존슨의 논의는 사실과 가치의 이분법과 가치 상대주의 문제를 극복하기 위한 것으로 실용주의의 필요성을 함축하고 있고 듀이의 가치론과 충돌하지 않으므로 가치의 문제에 대한 대답이 될 수 있을 것이다. 듀이의 가치 개념이 현재에도 생명력이 있는 것은 "사실/가치의 구분을 거부하고 문화 상대주의를 비판"함으로써 "가치에 대한 주된 방향성"을 보여준다는 데 있다.[42]

듀이의 가치론은 가치가 초월적으로 주어지지도 않고 또한 주관자의 마음에 의해 존재하지 않는다면 어떻게 존재할 수 있을까에 대한 대답이라고 할 수 있다. 듀이의 가치론은 새로운 과학에 의해 전개되는 가치에 대한 체계적인 탐구의 필요성에서 전개되었고, 관찰과 실험에 근거한 과학적 방법에 의해 가치가 발생하는 방식을 해명하므로 전통적인 가치 이론과 구분되는 새로운 가치론이다. 새로운 가치론은 구체적인 경험된 상황에서 지성을 통해 가치가 존재하게 되는 방식을 제안한다는 점에서 발견되기보다는 만들어진다. 각각의 가치 상황은 유일한 것이므로 원리나 법칙에 의해

---

42) H. G. Callaway, "Democracy, Value, Inquiry, and Dewey's Metaphysics," *The Journal of Value Inquiry*, 27 (1993), pp. 13, 25.

문제를 해결될 수 없고 다만 지성에 의한 시행착오를 통해 가치를 완성시켜가는 것이다. 이러한 가치 탐구는 경험에 근거하므로 인간의 노력을 무시하는 환원주의적인 사고를 허용하지 않는 비형이상학적인 사유 방식이다.

제 6 장
의미

1. 머리말

20세기 초반 '언어적 전환'(Linguistic Turn) 이후 의미는 명제적 의미에 국한되며, 이러한 구도 안에서 참/거짓을 결정할 수 있는 문장만이 유의미한 명제로 간주된다. 이 의미 개념은 언어의 본질적인 기능이 세계의 사태를 정확히 기술하는 것이며, 한 문장의 진리치는 세계와의 '대응'(correspondence)에 의해 결정된다는 가정에 근거하고 있다. 그러나 경험주의적 의미 이론을 지탱해 주는 대응이라는 가정은 언어와 세계의 지칭 관계에 대한 지속적인 비판을 통해 근거 없는 이론적 요청으로 드러났다. 동시에 대응 구도에 근거한 의미 이론의 문제는 언어철학이 개념이나 명제만을 탐구의 대상으로 국한시킨다는 한계를 드러낸다.

듀이는 철학이 진리를 관할하는 재판관이기보다 풍부하고 충만한 경험에 대한 탐구라고 보았기 때문에 진리보다 의미가 훨씬 더 폭넓은 개념이라고 강조하며 러셀(B. Russell)의 대응적 의미 이론에 비판적이었다. 대응적 의미 이론에서는 의미의 근원, 창조, 맥락 등 배경적 국면이 근원적으로 배제되므로 의미에 관해 적절히 해명할 수 없기 때문이다. 명제적 의미라는 구도 안에서 의미 산출에 개입되는 배경적 요소들은 상상력이나 미적 정서의 문제라는 점에서 배척된다. 이러한 상황에서 듀이의 의미 개념은 지칭 관계를 포괄하는 새로운 의미 탐구의 방향을 제안하고 있다. 듀이는 '경험적 자연주의'(empirical naturalism)의 입장에서 의미가 유기체의 경험적 활동으로부터 '창발'(emergence)하는 방식을 밝힘으로써 인지적 의미와 비인지적 의미를 통합하는 포괄적인 의미 이론의 방향을 제공한다.

이 글의 목적은 듀이의 실용주의에서 의미가 경험으로부터 발생하는 방식을 검토하고 그것이 20세기 초반부터 진행된 언어와 세계와의 대응적 의미 이론에 대한 자연주의적인 대안으로서 현재성이 있다는 것을 밝히는 데 있다. 이러한 목적은 다음과 같은 논의 과정을 통해 전개된다. 첫째는 20세기 초반의 의미 이론이 의미 문제를 지칭 관계에 근거한 명제적 의미에 국한함으로써 의미의 영역을 협소하고 표상적인 것으로 규정하여, 보다 근원적으로는 지칭 관계를 해명할 수 없는 한계에 직면해 있다는 것을 지적하고 이에 대한 듀이의 도전을 다룰 것이다. 둘째는 언어철학에서 발생한 의미의 문제를 넘어설 수 있는 대안으로서 듀이의 의미 이론을 "행위로서의 의미 이론"(theory of meaning as action)[1]이라고 칭하고 생물학적 관점과 문화적인 관점에서 접근하여 의미가 경험으로부터 발생하는 방식에 대해 논의할 것이다. 셋째는 오늘날 듀이의 의미 이론이 존슨의 "신체화된 의미 이론"(embodied theory of meaning)[2]

---

1) Thomas Alexander, *John Dewey's Theory of Art, Experience, and Nature: The Horizons of Feeling* (Albany, N.Y.: SUNY Press, 1987), p. 123.

2) 마크 존슨, 『몸의 의미: 인간 이해의 미학』, 김동환·최영호 역 (서울: 동문선, 2012), p. 42.

에 의해 재해석되어 인지과학적인 탐구 성과들에 의해 설득력 있게 입증되고 있다는 점에서 여전히 현재성이 있다고 결론지을 것이다.

듀이의 의미에 관한 논의는 보다 고양된 의미를 지향한다는 점에서 '미학적 의미'라는 개념으로 수렴되므로 존슨은 듀이의 의미 창조에 관한 모든 탐구를 '미학'으로 간주한다. 존슨은 신체화된 의미 이론을 통해 의미가 몸과 몸의 직접적 활동에 기반하여 창발한다는 사실을 재해석함으로써 의미 탐구가 미학의 틀에서 이루어져야 한다는 듀이의 주장을 훨씬 더 구체적으로 뒷받침하고 있다. 미적 차원에서 전개되는 의미 이론은 의미가 낱말과 명제에 한정되지 않으며 인지적인 의미뿐만 아니라 비인지적인 의미를 포괄하므로 대응 이론에 근거한 의미 이론을 넘어서서 더 풍부하고 심원한 의미 이론으로의 전환을 가능케 한다. 따라서 이러한 논의의 의의는 듀이의 시각을 따라 우리 경험의 본성과 구조에 대한 포괄적 해명을 통해 대응적 의미 이론의 한계를 넘어서는 새로운 의미 이론으로 방향 전환의 가능성을 보여 주는 데 있다.

2. 지칭적 의미 이론을 넘어서

전통적인 견해에 따르면 한 단어의 의미는 그것이 가리키는 대상으로 그에 관한 논의는 지칭 관계를 중심으로 이루어졌다. 이러한 지칭 관계에서 가정된 전제는 의미가 언어와 세계 사이의 대응 관계에 의해 객관적으로 결정된다는 것이다. 러셀, 전기 비트겐슈타인, 에이어 등 경험주의적인 언어철학자들에게 있어서 의미는 명제적 의미에 해당하므로 참과 거짓을 결정할 수 있는 문장만이

'인지적 의미'(cognitive meaning)를 갖는다. 이러한 의미 개념이 성립될 수 있었던 것은 언어의 본질적인 기능은 세계의 사태를 정확히 기술하는 것이며 한 문장의 참과 거짓은 세계와의 대응에 의해 결정된다는 대응 이론에 근거한다.

그러나 언어와 세계의 지칭 관계에 근거한 대응 구도가 경험주의 언어철학자들이 문자적 의미의 근거를 제시하는 데 실패함으로써 의미론적 탐구는 한계에 직면한다. 문자적 의미는 언어-세계 대응이라는 구도에 근거하고 있지만, 언어철학자들은 그 구도를 지탱하는 지칭 관계가 어떻게 성립하는지에 대해 충분한 설명을 하고 있지 않기 때문이다. 지칭에 관한 견해로는 '기술 이론'(description theory)과 '인과 이론'(causal theory)이 있다.[3] 기술 이론이란 이름과 확정 기술구가 동일한 의의 또는 동일한 지칭체를 갖는다는 입장이고, 인과 이론이란 지칭 관계가 인과적으로 고정되어 있으며 사용자들 사이에서 이 지칭 관계를 사용하고 전달하는 것도 또한 인과적으로 이루어진다는 입장이다. 그러나 기술 이론은 '이름'과 '기술'을 동일시하여 이름의 의미가 고정되지 않는다는 난점이 있으며, 인과 이론은 언어와 세계와의 지칭 관계를 해명하지 않고 언어의 의미가 어떤 방식으로 전달되는지를 해명한다는 점에서 지칭 관계에 관한 이론이 아니라고 할 수 있다.

이후 후기 분석철학에서 의미의 근거로서 대응 개념이 어떻게 성립되는지에 대한 확장된 시도들이 있지만 그것을 설명하는 데에는 실패하는 것으로 보인다. 이것은 비트겐슈타인이 후기에 언어와 세계가 대응한다는 것은 사실이 아니며 자신의 전기 '그림이론'이 선험적으로 요청한 가정이라고 비판한 것에서 잘 드러난다.

3) 노양진, 『몸·언어·철학』 (파주: 서광사, 2009), p. 21 참조.

노양진은 대응 이론의 핵심인 지칭 관계에 관해 다음과 같이 정리한다.[4)]

> 지칭 이론가들이 공유하고 있는 것은 논리적 형식 언어의 건설이라는 프레게적 계획이며, 그 배후에 공통적으로 자리 잡고 있는 것은 단어와 그 단어가 가리키는 대상 사이에 고정된 관계가 존립하며, 그것이 의미의 객관성을 보증해 주는 근거라는 생각이다. 그러나 이러한 생각은 언어, 나아가 의미를 사용자와 독립적으로 존재하는 하나의 '실체'(substance)로 간주함으로써만 가능하다.

언어철학에서 언어와 세계의 지칭에 관한 새로운 시각 전환이 요구되고 있는 가운데 존슨은 듀이적인 시각에서 의미에 관해 보다 근원적인 비판을 한다. 즉 언어철학자들이 지시, 진리, 언어에 대한 많은 통찰력을 제공했음에도 불구하고 의미에 관한 타당한 이론을 제공할 수 없다는 것이다. 그 이유는 대응 구도에 근거한 의미 이론은 개념이나 명제만을 의미의 대상으로 선택하기 때문이다. 현대 언어철학자들은 의미가 관찰가능한 낱말과 문장에 고유하고 유일하게 주어지는 것으로 간주하므로 세계를 기술하고 진리를 진술하는 문장만이 참이나 거짓의 조건에 따라서 인지적인 의미를 갖게 된다. 그러나 이렇게 언어에 접근하는 것은 의미로부터 배경조건, 느낌(feeling), 정서 등을 배제시킴으로써 인간적인 의미에 참여하는 것 대부분을 생략하여 의미를 협소하고 피상적으로 정의하므로 일반적인 의미의 기초를 제공할 수 없다.

당시 의미에 관한 논의에서 듀이의 견해는 논리실증주의(logical-positivism)의 입장과 대립한다. 논리실증주의는 무의미한 명제를

4) 같은 책, p. 33.

추방하기 위해서 의미를 위한 엄격한 규준을 제시하려고 했다. 그러나 논리실증주의의 이러한 시도는 듀이가 비판하는 경험 개념에 근거하여 인식론적 정통성, 즉 분석적인 것과 종합적인 것의 구분, 관찰과 이론의 구분, 인식적인 것과 비인식적인 것의 구분 등을 전제하고 있으므로 "시대에 뒤떨어진 한물간 인식론"[5]이다. 사실 듀이는 논리실증주의가 생명력있는 과학철학을 발견하는 데 실패할 것이라고 예견했다. 그 이유에 대해 그는 논리실증주의가 "언어에 관한, 그리고 상징적으로 만들어지는 개념과 관계에 관한 적절한 이론을 갖지 못했기 때문"[6]이라고 지적한다. 마찬가지로 러셀과 관련하여 듀이는 "한 명제의 의미가 지칭(reference)을 결정한다는 신념"을 그리고 "진리는 명제의 형식적인 구조와 그것이 지칭하는 것 사이의 대응 문제라는 신념"[7]을 비판한다.

슬리퍼(R. Sleeper)에 의하면 듀이가 러셀의 대응 이론을 비판하고 대안으로서 주장하는 것은 "교호작용적 '대응' "(transactional 'correspondence')[8]이다. 교호작용으로서의 대응이란 언어가 세계와 외적으로 관련되지 않고, 과정에서 연루되며 경험을 통해 자연에 내재한다는 것이다. 즉 낱말은 사물에 부착된 것이 아니고 우리와 교호작용을 하기 때문에 명제는 우리가 세계와 교호작용을 하기 위한 수단으로서 의미를 갖는 것이다. 듀이는 주체와 대상의 대응 관계 속에서 전개되는 인식론적인 구도를 거부하고 자신의 실용주의적인 입장에서 대응을 다룬다. 그가 의도하는 대응 이론이란 "조

5) R. 번스타인, 『존 듀이 철학 입문』, 정순복 역 (서울: 예전사, 1995), p. 227.

6) R. W. Sleeper, "Introduction," John Dewey, *The Later Works, 1925-1953*, Vol. 14. ed. Jo Ann Boydston (Carbondale, Ill.: Southern Illinois University Press, 2008), p. xv.

7) 같은 곳.

8) 같은 책, p. xvi.

작적이고 행동적인 것"[9]이다.

듀이의 의미에 대한 입장은 전체론적 관점으로서 종합적인 것과 분석적인 것 혹은 몸과 마음의 이분법을 극복하기 위해 반성 '회로'(reflex 'circuit')를 도입한 것이다. 교호작용적 대응에서 의미는 명제적이기보다 맥락적이다.[10] 의미가 맥락에 의존하게 되면 "의미는 존재자, 속성, 관계에 감각적 인상들이 일대일 대응하는 독립적인 명제의 산물이 아니다."[11] 이런 견해에 따르면 듀이의 도구주의적 실용주의에서 진리는 '보증된 언명가능성'으로 대체되므로 참과 거짓은 명제들의 속성에 불과하며 다만 수단으로서 의미를 가질 뿐이다. 맥락은 우리가 피할 수 없는 것이고 언어의 의미는 맥락에 의해 우리에게 주어지는 것이라면, 언어의 상징적 의미는 상징의 체계적인 담론 내에서 결정된다. 그것은 우리가 그 체계 전체를 통해 비언어적이고 비상징적인 맥락을 구성할 수 있게 하기 때문이다. 이러한 점에서 우리 언어의 상징의 의미는 "내재하는 것이 아니라 유래"[12]한다고 할 수 있다. 듀이의 전체론적 관점에 의하면 철학에서 발생하는 특징적인 결함은 분석과 관련되어 발생한다. 분석은 맥락 안에서 이루어져야 하는데 철학자들이 맥락을 소홀히 하여 구별이나 요소를 마치 궁극적이고 독립적인 것처럼 취급함으로써 변화가 발생하지 않는 원자화된 세계로 귀결한다는 것이다.

듀이의 의미에 관한 탐구는 비트겐슈타인의 『철학적 탐구』[13]가

---

9) Dewey, "Propositions, Warranted Assertibility, and Truth," *The Later Works, 1925-1953*, Vol. 14, ed. Jo Ann Boydston (Carbondale, Ill.: Southern Illinois University Press, 2008), p. 180.

10) Dewey, "Context and Thought," *The Later Works, 1925-1953*, Vol. 6, ed. Jo Ann Boydston (Carbondale, Ill.: Southern Illinois University Press, 2008), pp. 4-5 참조.

11) Steven Fesmire, *Dewey* (New York: Routledge, 2015), p. 111.

12) Dewey, "Context and Thought," p. 4.

나오기 50년 전의 일이다. 테이어(H. Thayer)는 듀이의 의미 개념이 러셀과 전기 비트겐슈타인보다 후기 비트겐슈타인의 대표 저서인『철학적 탐구』의 결과와 매우 일치하는 것으로 간주한다.[14] 또한 로티는 듀이가 분석철학이 거쳤던 변증법적 여정의 종착지에 미리 가서 기다리고 있다고 말한다.[15] 듀이의 의미 개념은 비트겐슈타인뿐만 아니라 콰인(W. V. O. Quine)이나 굿맨(N. Goodman)과 같은 분석철학자들이 기나긴 여정을 통해 도달한 지점이기 때문이다. 듀이의 의미 이론은 체계화되지 않았고 그 당시에 많은 관심을 얻지 못했지만 오늘날 시각에서는 의미 이론에 대한 새로운 패러다임을 제공한다는 점에서 충분히 검토해 볼 가치가 있다.

이것은 의미에 대한 실용주의적인 시각에서 지칭에 대해 새로운 접근이 가능하다는 것을 보여준다. 왜냐하면 실용주의적인 관점에서는 언어란 인간이 세계 안에서 성공적으로 활동하기 위한 하나의 도구이고, 의미는 언어 사용자의 언어적 상황 속에서 "목적과 의도를 포함하는 지속적인 게임 활동을 통해 변화되고 조정되고 확장되어 가는 과정의 산물"[16]이기 때문이다. 이러한 관점에서 지

13) 루트비히 비트겐슈타인,『철학적 탐구』, 이영철 역 (서울: 책세상, 2006).

14) 테이어는 비트겐슈타인이 실용주의의 영향을 제자 램지(F. Ramsey)부터 받았을 뿐만 아니라 제임스로부터 받은 것으로 본다. H. S. Thayer, *Meaning and Action: A Critical History of Pragmatism* (Indianapolis, Ind.: Bobbs-Merrill, 1968), p. 313 참조. 블랙(M. Black)은 듀이와 후기 비트겐슈타인의 공통점을 다음 세 가지로 서술한다. 첫째, 그들은 언어에 대한 전통적 견해에 대립하여 투쟁한다. 둘째, 비트겐슈타인이 언어의 맥락, 삶의 방식, 언어의 사용에서 언어의 의미를 찾는 것은 듀이의 추종자와 같다. 셋째, 둘은 사적 언어, 특정한 정신적 영역의 관념에 반대하며 형식 논리학에 대해 다소 회의적인 태도를 갖고 있다. Max Black, "Dewey's Philosophy of Language," in J. E. Tiles, ed., *John Dewey: Critical Assessments*, Vol. IV (New York: Routledge, 1962), p. 203 참조.

15) 리처드 로티,『실용주의의 결과』, 김동식 역 (서울: 민음사, 1996), p. 29 참조.

16) 노양진, 같은 책, p. 33.

칭은 언어와 세계와의 관계를 가리키는 것이 아니라 "언어를 사용하는 다양한 방식들 중 하나일 뿐"이고 "언어적 의미는 인간의 총체적 삶의 의미의 일부"가 된다.17) 실용주의적인 시각에서 의미는 언어와 실재의 관계를 넘어서서 삶에 기반한 인간의 총체적 경험과 이해의 방식에 대한 탐구를 통해 해명될 수 있다.

듀이의 철학에서 인간의 선은 가장 풍부하고 가장 충실한 최선의 경험을 인식하고 거기에 참여하는 것으로부터 발생하므로 철학은 가장 완전하고 심오한 경험의 의미에 대한 반성적 탐구여야 한다. 그런데 철학은 진리라는 "독점적인 재판권"을 갖고서 오로지 "최고의 궁극적인 진리에 도달"(LW1: 307)하는 것을 목적으로 한다. 오스틴(J. Austin)의 말처럼 철학이 오직 참과 거짓에만 관심을 두면 주장에 독창성이 없을 뿐만 아니라 철학을 창백하게 만든다.18) 듀이는 철학에서 의미가 진리보다 훨씬 더 폭넓은 개념이라고 강조한다.

> 의미의 영역은 참-과-거짓 의미의 영역보다 더 넓다; 이 영역은 더 긴박하고 비옥하다. …… 시적 의미, 도덕적 의미, 대부분의 삶의 선들은 진리의 문제라기보다 의미의 풍부함과 자유의 문제이다. 대부분의 우리의 삶은 진리와 허위와는 무관한 의미의 영역에서 이행된다(LW1: 307).

듀이는 진리보다 의미의 풍부함을 중요시한다. 그래서 듀이는 의미에 관한 설명이 논리학이나 언어학의 한도 내에 제한된다는 생각을 거부한다. 알렉산더에 의하면 언어철학자들이 언어를 다루

17) 같은 책, p. 34.

18) J. L. Austin, "Performative Utterances," *Philosophical Papers* (Oxford: Oxford University Press, 1970), p. 233.

는 데 실패한 것은 사유에서 실패했기 때문이 아니라 "언어적 상징들이 사유의 충만함과 풍부함을 정당하게 다루지 않기 때문이다."[19] 언어가 사유의 충만함과 풍부함을 정당하게 다루려면 인지적인 것과 비인지적인 것이 서로 뒷받침하는 창조적인 관계로 등장해야 하는데 대응에 근거한 의미 이론은 언어의 의미를 인지적인 것에만 한정하고 비인지적인 것을 제거해 버린 것이다.[20] 듀이는 좀더 충만하고 풍부한 경험에 근거하여 인지적인 것과 비인지적인 것을 포괄하는 의미를 탐구한다. 다음 장에서는 풍부하고 포괄적인 듀이의 의미 개념이 일상적인 경험을 통해서 어떻게 발생하는가를 해명하려고 한다. 이 논의에서 의미의 발생은 듀이 경험의 핵심적인 원리인 유기체와 환경 사이의 '교호작용', 그리고 유기체의 생물학적인 측면과 문화적인 측면을 연결하는 '연속성의 원리'를 기반으로 서술될 것이다.

3. 경험에 근거한 의미의 본성

듀이의 의미 이론은 알렉산더에 의해 '행위로서의 의미 이론'이라고 명명된다. 행위로서의 의미 이론에서 의미의 단위는 행위(action)이며 행위의 총체적인 장은 경험이다. 행위는 듀이에 의해 새롭게 해석된 것으로서, 그가 자극과 반응으로 설명하는 전통적인 이원론의 방식을 비판하고 '회로조정'(circuit-co-ordination)이라는 관념으로 대체한 것이다.[21] 이렇게 대체한 이유는 행위를 자극

19) Alexander, 같은 책, p. 180.

20) 같은 곳.

21) Dewey, "The Reflex Art Concept in Psychology," *The Early Works, 1882-1898,*

과 반응으로 설명하게 되면 행위는 연속적이며 유기적으로 통일되는 것이 아니라 단지 파편적인 것들을 모아 놓은 기계적인 결합이 되어 버리기 때문이다. 회로조정 모형은 "연속적인 재구성"[22)]으로서 활동을 총체적인 행위 내에서 지속적으로 적용하고 조직화하는 과정으로 이끈다. 회로조정 모형에서 유기체와 환경은 상호 의존적이고 역동적이므로 행위에 의해 각각의 순간에 서로를 함축한다. 유기체는 역동적인 세계 속에서 목적을 향해 통일된 활동을 하며 성장을 지향한다. 환경은 잠재적으로 파괴적인 요소를 포함하므로 유기체는 충동을 지도하여 연속적으로 재적응하고 수정하는 활동을 통해 물리적 환경을 변형하고 잠재성을 실현한다. 듀이의 행위 모형은 행위를 역동적이고 연속적이며 총체적으로 설명하므로 경험철학을 뒷받침하고 의미 개념을 이해하는 토대가 된다.

듀이의 행위를 통한 의미로의 접근은 인간이 살고 있는 세계의 경험을 토대로 하며 양면적이다.[23)] 하나는 행동적 관점에서 의미에 접근하는 것으로 의미가 생물학적인 활동에 의해 창발하는 것으로 보는 것이다. 다른 하나는 연속성의 원리가 적용된 것으로 의미가 생물학적 행위로 환원할 수 없는 존재 방식인 문화 속에서 창발하는 것으로 다룬다. 전자는 유기체의 생물학적인 구조 기능의 근거로서 느낌으로부터 시작하여 충동, 습관, 정서의 역할을 강조한다. 후자는 사회적이고 문화적인 세계의 상황의 관점에서 유기체가 생존하기 위해 타자에게 의도를 표현하고 의사소통함으로써 상호작용하는 것이다. 행위를 통한 경험 세계의 양면적인 접근은

Vol. 5, ed. Jo Ann Boydston (Carbondale, Ill.: Southern Illinois University Press, 2008) 참조.

22) 같은 논문, p. 99.

23) Alexander, 같은 책, p. 119.

비인지적인 느낌으로부터 인지적인 의미에 이르는 영역에 걸쳐 이루어지는데 그것은 듀이가 의미를 인지적인 것에 한정하여 다루는 것을 피하려는 것이다. 그리하여 듀이는 의미를 우리가 생물학적인 창조물로서 그리고 문화적인 존재로서 사는 총체적인 방식에서 다룬다.

행위가 발생하는 생물학적인 조건에서 충동은 유기체가 필요한 것을 충족시키기 위한 전진 운동이다. 유기체는 충동이 있어야만 필요한 것을 환경과의 상호작용을 통해 얻을 수 있으므로 충동은 조직화된 활동과 완결된 경험의 시작이다. 물론 순전히 충동뿐인 행위는 빈약한 결과를 발생시키지만 행위의 창조적인 국면에서의 충동은 "낡은 습관과 변화하는 그 성질에 새로운 방향을 부여하기 위한 일탈"[24]을 행하게 한다. 충동은 그 자체만으로는 의미를 많이 획득하지 못하지만 직접적으로 재구성하는 데에 초점을 두게 되면 역동적인 자극을 제공하는 역할을 한다.

행위를 통해 습관을 해명하게 되면 습관은 유기체가 생물학적으로 적응하려는 본성에서 발생하며 의미와 지적 행위의 지반이 된다. 습관은 자극에 대해 일정하게 반응하는 방식에서 "경로로 조직화된 에너지"[25]이고, 유기체는 습관이라는 능력에 의해 환경을 재구성한다. 습관은 과거를 통해 주어진 방식에서 현재의 경험을 해석하고, 현재의 참신함을 담지하여 과거의 경험에 의의를 부여한다. 또한 습관은 일반적인 신념의 구조를 띠게 되면 특별한 사건에 의미를 부여하는 해석자가 되기 때문에 행위에 반영되기도 한다. 이렇게 습관은 해석자로서 경험을 재구성하므로 안정된 습관은

---

24) Dewey, *Human Nature and Conduct: The Middle Works, 1899-1924*, Vol. 14, ed. Jo Ann Boydston (Carbondale, Ill.: Southern Illinois University Press, 2008), p. 67.

25) 같은 책, p. 54.

"의미를 갖는 기억되고 지각되는 대상 속에 반영"[26]된다. 이때 대상은 '지각된 의미'(perceived meanings)라고 하는데, 그것은 습관이 세계와 충돌하여 발생하기 때문이다.

습관이 지각된 의미를 창조하는 것은 상황을 통합하고 통일함으로써 대상을 둘러싸고 있는 상황을 구조화하는 데서 비롯된다. 습관은 이렇게 상황을 구조지으므로 상황을 창조할 뿐만 아니라 변형시키는 역동적인 도구이기도 하다. 습관은 상황을 구조화한다는 점에서 의미를 다룰 수 있는 조건을 제공한다. 그러나 습관이 무의식적인 반복에 불과하거나 다양한 상황과 직접적으로 접촉하지 않고 상황을 학습하거나 확장하는 데 역동적으로 구성하지 못하면 경직되어 죽은 것이다. 케스텐바움(V. Kestenbaum)에 의하면 듀이는 습관을 "수용된 의미", "적립된 의미", "획득된 의미", "유기적 의미" 등으로 방대하게 사용한다.[27]

일반적으로 정서(emotion)는 화나거나 두려워하는 등의 외적 조건에 대응하는 내적인 상태로서 느껴지는 것이다. 그러나 정서가 내적인 상태라고 해서 주관적인 것에 불과하다는 것은 아니며 오히려 객관적인 것이다. 왜냐하면 정서는 대상이 있어서 그 대상에 대해 반응한 것이므로 유기체와 환경의 자연스러운 상호작용의 결과이기 때문이다. 예를 들어 골목에서 뱀을 만나게 되면 공포를 느끼게 되는데 공포는 객관적으로 존재하는 뱀으로부터 발생하였기 때문에 주관적인 것이 아니다.[28] 정서는 사실에 있어서건 혹은 관

26) 같은 책, pp. 127-128.

27) Victor Kestenbaum, *The Phenomenological Sense of John Dewey: Habit and Meaning* (Atlantic Highlands: Humanities Press, 1977), p. 3.

28) S. M. 에임즈, 『실용주의: 퍼어스, 제임스, 듀이, 미이드의 철학』, 조성술·노양진 역 (광주: 전남대학교출판부, 1999), pp. 217-218 참조.

념에 있어서건 "객관적인 그 무엇에 대한 혹은 그로부터 혹은 그것에 관한 것"[29]이다.

정서는 활동 내에서의 반응 외에 상호작용의 역동성을 반영한다. 왜냐하면 "정서는 습관이 충돌하거나 실패할 때 그러한 동요로부터 스스로 재적응하기 위한 고통스러운 노력"[30]이기도 하기 때문이다. 이러한 점에서 듀이는 정서가 불안정한 경험으로부터 발생하여 안정된 경험으로 진행하기 때문에 정서가 경험으로부터 발생한다고 주장한다. 예를 들면 우리가 갑자기 좁은 길에서 뱀을 만나고 공포를 느끼게 되면 안정된 상황은 불안정한 상황으로 변한다. 우리는 방해받는 불안정한 상황 속에서 뱀이라는 대상에 공포라는 정서로 반응하고 그 방해받는 상황으로부터 벗어나기 위해 의도적으로 해결을 모색하게 된다. 정서는 야기된 문제를 조정하여 통합하기 위해 습관을 억제하고 그 상황에 재적응하기 위해 숙고(deliberation)하여 그에 대한 해결로서 뱀을 처치하게 된다. 우리는 여기서 그치지 않고 나아가 뱀을 두려워하는 상황으로부터 벗어나기 위해 뱀에 관심을 갖고 관찰하고 탐구하여 정서가 지성과 의미와 연관하여 교육에 의해 변형되도록 한다. 이러한 점에서 정서는 상황 속의 대상에 반응하게 되므로 미학적 의미와 연결되기 시작하며 상황은 통합되는 정도에 따라서 의미가 덧붙여져 경험은 의미의 옷을 입는다(LW10: 66).

문화는 생물학적인 몸을 바탕으로 세계를 구성하는 참여적 행위를 끌어내기 위해 서로 공유하는 의사소통의 활동으로 구성된다.

---

29) Dewey, *Art as Experience: The Later Works, 1925-1953*, Vol. 10, ed. Jo Ann Boydston (Carbondale, Ill.: Southern Illinois University Press, 2008), p. 72.

30) Dewey, *Human Nature and Conduct*, p. 54.

듀이는 의미를 생물학적 차원과 문화적인 차원으로 접근하지만 그것들이 이분법적으로 구분되는 것을 극복하기 위해 연속성의 원리를 적용하며 후자는 전자를 기반으로 창발하는 행위로 간주한다. 그리하여 문화에는 경험의 지반인 몸의 습관이 반영되어 있으며 동시에 문화는 공동체에서 연대하는 전통을 만들기 위해 상징들을 조작하여 삶을 이끌어 간다. 상호작용의 층위에서 인간의 삶이란 지성에 의해 가치있는 다양한 목적을 실현하는 것으로 의사소통을 통해 성취된다. 상호작용의 층위에는 물리적인 단계, 심리-물리적 단계, 정신적인 단계가 있는데 의사소통은 세 층위 중에서 정신적인 단계에서 출현한다.

의사소통은 사회적인 상황에서 목적을 실현하기 위해 구성원들의 행위를 공유하고 조정하는 활동이다. 의사소통을 통해 우리는 다른 사람들의 삶에 참여하고 다른 사람들은 우리와 함께 한다. 참여자는 타인이 행위하는 목적이 무엇이고 그 행위가 무엇인가에 대해 합의해야 한다. 이러한 점에서 듀이는 의사소통을 "가장 경이로운 것"(LW1: 132)이라고 말하는데 그것은 참여자들 상호 간에 상호작용으로서 이루어지는 의사소통은 더 풍부하고 공통된 경험을 하게 해주기 때문이다. 의사소통은 구성원들 상호간의 상징의 의미에 반응하는 능력에 의해 정의된다. 상징의 체계는 공동의 목적을 실현하기 위한 참여자들의 행위를 매개할 수 있을 때 발생하고 상징의 의미는 참여자들의 행위를 조정하는 능력 안에서 작동함으로써 구현된다. 언어는 발명된 상징 체계들 중에서 가장 발전한 것으로 의사소통은 이러한 언어로 이루어진다.

듀이에 의하면 언어는 선행하는 것을 표현하는 것이 아니고 "동료가 있고 각각의 활동이 교제에 의해 수정되고 규제되는 활동에서 협력하는 것"(LW1: 141)이다. 즉 언어란 "그 안에서 문화가 존재하는 매개체이고 문화가 전달되는 매개체"이므로 그것은 "제스처만이 아니라 제례, 의식, 기념물, 산업적인 것과 예술의 산물을 포함한다."[31) 듀이에게 있어서 언어는 의사소통이고 의사소통은 문화이다. 그의 의미 개념은 이러한 언어를 기반으로 성립된다. 이때 "모든 자연적 사건들은 의사소통을 통해 재숙고하여 교정"(LW1: 132)되며 이 과정에서 의미가 발생한다. 자연적 사건들은 대화의 요구에 응하기 위해 "대상들, 즉 의미를 가진 사물들로 전환"(LW1: 132)하므로 의사소통은 자연적인 것을 변형시킨다.

듀이에 의하면 우리가 사는 이 세계는 조화로운 하나의 세계가 아니라 안정된 것과 불안정한 것이 공존하는 곳이다. 그리고 의미는 구조와 파괴가 있는 세계 속에서 발생한다.[32) 왜냐하면 의미는 결정적인 것과 비결정적인 것, 실재적인 것과 가능적인 것이 의사소통하는 과정에서 발생하는데 안정된 세계에서는 의사소통이 필요하지 않기 때문이다. 세계를 원자적, 절대적, 기계적인 것으로 바라보게 되면 의미는 논리적인 대응이나 반영하기의 물음으로 간주되어 고정된 것이 된다. 그러나 의미는 의사소통을 통해 다른 사람에게도 전이되며 진화하므로 의미가 고정된다는 것은 우리 상상력의 산물일 뿐이다.

우리는 새로운 맥락에 사물을 도입하여 새롭게 결합하고 분리시키는 것처럼, 의미도 새로운 맥락 속에서 새롭게 결합되어 새로운 의미를 양성한다. 의미는 상상력 속에서 무한하게 결합되고 재배열됨으로써 상황을 의의있는 맥락으로 바꾸기 위한 해석의 과정

---

31) Dewey, *Logic: The Theory of Inquiry: The Later Works, 1925-1953*, Vol. 12, ed. Jo Ann Boydston (Carbondale, Ill.: Southern Illinois University Press, 2008), pp. 27, 52.

32) Alexander, 같은 책, pp. 124-125 참조.

속에 있다. 이러한 점에서 "의미는 사물을 사용하고 해석하기 위한 규칙"(LW1: 147)이다. 그리고 다른 맥락에서 다른 사람들이 다시 해석하고 사용하면 의미는 새로운 의의를 갖는다. 의미는 의사소통의 행위에 근거하여 사회적 매개체를 통해 실현되며 역동적으로 발전하므로 사회적이고 시간적이다. 우리가 지속적으로 의미를 추구하고 발전시켜야 하는 이유는 공동의 목적을 실현하기 위해 상황에 참여하는 것이 인간의 조건이기 때문이다.

듀이의 의미 개념은 단지 상징으로서의 언어 개념인 대상의 의미에 한정되어 논의되지 않으며 '미학적 의미'(aesthetic meaning)로 확장된다. 미학적 의미를 이해하는 데 있어서 상황 개념은 토대를 제공하기 때문에 중요한 역할을 한다. 삶이 유지되는 구체적인 상황 속에서 문제가 발생할 경우나 목적을 실현할 경우 먼저 그 상황의 의미가 무엇인가를 결정해야 한다. 상황을 공유하지 않으면 문제를 해결할 수 없고 공동체는 붕괴되므로 의미가 공동체의 구성원들에 의해 공유될 수 있는 공통된 상황이 발견되어야 한다. 상황은 시간적 차원과 맥락적인 구조를 요소로 가진 상호 간의, 지속적인 해석의 과정이므로 다양하게 해석될 수 있다. 상황의 의미는 구성원들이 활동적으로 참여함으로써 발견되며 그리하여 의미있는 맥락으로 바뀌어야 한다.

상황은 하나의 '편재적인 질적 전체'(pervasive qualitative whole)에 의해 통일되어 우리에게 느껴지는 것이다. 듀이는 '질성'(quality)을 "직접적이며 형언할 수 없고 정의할 수 없다"(LW1: 74)고 말한다. 상황이란 그것을 통일하는 질성에 의해 느껴져서 그저 우리에게 주어지는 것이므로 인식되는 것이 아니기 때문이다. 과인락(J. Gouinlock)에 의하면 이런 상황은 유기체가 환경과 상호작용하는 구체적인 장이므로 인간의 참여를 전제한다.[33] 대상의 의미와 미학적 의미의 차이는 후자가 세계에 대한 '감'(sense)[34)]을 갖는다는 것에 있으며 그것은 "전체 상황의 의미"(LW1: 200)를 뜻한다. 세계에 대한 감은 인간과 환경과의 교호작용적인 활동으로부터 발생하며 세계를 해석하는 방식이므로 하나가 아니며 여러 개라고 할 수 있다. 그 감이 우연히 직접적으로 주어지는 경우를 느낌(feeling)이라고 하는데 그 느낌이 질적으로 향유되는 의미를 갖게 되면 질성은 의미의 담지자로 변형된다. 느낌은 수동적으로 소유되고 겪는 것이라면, 의미있는 경험은 세계에 대한 감의 견지에서 의도적으로 대상이나 사건을 의식하는 것이다. 따라서 소유하고 겪는 것으로서의 경험의 분석은 미학적 의미 이론의 바탕이 된다. 젤트너(P. Zeltner)는 예술에서 의미가 감에서 이루어진다는 것을 다음과 같이 설명한다.

> 예술 속에서 의미라 하는 것은 [감] 속에서(in) 이루어지는 것이지 [감]을 통하여(through) 이루어지는 것은 아니다. 왜냐하면 경험과 자연의 이원론적 관념과는 달리 듀이는 의미, 개성, 구분적 특징 및 정의가 [감] 위에 세워진 것도 아니고 [감]에 의하여 상징화된 것도 아닌 것으로 자리매기고 있기 때문이다. 오히려 듀이는 활발하게 활동

33) 과인락은 상황을 "인간적인 참여가 함께 하는 사건"이라고 말한다. Gouinlock, 같은 책, p. 8.

34) 정순복에 의하면 듀이가 사용하는 '센스'(sense) 개념은 기존의 경험주의 철학에서 사용된 것을 비판하고 새롭게 제안한 것으로 그의 철학과 예술의 문제에서 핵심적인 역할을 하며 '직접성'(immediacy) 내지는 '일차성'(primariness)의 개념에 해당하는 것이다. 센스는 유기체로서의 인간과 그를 둘러싼 세계의 상호작용이 이루어지는 사건 내지 상황을 아우르는 질적인 것이다. 정순복은 센스가 우리 일상적인 용법에서 '감(感)'이라는 어법과 맞물린다고 소개한다. 필자는 센스를 '의미'로 표기하면 'meaning'의 '의미'와 구분하기 어려우므로 정순복의 어법을 따라 '감'이라고 표현한다. 정순복, 「존 듀이의 철학에서 '센스'(sense)와 예술의 문제」, 『미학』, 제27권(1999), pp. 105-106 참조.

> 하는 [감] 내부에서 그것들이 과연 어떻게 나타나고 있는 것인지를 드러내 보이고자 하기 때문이기도 하다.[35]

미학적 의미는 단지 느낌에 불과한 것을 향유하기 위해 그 대상이나 사건의 잠재성을 능동적으로 실현하여 의미있는 것으로 발생시킨 것이다. 이것은 인간이 자신에게 주어진 생물학적인 느낌에 불과한 것을 습관적인 것으로 간주하지 않고 지성에 의한 의식적인 참여를 통해 잠재성을 실현함으로써 문화적 경험으로 변형시키는 것이다. 듀이는 잠재의식이 충분히 실현되는 완벽한 의미의 사례로 '순수 예술'을 든다. 이렇게 발생한 미학적 의미는 그 의미가 가장 충만하고 풍부하다. 결국 의미의 단위를 행위로 간주하는 행위로서의 의미 이론은 미학적 의미로 귀결된다.

듀이는 상황이 의의와 감을 갖는 의미의 이중적인 기능에 대해 다음과 같이 서술한다.

> 그 안에서 유기체와 주위에 있는 조건들이 상호작용하는 상황의 질성은, 식별될 때, 감을 만든다. 감은 느낌과 구분되는데, 왜냐하면 감은 인식된 지시물을 갖기 때문이다; 그것은 그 무엇의 질적 특징이지, 매몰되어 확인되지 않은 질성이나 음조는 아니다. 감은 또한 의의(signification)와는 다르다. 후자는 빨간불이 위험을 나타낼 때처럼, 다른 그 무엇의 기호나 지표로서 질성을 사용하는 것을 포함한다. …… 그 사물의 감은, 다른 한편으로는 직접적이고 내재적인 의미이다; 그것은 스스로 느껴지거나 직접적으로 소유하는 의미이다(LW1: 200).

질성이 느낌에서 의미의 담지자로 변형되는 것은 직접적으로 우리에게 주어지는 상황에 대한 느낌이 의식에 의해 의미를 재구성

35) P. M. 젤트너, 『존 듀이 미학 입문』, 정순복 역 (서울: 예전사, 1975), p. 148.

하여 새로운 잠재성을 실현시킴으로써 이루어진다. 여기에서 차이는 유기체가 상황의 질성을 단지 직접적으로 느끼는가 아니면 의도적으로 질적으로 향유하는가에 있을 뿐이다. 이러한 변형은 직접적인 느낌이 유기체의 숙고에 의해 하나의 과정이 통합되고 완결되는 '하나의 경험'(an experience)에 의해서 성취된다. 하나의 경험은 질성을 향유하기 위한 유기체의 의도에서 비롯되어 느낌이 의식에 의해 하나의 완결된 경험으로 결과하게 되면 의미있는 경험이 이루어진다.

듀이의 대상의 의미와 미학적 의미는 의미의 사용을 '지시적'(referential) 의미와 '내재적'(immanent) 의미로 구분한 것에 해당한다. 전자는 증거로 다루어진 사건들이나 사물들이 갖는 의미이며 반면에 후자는 그 자체 의미로 옷을 입은 사건들이 갖는 것이다. 듀이는 지시적 의미와 내재적 의미를 다음과 같이 표현한다.

> 내재적 의미는 지시적이거나 명백한 의미의 반복된 성공적인 성과의 결과 속에서 존재한다. …… 그리하여 지시적인 경우의 실행하고 있거나 완료적인 의미는 다음에 오는 상황의 내재적 의미, 즉 직접적으로 당연한 것으로 여겨지는 의미가 된다.36)

다시 말해 지시적 의미는 언어나 수학적 기호가 나타내는 것처럼 대상들과 사건들을 재현하는 것에 해당하고 내재적 의미는 "경험되는 대상들을 소유하는 것으로서 그 자체를 직접적으로 드러내는"(LW10: 89) 것이다. 듀이는 이 두 의미를 '진술'과 '표현'이라는 말에 의해 차이를 드러낸다. 진술은 정확하게 서술하는 과학의 영

---

36) Dewey, "Meaning and Existence," *The Later Works, 1925-1953*, Vol. 3, ed. Jo Ann Boydston (Carbondale, Ill.: Southern Illinois University Press, 2008), p. 87.

역에서처럼 "경험이 소유되는 조건을 제시"하는 것이고, 표현은 경험 그 자체에서 작용하는 예술의 영역에서처럼 "경험을 구성"(LW10: 90-91)한다. 과학적 영역에서의 진술은 지칭하는 대상이 있으므로 인식적인 내용의 의미를 갖고 예술적인 영역에서의 표현은 질성이 궁극적으로 구현되는 질적인 의미를 갖는다고 할 수 있다. 이러한 의미 사용은 의미가 더 이상 대상과 주체의 구분 하에 주체의 인식 능력 안에 있는 심적인 것들이 아니라는 것을, 따라서 의미는 인식적인 문제들만은 아니라는 것을 보여준다.

인식적인 경험은 반성이나 분석에 의해 존재하기 때문에 외견상 오직 하나이며 분리된 존재처럼 보인다. 그러나 일상적인 경험에서 인식적인 경험의 유형은 다른 경험 유형들과 복잡하게 얽혀있고 밀접하게 연관되어 있다. 그리고 그러한 경험의 의미는 대상들과 상이한 방식들 속에서 상호작용하여 사물들 사이의 알려진 결과로서 지각된다. 이에 대한 사례로서 듀이는 종이의 의미에 관해 다음과 같이 말한다.

> 따라서 '종이'로 검증된 존재는 그 순간에 제일 먼저 떠오르는 의미가 '그 위에 쓰여지는 것'이기 때문에, 그 의미가 개입되어 다양하게 연결되는 상호작용들 속에서 인정된 중요한 결과들을 가지는 만큼 수많은 다른 명백한 의미들을 가지고 있다. 물론 이러한 결합 가능성들이 끝이 없으므로, 또 가능성들 중 어떤 것이 결과가 언제 중요할지도 모르기 때문에, 그것의 잠재적 의미들은 끝이 없다. 예를 들어, 종이의 의미들은 불을 피우는 것, 눈과 같은 것, 나무 펄프로 만들어진 것, 이익을 위해 제조된 것, 법적 의미를 나타내는 증서, 화학의 어떤 원리들을 예증하는 일정한 결합, 인간 역사에서 엄청난 차이를 만드는 발명의 기사 등 그 밖의 무한한 것들을 뜻하고 있다(LW1: 241).

경험 속에서 사건이나 사물의 의미는 상호작용을 통해 다양한 방식들의 관계 속에서 지각되므로 오직 인식적인 것만은 아니다. 인식적 경험은 오직 하나이지만 경험에는 상이한 유형들이 함께 존재하고 있고 모든 대상들은 다른 대상들과의 상호작용 속에서 질성을 갖게 된다. 질성은 직접적으로 경험되는 것이므로 대상의 의미는 "관계들 속에 존재하는 이러한 직접적인 질성들의 복합체"[37]를 포함하고 있다. 따라서 사물들과 사건들은 인식적일 뿐만 아니라 질적으로 경험되므로 "인식적 자격뿐만 아니라 질적인 자격도 가지고 있다."[38] 그리하여 듀이는 의미가 인식적인 것과 질적인 것이 서로 융합되어 있다는 것을 다음과 같이 말한다.

> 의식적인 경험, 즉 종종 간략하게 "의식"으로 불리어지는 것의 두드러진 특징은 그 경험 속에서 도구적인 것과 최종적인 것이, 즉 기호들과 실마리들이 되는 의미들과 그리고 직접적으로 소유되고 겪고 향유되는 의미들이 하나로 통합된다는 것이다. 그리고 이 모든 것들이 예술에 관한 탁월한 진실이다(LW1: 269).

젤트너는 듀이의 인식적인 내용으로서의 의미와 질적 궁극성들로서의 의미를 우리가 이해하는 데 어려움을 겪는 이유가 전통적인 이원론이 '지적 기능으로서의 의미'와 '정서적 기능으로서의 질성'을 구분하고 있기 때문이라고 지적한다.[39] 그러나 모든 상호작용하는 사건과 사물은 질성들을 가지고 있다. 의미들은 상호작용을 통한 관계 속에서 알려지지만, 의미의 인식적인 것은 질적인 국면 없이는 존재하지 않는다. 듀이는 경험주의 언어철학자들이 말

37) Gouinlock, 같은 책, pp. 155-156.

38) 젤트너, 같은 책, p. 32.

39) 같은 책, p. 56.

하는 언어와 세계와의 대응 관계에 의한 의미 개념을 비판하고 인간과 세계와의 교호작용이라는 관계에서 의미의 발생을 해명한다. 그 의미는 인지적 의미와 정서적 의미가 별도로 존재하는 것이 아니고 서로 복잡하게 얽혀 관계한다는 점에서 보다 포괄적이라고 할 수 있다. 듀이는 이렇게 의미를 인간의 경험하는 행위에 의해 포괄적으로 해명한다는 점에서 우리의 현실적인 삶과 분리되지 않는 보다 적절한 의미 이론을 제공하는 것으로 보인다.

4. 미학으로서의 의미

논리실증주의의 이분법적인 구분에 의하면 정서를 표현한 명제는 주관적인 것에 불과하므로 무의미한 의미를 갖는다. 그것은 논리실증주의가 인지적 의미와 비인지적 의미를 엄격하게 구분하여 인지적 의미에만 특권을 부여하고 의미에서 정서와 느낌을 배제했기 때문이다. 그러나 듀이는 정서가 느낌의 내적인 주관적인 상태가 아니라고 주장함으로써 개념과 명제를 중심으로 하는 인지적 의미뿐만 아니라 정서적 의미를 총괄하여 보다 확장된 의미의 영역을 제안한다. 듀이가 그렇게 주장할 수 있었던 것은 그의 경험 개념이 질성으로서 느껴지는 차원을 포함하기 때문에 정서는 주관적인 것에 불과한 것이 아닌 세계와 객관적으로 관련된다는 철학적 입장에서 비롯된다.

듀이는 당시에 정서가 단지 느낌의 내적인 주관적 상태가 아닌 전체 상황 자체가 정서적인 특징을 지닌다고 주장하였는데, 그 주장은 부당하게 꽤 오랫동안 조롱을 받았다. 존슨에 의하면 그 이유는 철학자들이 주관적이고 사적인 느낌을 설명하지 못해 정서가 의미에 중요한 역할을 한다는 것을 알지 못했기 때문이다. 존슨은 제2세대 인지과학의 풍부한 경험적 탐구의 성과들을 수용하여 정서가 주관적이 아니라는 듀이의 주장이 오늘날 옳았다는 것을 입증한다. 지난 20년 동안 인지과학은 정서와 느낌이 무엇이고 이것들이 의미를 창조하는 데 어떻게 기여하는지에 관한 지식에서 많은 진전을 이루었다. 그리하여 정서와 느낌에 관한 의견은 특정한 세부적인 측면에서 일치하지 않을 수 있지만, 정서 이론에 대한 기본 개요에서는 의견이 일치한 것으로 보인다. 이러한 연구는 우리가 직면한 상황을 평가하고 경험의 의미를 평가하는 능력에 있어서 정서가 결정적인 역할을 한다는 것을 밝혀 주었다.

인지신경과학 분야에서 유명한 연구가인 다마지오(A. Damasio)[40]는 느낌에 대해 설명함으로써 정서가 유기체와 환경 사이의 상호작용의 과정이라는 듀이의 관점을 자명하게 해주었다. 먼저 정서가 의미를 형성하는 데 결정적인 역할을 한다는 주장을 하기 위해 존슨은 정서와 느낌을 각각 다음과 같이 정리한다.

> 정서는 보통 우리에게 긍정적 가치나 부정적 가치를 지닌 다양한 자극에 대한 복잡한 신경적·화학적·행동적 반응이다. 정서는 우리의 내적 환경 내에서 항상성(homeostasis)을 유지하기 위해 우리 몸이 신체적 상태를 평가하고 조정하는 과정의 일부이다. 정서에는 배경 정서(활기나 불안감, 신랄함이나 침착), 일차적 정서(두려움, 기쁨, 분노,

40) 다마지오는 자신의 저서들 『데카르트의 실수: 감정, 이성, 인간의 뇌(*Descartes' Error: Emotion, Reason, and the Human Brain*)』(1994), 『발생한 것의 느낌: 의식 창조에서 몸과 느낌(*The Feeling of What Happens: Body and Emotion in the Making of Consciousness*)』(1999), 『스피노자를 찾아서: 기쁨, 슬픔, 느끼는 뇌(*Looking for Spinoza: Joy, Sorrow, and the Feeling Brain*)』(2003)에서 의식과 판단, 추론에서 정서와 느낌이 중심적인 역할을 한다는 것을 보여 준다. 존슨, 같은 책, pp. 104-105 참조.

> 슬픔), 사회적 정서(수치, 긍지, 자부심, 질투)가 있다. …… 우리는 감각과 정서적 반응에 대한 [질적] 인식을 갖는다. 이러한 [질적] 인식을 느낌이라 한다.[41]

그렇다면 정서는 의미를 형성하는 데 어떠한 역할을 하는가? 다마지오의 주장에 따르면 우리 인간은 내적이고 외적인 상황에 반응하여 정서를 느끼는데 그것은 신체적인 상태의 변화를 인식하는 중요한 방법이다. 정서는 상황에 반응하고 신체적인 지각을 하는 데 그치지 않고 상황을 평가하고 내부를 감시하여 자기를 변형시키고 동기를 만들어 행동하는 복잡한 과정에서 핵심적인 역할을 한다. 유기체가 상황 속에서 자기를 보존하고 상황을 향상시킬 수 있는 능력을 갖기 위해서는 이러한 정서적인 과정이 중요하기 때문이다. 그런데 이런 의미있는 정서적인 과정은 대부분 우리의 의식적인 인식의 층위 아래에서 이루어지므로 우리가 정서를 느꼈을 때에는 이미 신체적인 조정이 이루어진 후이다.

또한 젠들린(E. Gendlin)은 의미, 사고 등의 기초를 이루는 느낌의 대륙을 찾기 위해 많은 노력을 했다. 그는 인간의 사고가 단지 개념, 정의, 범주, 구별, 규칙 등에 의해서만 유의미하게 되는 것이 아니라, 사고를 가능케 하는 질적이고 느낀 비형식적인 차원과 함께 시작된다고 밝힌다. 젠들린에 의하면 우리의 경험은 명시적이고 형식적인 표현의 차원과 느낀 실석 차원이 있는데, 이 두 측면은 외적으로 관련되는 독립된 두 실체가 아니라, 한 차원은 다른 차원과 내적으로 관련된 단 하나의 지속적인 의미 창조의 국면이다.

또한 정서는 상황과 밀접한 관련이 있다. 정서와 상황의 관련성에 대해서는 이미 듀이도 언급했지만 존슨은 인지과학적인 탐구의

---

41) 같은 책, pp. 106-107.

성과들을 수용하여 그 상황에 관해 구체적으로 언급한다.

> 상황은 가장 중요하고 초생적이며 기본적인 방식으로 우리에게 유의미하다. 상황은 우리 경험의 기본 형세를 형성한다. 상황은 무엇이 우리에게 중요하며, 전반성적 층위에서 사물·사건·사람이 우리에게 무엇을 의미하는지를 상술해 준다.[42)]

정서의 역할은 인간이 처한 상황에서 우리에게 무엇이 중요한지, 상황 속에서 사물, 사건, 사람이 우리에게 무엇을 의미하는지를 평가하는 것이다. 인간은 상황의 의미를 이해하고 반응해야 적절하게 행동할 수 있기 때문이다. 또한 우리는 상황 속에서 상황에 의해서 존재하므로 상황을 바꾸는 경험의 재구성 과정에서도 상황을 지각하고 평가한다. 우리를 위협하고 유혹하는 등의 가능성을 제공하는 상황이 없다면 정서는 필요하지 않으므로 상황은 정서에 의해 특징 지워진다. 상황에 대한 이러한 논의들은 "상황이 정서의 중심지"[43)]라는 듀이의 주장을 뒷받침한다.

인지과학적인 탐구의 성과들을 통해 존슨은 정서에 관해 다음과 같은 결론을 끌어낸다. 첫째는 정서가 단지 주관적이고 사적인 느낌이 아니라는 것이다. 정서는 유기체와 환경과의 상호작용으로부터 발생하므로 정서는 물리적이고 사회적인 환경과 관련하여 우리 속에 있고 세계 속에 있는 것이다. 세계가 주체와 객체로 이루어진다고 주장하는 사람은 정서가 주관적인 것이라고 간주하고 싶겠지만 그것은 어디까지나 유기체와 환경의 상호작용으로부터 추상된 것임을 인식해야 한다. 둘째는 정서가 인간의 의미에 있어서 근본

---

42) 같은 책, p. 121.

43) 같은 책, p. 122.

적인 부분이라는 것이다. 정서를 비인지적인 것으로 간주하는 것은 그것이 의식적인 영역에 해당되지 않기 때문이다. 그러나 정서는 상황의 의미를 이해하고 반응하며 적절하게 행동하기 위한 우리의 능력에 필수적인 역할을 하므로 우리에게는 유의미한 것이다.

이러한 논의들을 통해 존슨은 언어철학이 관찰 가능한 낱말과 문장만이 고유한 의미의 담지자인 것처럼 간주하므로 타당한 의미 이론을 제공할 수 없다고 비판한다. 언어철학자들이 그런 실수를 저지르게 된 주된 원인은 의미 창조에 관여하는 몸의 차원을 고려하지 않았다는 데 있다. 언어철학자들은 질성, 정서, 느낌을 단지 주관적인 판단 내지는 주관적인 정신 상태에서 비롯된다는 이유로 의미의 영역으로부터 배제시켜 버린 것이다. 존슨은 풍부한 인지과학적인 탐구의 성과들을 통해 듀이의 정서적 의미에 관한 주장이 옳았음을 입증하고 그의 미학적 의미 개념에 기반하여 의미에 관해 구체적으로 해명한다.

듀이는 경험을 이해하기 위한 핵심으로서 의미를 창조하는 미적 차원을 강조하는데 이러한 측면에 대해 이니스(R. Innis)는 다음과 같이 서술한다.

> 듀이의 실용주의적 미학의 철학적 요점 역시 그의 전체 인식론에서처럼 유기체를 투명성이 아닌 힘을 묘사한다는 것이다.(1934, 246) 이것은 확실히 이미 존재하고 있는 세계에 대한 순수한 '반영'이고자 하는 부차적인 욕구를 가진 모든 '거울' 인식론에 대한 대항극이다. 듀이의 관점을 따라 우리는 거울이 아니고, 묵지도 아니며, 코닥 정착(Kodak fixation)도 아니다. 우리는 직접성(immediacy)의 중재, 행동의 융합, 느낌, 의미의 체계이다.(1934, 62)[44]

---

44) Robert E. Innis, *Consciousness and the Play of Signs* (Bloomington, Ind.: Indiana University Press, 1994), p. 62. 여기서 이니스가 인용한 '1934'는 듀이의 저서

듀이가 미학의 관점에서 의미를 전개시키는 것은 인식론에 대항하여 유기체는 더 이상 존재하는 세계를 정확하게 반영하는 거울이 아니라는 주장을 하기 위해서다. 유기체는 자신이 경험한 상황 속에서 세계의 사물·특성·관계를 통해 직접성을 중재하고, 행동을 융합하고, 느끼며 성장하는 의미의 체계인 것이다. 그리고 존슨은 의미와 사고를 심오하게 이해하기 위해서는 미학이 철학의 기초가 되어야 한다는 뜻에서 21세기에는 듀이의 미학이 필요하다고 주장한다. 여기서 존슨이 말하는 미학은 전통적으로 "예술과 미적 경험에 대한 연구"라기보다 "인간의 창조에 유입되는 모든 것에 대한 연구"를 가리키기 위해 사용된 용어이다.[45]

존슨이 미학의 관점에서 의미에 관해 새롭게 제안하는 것은 '신체화된 의미 이론'이다. 신체화된 의미 이론이란 마음과 몸과 환경에는 유기적인 연속성이 있고, 정신적인 과정과 물리적인 과정 사이에는 존재론적 차이가 없으며, 하등 인지 과정과 고등 인지 과정 사이에는 연속성이 있다는 입장이다. 이것은 인지적인 것과 정서적인 것을 포괄할 뿐만 아니라 의미가 근원적으로 신체적인 활동에서 발생한다고 주장함으로써 우리의 신체적인 측면을 강조한다. 그리하여 의미는 질성, 느낌, 정서 외에도 경험의 활동으로부터 발생한 영상도식(image schema), 개념적 은유(conceptual metaphors), 사고 패턴 등을 통해 창조된다.

질성이란 의미의 기초로서 사물이 아닌 전체 상황을 통일시켜주는 경험으로 "압도적인 전체 인상"[46]을 말한다. 영상도식이란 환경과 상호작용하는 신체적인 활동으로부터 직접 발생하는 비명제

---

*Art as Experience*를 가리킨다.

45) 존슨, 『몸의 의미』, pp. 16, 18.

46) 같은 책, p. 133.

적이고 선개념적인 구조로 우리가 인식하고 지각하고 경험할 때 식별의 패턴으로 작용한다. 영상도식은 의미의 중심에 있으며 추상적인 사고를 가능하게 해주는 기초이다. 개념적 은유란 은유가 우리의 개념체계를 구조화하고 있다는 것을 뜻한다. 추상적인 사유는 개념적 은유를 통해 감각 운동이라는 근원영역에서 나온 실체와 관계를 추상적인 목표영역으로 사상한다. 예를 들어 개념적 은유 '이해한다는 것은 보는 것이다'는 '본다는 것'이라는 근원적인 요소가 목표영역인 지적인 이해에 사상되고 있다. 이러한 견해에 따르면 구체적인 개념이든 추상적인 개념이든 그 뿌리는 모두 감각운동 경험의 패턴과 질성에서 찾을 수 있다.

존슨의 신체화된 의미 이론에서도 듀이의 경험 개념의 핵심적인 원리인 상호작용과 연속성의 원리가 주된 역할을 한다. 의미는 유기체와 환경 사이의 상호작용에서 인간의 신체화된 활동을 통해 발생한다. 그리고 의미는 신체의 활동을 통해 발생한 구조, 패턴, 질성, 느낌, 정서를 포함하는 광대한 내재적인 의미가 연속적인 과정 속에서 의식적으로 선택한 차원이라는 점에서 연속성의 원리를 가정하고 있다. 즉 의미는 유기체의 하등 활동과 형태가 고등 활동과 형태와 연속성을 유지한 상태에서 상향식으로 발생한다. 그리하여 의미란 경험의 흐름 속에서 "한 사물이 다른 사물과 어떻게 관련되고 연결되는지에 관한 것"이고, "사물의 의미는 그것이 경험에 미치는 영향"이다.[47] 신체화된 의미 이론은 경험을 통해 의미를 해명하므로 자연주의적인 관점을 유지하고 있으며 순수한 합리적인 능력에 대한 전제나 서술을 필요로 하지 않는다.

존슨은 이러한 듀이의 미학적 의미 개념을 수용하여 미학을 의

47) 같은 책, p. 42.

미 창조에 관해 탐구하는 학문이라고 규정한다. 이 과정에서 존슨은 의미 창조의 근원은 신체에 있다고 보고 신체화된 의미 이론을 구성하여 신체를 통해 의미가 어떻게 발생하는지에 대해 해명한다. 존슨은 인지과학적인 탐구의 성과들을 수용하여 의미가 개념과 명제에 국한된 것이 아니라 비인지적인 것까지 포함하는 듀이의 의미 이론이 옳다는 것을 입증할 뿐만 아니라 신체로부터 의미가 어떻게 발생하는지에 대해 구체적으로 해명하고 있다. 인지적인 의미에만 국한되지 않고 비인지적인 의미를 포함하는 듀이의 미학적 의미 개념은 존슨의 신체화된 의미 이론으로 재해석됨으로써 한계에 직면한 대응적 의미 이론의 대안이 어떻게 가능한지 그 방식을 보여 주고 있다.

5. 맺는 말

듀이의 실용주의는 분석철학의 등장으로 철학의 역사에서 사라지는 것으로 보였지만 로티의 말처럼 분석철학의 여정 끝에서 기다리고 있는 것으로 보인다. 20세기 이후 언어철학이 객관주의적 의미 이론으로 간주하는 대응적 의미 이론은 언어와 세계와의 지칭 관계를 해명하지 못함으로써 한계에 직면한다. 대응적 의미 이론에 의하면 관찰 가능한 개념이나 문장만이 참과 거짓의 조건에 의해 인지적인 의미를 갖게 된다. 대응적 의미 이론에 의해 의미 발생을 해명하는 언어철학의 근원적인 문제는 의미의 담지자를 개념이나 명제에 국한하며, 그 결과 비인지적인 영역을 의미의 영역에서 배제시킴으로써 언어를 파악하는 데 실패했다는 것이다. 그러나 이렇게 언어에 접근하는 것은 의미로부터 배경조건, 느낌, 정서 등을 배제함으로써 인간적인 의미에 참여하는 것 대부분을 생략하여 의미를 협소하고 피상적으로 정의하게 되므로 일반적인 의미의 기초를 제공할 수 없다. 이러한 상황에서 듀이의 의미 개념은 한계에 직면한 대응적 의미 이론의 대안이 될 수 있다.

듀이의 의미 개념은 언어철학자들의 의미 개념과는 달리 포괄적이다. 그것은 듀이가 삶에 있어서 선을 진리의 문제라기보다 의미의 충만함과 풍부함의 문제로 보았기 때문이다. 듀이의 행위로서의 의미 이론은 경험을 통해 의미를 해명하며 명제적 시각이 아닌, 전체론적 관점의 맥락적 시각에서 전개된다. 행위로서의 의미 이론은 총체적인 행위 속에서 의미를 규명하기 위해 생물학적인 관점과 문화적인 관점에 접근하여 전자에서는 생물학적인 조건인 충동, 습관, 정서에서 의미의 발생을, 후자에서는 문화적인 존재가 구체적인 상황 속에서 의사소통을 통한 의미의 발생을 해명한다. 그 결과 듀이의 의미 개념은 대상에서 발생하는 인식적 의미와 정서에서 발생하는 비인식적 의미를 포괄하며 또한 그것들은 서로 경험적으로 관계 속에서 연관되기 때문에 인식적일 뿐만 아니라 질적인 성격이 서로 융합하기에 이른다. 이러한 귀결은 언어철학자들이 의미를 논리학과 언어에 한정시켜 다루었다면 듀이는 그것을 넘어서서 인지적인 의미와 비인지적인 의미를 통합하여 보다 구체적이고 포괄적인 삶 속에서의 의미 개념을 다루려고 했다는 것을 보여 준다.

느낀 정서도 의미를 갖는다는 듀이의 주장은 당시에는 비판의 대상이었지만 그의 주장은 오늘날 인지과학적인 탐구의 성과들에 의해 입증됨으로써 의미에 대한 새로운 패러다임을 제공한다. 존슨은 듀이가 의미를 인식적인 것에 국한되지 않고 미학적 의미로 확장하여 다루었다고 보고 이를 신체화된 의미 이론을 통해 재해석한다. 나아가 존슨은 의미 창조에 관한 모든 탐구를 미학이라고 칭하며 그의 의미 개념이 철학의 기반이 되어야 한다고 주장한다. 존슨의 이러한 시도들은 의미에 관한 듀이의 주장이 오늘날의 인지과학적인 성과들과 충돌하지 않을 뿐만 아니라 오히려 그로부터 뒷받침되고 있다는 것을 잘 보여준다. 인지적인 측면과 비인지적인 측면을 통합하는 듀이의 의미 개념은 자연주의적인 시각에서 그것이 어떻게 발생되는지에 관해 해명한다. 또한 그의 의미 개념은 우리의 실제적인 의미 이론을 해명하는 데 좀더 적절할 뿐만 아니라 경험을 통해 새로운 의미 이론으로의 방향 전환이 어떻게 가능한지를 보여 준다는 점에서 의의가 있다.

제7장
의미의 미학

1. 머리말

듀이(J. Dewey)의 미학은 『경험으로서의 예술』[1)]에서 집중적으로 논의되고 있으며 그 책은 현대 미학의 대표적인 저술들 중 하나이다. 그러나 20세기의 이런 평가에도 불구하고 『경험으로서의 예술』이 출판되었을 때 지속적인 논란이 있었다. 그 논란은 듀이의 미학이 철학에 별도로 부가된 것인지 아니면 그의 철학적 탐구의 핵심적 귀결인지에 관한 것이었다. 그런데 최근 체험주의를 표방하는 존슨(M. Johnson)은 인지과학적 탐구의 성과들을 수용하여 듀이의 미학을 보다 구체적으로 해명함으로써 미학이 철학의 기초가 되어야 한다고 주장한다.[2)] 이 글의 주된 목적은 존슨이 제안하는 '신체화된 의미의 미학'(embodied aesthetics of meaning)이라는 관점에서 듀이 미학의 일상적인 경험으로부터 미적 경험이 발생하는

1) John Dewey, *Art as Experience: The Later Works, 1925-1953*, Vol. 10, ed. Jo Ann Boydston (Carbondale, Ill.: Southern Illinois University Press, 2008). 이하 이 책은 LW10으로 약하고 인용 쪽수와 함께 본문에 표기한다.

2) 마크 존슨, 『몸의 의미: 인간 이해의 미학』, 김동환·최영호 역 (서울: 문예신서, 2012), p. 326.

방식을 검토하고, 그의 미학을 "의미의 미학"[3]으로 해명하는 데 있다.

듀이 미학의 비판자들은 그의 미학이 실용주의 미학이 아니라 관념론 미학이기 때문에 듀이가 표방하는 자연주의적 도구주의와 일관성이 없다고 주장했다. 이러한 문제가 발생한 것은 비판자들이 듀이 미학의 중요한 개념들을 일면적으로 해석함으로써 듀이 미학을 관념론의 한 형태로 생각했기 때문이며, 그 결과 미학은 철학에 부가된 이차적 탐구로 해석되었다. 그러나 이러한 오해를 벗어나면 듀이의 실용주의에서 미학과 철학은 연속적 탐구의 국면들이며, 나아가 그의 철학은 미학에서 완성되므로 미학은 철학의 핵심적 귀결이라는 해석이 가능하다. 즉 듀이의 철학에서 중요한 것은 '경험' 개념이며, 그의 경험철학은 예술의 차원에서 최고의 정점에 도달하기 때문이다.

체험주의적 시각에서 의미의 본성을 탐구하는 존슨은 예술이 의미 창조의 전형적 형태라는 듀이의 미학적 관점이야말로 의미에 관한 가장 적절한 해명 가능성을 열어 준다고 본다. 그리하여 존슨은 듀이의 미학적 통찰을 따라 모든 의미의 뿌리가 몸에 근거하고 있다는 사실에 주목하며, 이러한 관점에서 듀이의 미학을 '신체화된 의미의 미학'으로 규정한다. 물론 듀이의 미학에 대한 비판 이후에도 자연주의적 시각에서 듀이가 말하는 미적 경험의 의미와 '질성'(quality)의 중요성을 부각하는 재해석의 시도가 있었지만 그것이 '질성'에 관한 논란을 잠재우지는 못했다. 존슨은 듀이의 '편재적 질성'(pervasive quality)을 인지과학적 시각에서 재해석함으로써 듀이의 미학 개념에 대한 확장적 해명의 새로운 가능성을 열어 주고 있다.

---

3) 같은 책, p. 335.

이 논문은 듀이의 미학이 의미의 미학이며 그 결과 미학은 철학과 연속적이라는 것을 보여주기 위해 다음과 같은 과정을 통해 전개된다. 먼저 2장에서는 듀이의 미학이 관념론이라는 페퍼(S. Pepper)와 크로체(B. Croce)의 비판이 미적 경험과 그 의미에서 중요한 역할을 하는 편재적 질성에 대한 부적절한 해석에서 비롯되고 있다는 것을 밝힌다. 3장에서는 듀이가 제안하는 미적 경험이 일상적 경험으로부터 발생하는 연속적 구조를 설명하고, 나아가 예술은 연속적 구조 안에서 느낌/사고 이원론을 넘어서서 경험의 완결적 국면을 가리키고 있다는 점을 드러낼 것이다. 4장에서는 최근 인지과학의 풍부한 경험적 성과에 의지해서 편재적 질성으로부터 의미가 발생한다는 듀이의 미적 주장을 해명하려는 존슨의 자연주의적 시도를 토대로 듀이의 미학이 관념론이라는 비판을 반박하고 오히려 미학이 철학의 기초가 되어야 한다는 주장으로 나아갈 것이다. 이러한 논의를 통해 필자는 듀이의 미학이 오늘날 자연주의 미학의 새로운 패러다임을 제안하고 있으며, 철학과 미학의 관계를 재정립하는 새로운 방향성을 제시하고 있다고 결론지을 것이다.

2. 경험철학에서 미학의 자리

듀이의 『경험으로서의 예술』은 출판한지 5년 만에 고전이 될 정도로 탁월한 저서였지만,[4] 그것이 출판되었을 때 철학자들의 반응

4) 듀이의 『경험으로서의 예술』에 대해 비어즐리와 페퍼는 미학에 관한 가장 가치 있는 위대한 저서들 중 하나로 평가한다. 먼로 비어즐리, 『미학사』, 안원현·이성훈 역 (서울: 이론과실천, 1988), p. 393; Stephen Pepper, "Some Questions on Dewey's Esthetics," in ed. Paul A. Schilpp and Lewis Hahn, eds., *The Philosophy of John Dewey*, 3d edition (La Salle, Ill.: Open Court, 1970), p. 389.

은 크게 두 갈래로 나뉘었다. 하나는 듀이의 미학이 그가 이전에 탐구했던 도구주의와는 관련이 없고 단지 체계를 완성하기 위해 덧붙여진 부록에 불과하다는 입장이다. 그리고 다른 하나는 듀이의 미학은 그가 이전에 탐구했던 심리학, 형이상학, 지식론 등 철학적 탐구들의 정점이자 완성물이라고 보는 입장이다. 전자의 입장에는 페퍼, 크로체, 더글라스(G. Douglas), 듀카스(C. Ducasse), 쉐러(E. Shearer) 등이 있고, 후자의 입장에는 번스타인(R. Bernstein), 젤트너(P. Zeltner), 모리스(B. Morris), 알렉산더(T. Alexander) 등이 있다.

듀이의 미학에 관한 핵심적 논란은 처음에 페퍼에 의해 제기되었다. 실용주의 미학을 옹호하는 페퍼는 듀이의 『경험으로서의 예술』로부터 미학에 관한 실용주의적 해명을 기대했지만, 그와는 반대로 그것이 유기체론(organicism) 혹은 관념론으로 나아가고 있다고 비판한다.[5] 페퍼가 듀이의 미학을 관념론으로 의심하는 것은 듀이가 미적 경험을 다음과 같이 정의했기 때문이다.

> [미]가 하나의 경험(an experience)의 총체적인 미적 성질을 지시하기 위해 이론에서 사용되는 경우에는, 경험 자체를 다루고 그리고 질성이 어디서 어떻게 진행하는가를 보여주는 것이 확실히 더 낫다. 저 경우에 아름다움은 그에 대한 반응인데, 그것은 반성과는 달리 내적 관계를 통해 단일한 질적 전체로 통합된 재료의 완결된 운동이다 (LW10: 135).

여기서 페퍼가 지적하는 것은 듀이가 미를 "단일한 질적 전체로 내적 관계를 통해 통합된 물질의 완결된 운동"이라고 정의한 것은 실용주의적이라기보다 유기체론적 정의에 가깝다는 것이다. 왜냐

5) Pepper, "Some Questions on Dewey's Esthetics," pp. 371-372 참조.

하면 유기체론에서 미적 가치는 경험의 정합성에서 드러나고 실용주의에서 미적 가치는 환경적 맥락 안의 질성의 강도에서 드러나는데, 미적 경험에 대한 듀이의 정의는 유기체론에 해당한다는 것이다.[6] 페퍼는 듀이의 미적 경험을 느낌이 내적인 관계들을 통해 내적인 통일성과 일관성을 갖춘 하나의 전체로 본다. 이것은 페퍼가 듀이의 미적 경험을 유기체론적인 것으로 간주하고, 이것을 관념론으로 이해하려는 것이다. 또한 페퍼는 듀이의 미학을 관념론적이라고 보는 또 다른 근거를 미학적 의미에 관한 듀이의 논의에서 찾는다.

> 정의되지 않는 하나의 경험의 편재적 질성은 모든 정의된 요소들을 함께 묶고, 그것들을 하나의 전체로 만듦으로써 우리가 초점을 맞추어 의식하는 대상이다. 이것이 사실이라는 가장 명백한 증거는 우리와 관련되거나 관련되지 않는 것으로서 사물에 대한 지속적인 감(sense), 즉 직접적인 감이 있기 때문이다(LW10: 198).

이 구절은 듀이가 미학적 의미에 관해 요약한 것으로, '하나의 경험'에서 질적 전체가 경험을 통합하면 직접적인 의미가 발생한다는 것이다. 하나의 경험이란 일상적인 경험과 달리 문제가 발생한 상황을 수단과 목적에 의해 완결시킨 경험의 국면으로서 미학적 의미가 출현하기 위한 지반을 제공할 뿐만 아니라 의미를 발생시키고 강화하는 기능을 한다. 미학적 의미는 하나의 경험에서 미적 성질을 유기체가 직접적으로 소유하여 향유할 때 발생한다. 그런데 페퍼는 듀이의 이러한 해명이 미학적 의미를 세계에 대한 유기체론적 의미로 환원시키고 있기 때문에 관념론이라는 것이다.

6) 같은 논문, p. 380 참조.

그래서 페퍼는 “유기체론적 미학이 실용주의 미학과 조화를 이룰 수 없다”[7]고 주장한다.

물론 듀이의 미학이 관념론이라는 페퍼의 주장에 대해 듀이는 미적 경험이 발생하는 지반인 ‘상황’을 정교하게 해명하지는 못했던 것으로 보인다. 그러나 페퍼 역시 듀이의 미학에 획일적인 비판으로 접근함으로써 철학적 위치의 다양성과 복합성을 공정하게 다루지 못했던 것 또한 사실이다. 듀이의 미학이 유기체에 의존하고 있는 것은 사실이지만 페퍼가 유기체론을 관념론과 혼동하여 그것을 헤겔적 관념론으로 간주한 것은 문제가 있다.[8] 듀이의 유기체 개념은 근본적으로 관념론에 의존하고 있지만 진화론적 생물학으로부터 도출된 유기체 개념을 아우르고 있기 때문이다.

페퍼의 뒤를 이어 이탈리아 관념론 미학자 크로체는 듀이의 예술에 관한 결론을 관념론적 미학으로 해석했고, 이를 입증하기 위해 자신의 관념론적 미학과 듀이 미학의 유사성들을 지적했다. 그러나 이러한 크로체 주장의 문제는 그가 제시한 18개 항목의 유사성들이 듀이 미학에서 부수적인 것들에 불과할 뿐만 아니라 비유사성을 간과한다는 데 있다. 크로체와 듀이 미학은 “예술은 경험”[9]이라는 생각에 공통점이 있지만 미적 경험의 범위와 미학적 의미가 발생하는 맥락은 상이하다. 듀이에게 미적 경험은 모든 경험에 내재하는 가능성인데 반하여, 크로체에게 있어서 미적 경험은 궁극적으로는 인식적인 사건들의 형태로 취급된다.

관념론자인 크로체에게 예술은 정신에 의해 알게 되는 학문의

---

7) 같은 논문, p. 372.

8) Pepper, “Some Questions on Dewey’s Esthetics,” pp. 371-372 참조.

9) George H. Douglas, “A Reconsideration of the Dewey-Croce Exchange,” *The Journal of Aesthetics and Art Criticism*, XXVⅢ (1970), p. 500.

일부이다. 그는 미적 경험을 인식적인 것으로 취급하여 자연과학보다 우월한 지식의 형태로 간주한다. 그리하여 그는 듀이가 미적 경험을 개념의 형식으로 다루는 대신 비인지적인 방식으로 사물의 의미를 명료화한다고 비판한다. 듀이는 "아름다움의 인지적 특징"[10]을 부인하고 사물의 의미를 미적이고 선논리적인 방식으로 다루기 때문에 사유를 거부한다는 것이다. 이러한 시도에 대해 듀이는 철학자들이 미적 경험을 지식으로 전환함으로써 불공평하게 다루고 있다고 지적한다. 말하자면 듀이는 미학에서 인지적인 예술이론을 비켜서서 미적 경험이 출현하는 방식을 제안한 것이다. 알렉산더에 의하면 듀이에게 미적 경험은 선반성적인 것으로부터 발생하며, 미적 경험의 의미는 경험이 지성에 의해 매개되어 하나의 경험에서 융합되고 적립되므로 '초인지적인'(supracognitive) 것이다.[11] 이러한 관점에서 듀이가 미적 경험을 비인지적인 방식으로 다루지만 그 과정에서 지성과 느낌이 모두 개입하므로 사유를 거부한다는 크로체의 비판은 오해의 소지가 있다.

더글라스(G. Douglas)는 크로체와 듀이의 미학에는 유사성이 있다는 크로체의 주장을 지지하기 위해 그들의 공통된 지반을 모색하여 모두가 '표현'(expression) 개념을 통해 미학 이론을 제시하고 '활동'(activity)을 중요하게 여긴다는 점을 강조한다. 그러나 이러한 더글라스의 논의에서는 듀이와 크로체 미학의 유사성보다 차이가 더욱 분명하게 드러난다. 크로체는 외적인 환경과 무관한 정신에 의존하여 예술을 설명한다면, 듀이는 예술 개념을 정신에 기대지

10) Benedetto Croce, "On the Aesthetics of Dewey," *The Journal of Aesthetics and Art Criticism*, VI (1948), p. 205.

11) Thomas Alexander, *John Dewey's Theory of Art, Experience, and Nature: The Horizons of Feeling* (Albany, N.Y.: SUNY Press, 1987), pp. 10-11 참조.

않으며 유기체와 환경과의 '상호작용'의 활동에 기반하여 몸과 마음의 '연속성' 속에서 전개시키기 때문이다. 즉 크로체에게 예술은 정신적 실재인 '표현으로서의 예술'인 반면에[12] 듀이에게 있어서 예술은 유기체의 생명 활동인 것이다. 크로체에게 활동은 외적 환경과 무관한 정신의 내적 산물이기 때문에 주관적 의식의 객관화라고 한다면, 듀이에게 활동은 그것이 "주관적이거나 객관적이기 전에 세계 속에 있는"[13] 상호작용하는 자연적 상황의 특성인 것이다. 따라서 듀이의 미학이 크로체의 미학과 마찬가지로 관념론이라는 해석은 부적절하다.

듀이의 미학이 관념론이라고 비판하는 페퍼와 크로체의 핵심은 공통적으로 경험의 질적인 측면 내지는 비인식적인 경험의 유형에 향해 있다. 페퍼와 크로체의 중심적인 쟁점은 "편재적인 질적 전체(pervasive qualitative whole)로서 서술되는 바로 그 측면에 대한 오해"[14]에 근거하고 있다. 그러나 이후 이러한 비판들은 오류임이 밝혀지게 되었고 번스타인, 젤트너, 알렉산더 등이 등장하면서 듀이의 미학은 새로운 시각에서 재해석되어 그의 형이상학과 미학의 연속성이 재조명되었다.

번스타인은 듀이의 철학과 미학의 관계에 관해 철학은 곧 예술이며 그가 철학에서 관심을 가진 것은 진리라기보다 의미였으며, 그것은 예술작품 속에서 드러난다고 말한다.[15] 왜냐하면 예술작품

---

12) 더글라스는 크로체의 '표현'에 관해 그것은 "정신적인 인간의 활동으로서 인상들을 형식화하고 구조화하여 단일한 전체로 융합하는 활동"이라고 설명한다. Douglas, "A Reconsideration of the Dewey-Croce Exchange," p. 502.

13) Alexander, *John Dewey's Theory of Art, Experience, and Nature*, p. 9.

14) 같은 책, pp. 1, 11.

15) R. J. 번스타인, 『존 듀이 철학 입문』, 정순복 역 (서울: 예전사, 1995), p. 212 참조.

은 듀이의 활동으로서의 철학의 최고 정점으로 "인간 경험의 모든 국면을 풍부하게 하고 살아있게 만드는 힘"[16]을 가지고 있었고, 그리고 그는 당시 과학의 숭배를 개탄하여 예술로서 철학을 재구성하기를 원했기 때문이다. 그리고 번스타인은 듀이가 질성 개념을 도입하게 된 것은 개념적인 지식과 추상을 강조하는 당시 철학적 입장에 대립하여 생동적이고 역동적인 차원을 요구한 것에서 비롯되었으며 그것을 전통적인 '성질'(quality) 개념과 다른 것으로 구분한다. 전통적인 성질 개념은 지식의 대상으로서 "직접적인 인지 혹은 기초 인식 요소"로 취급되는 반면에, 듀이의 질성(quality) 개념은 "그 자체로서 직접적으로 알려지지 않고, 직접적으로 경험되고 느껴지고 소유되는 것"[17]이다. 번스타인은 질성을 의미와 연관지어 적극적으로 논의하지 않았지만 이러한 질성으로부터 비롯된 과정은 자연과 경험에 관한 일반론으로 듀이 철학의 핵심적인 입장이며 그의 논리학, 윤리학과 사회철학, 교육과 민주주의, 예술과 종교 등에 관한 탐구의 바탕이 된다고 서술한다.[18]

젤트너 역시 듀이의 미학이 형이상학의 부록에 불과하다는 쉐러[19]의 입장을 비판하고, 자연주의적인 방식에서 듀이의 미학 이론이 그의 철학 전반과 유기적으로 관련되어 있다는 것을 보여 준다.[20] 젤트너의 논의는 듀이의 경험과 의미의 연관성에 대한 번스

16) 같은 책, p. 213.

17) 같은 책, p. 132.

18) 같은 책, pp. 139-140 참조.

19) 쉐러 역시 듀이의 예술이 그것에 앞선 형이상학이나 인식론 등과 아무런 연관성이 없다고 비판하고 '경솔한 부록'에 불과하다고 말한다. 그러나 쉐러의 경우는 페퍼와 크로체처럼 듀이의 미학을 관념론이라고 비판하기보다 그의 예술 속에 현존하는 의미의 중요성을 간과하여 그의 예술 개념을 비판한다는 점에서 입장의 차이가 있다. E. A. Shearer, "Dewey's Aesthetic Theory," *Journal of Philosophy*, Vol. 32 (1935), p. 617 참조.

타인의 입장을 한 단계 더 발전시킨 것으로 듀이의 철학적 탐구들은 미적인 것과 예술을 통해 절정에 이르고 있다고 주장한다. 이 과정에서 젤트너는 의미 개념이 경험에 기반한 듀이의 미학에서 중요하고 핵심적인 역할을 한다고 주장하며 그것을 일상적인 경험, 하나의 경험, 미적 경험으로 구분하고 그것이 경험이라는 연속성 속에서 어떻게 구분되는지 섬세하게 논의한다.

또한 알렉산더는 듀이의 미학을 “미학적 의미 이론”(theory of aesthetic meaning)[21]이라고 명명한다. 그리고 그는 ‘편재적인 질적 전체’라는 개념은 미학적 의미가 느껴지는 전체로서의 경험의 한 국면이라는 점을 드러내고 그것이 듀이 미학의 핵심을 이루고 있다고 말한다. 알렉산더는 듀이가 초기에 헤겔의 관념론으로부터 시작했지만 후일 그것을 포기했으며, 듀이의 초기 이론과 후기의 성숙한 이론을 관통하는 주제는 미학적 의미 개념으로 그것이 연속적으로 발전한 것으로 본다. 알렉산더는 듀이의 경험철학과 도구주의를 이해하려면 오히려 미학적 의미 이론의 기본 성격을 알아야 한다고 강조한다. 그런데 페퍼와 크로체는 듀이의 전체 철학에 있어서 미학적 의미 이론이 연속적으로 재구성된다는 점을 간과하고 그 일면에 초점을 맞춤으로써 헤겔주의 관념론으로 회귀한다고 주장한 것이다.

듀이는 『경험과 자연』에서 예술을 자신의 경험철학의 중심 주제로 도입하는데, 그 주된 의도는 이론과 실천의 이원론을 극복하기 위해서다. 듀이는 자신의 미학 이론인 『경험으로서의 예술』에서 예술의 과제를 “미적 경험과 정상적 삶의 과정, 양자 간의 연속성을 회복하는 데 있다”(LW10: 16)고 밝힌다. 그것은 아름다움이

20) P. M. 젤트너, 『존 듀이 미학 입문』, 정순복 역 (서울: 예전사, 1996), p. 199.

21) Alexander, *John Dewey's Theory of Art, Experience, and Nature*, pp. 1-2, 12 참조.

라는 미적 경험이 일상적인 경험으로부터 분리된 것이 아니라는 것을 보여주며, 자신의 미학이 경험철학의 연장선상에서 논의되고 있다는 것을 나타내는 것이기도 하다. 이 과제를 수행하기 위해 듀이는 "모든 예술은 살아있는 유기체와 그 유기체를 둘러싸고 있는 환경 사이에, 피동과 능동 사이에 이루어지는 상호작용의 결과"[22] 라는 주장에서 출발한다. 이것은 듀이의 자연철학에서 경험의 핵심적인 원리인 연속성과 상호작용이 미학에도 적용된다는 점에서 미학이 그의 자연주의적인 철학적 탐구와 일관성이 있다는 것을 보여준다.

듀이는 전통적 미학 이론의 난점이 구체적인 경험 대상과 관계를 단절하고 "정신화"(LW10: 17)에서 시작하는 데 있다고 지적한다. 그리하여 그는 정신화에 대한 대안으로서 예술작품들이 일상적인 경험의 질성적 측면을 이상화하는 방식을 밝히려고 한다. 왜냐하면 예술을 일상적인 경험의 질적 측면과 관련하여 설명하게 되면, 정신적인 것에 근거하지 않고도 인간 활동이 예술적 가치를 지닌 문제로 발전하도록 돕는 요소와 힘을 보여 줄 수 있기 때문이다. 예술에서는 질성이 중요하다. 과학자는 상징이나 언어를 가지고 사고한다면 예술가는 질적 특성을 가진 사물을 통해 사고하며 창작한다. 듀이는 미적 경험의 직접적 질성을 지적으로 이해하는 것은 본질 중심의 형이상학의 관점에서 미적 경험을 보는 것이며, 그것은 사실상 미적 경험과 아무런 관련이 없다고 비판한다. 다음 장에서는 듀이의 미학을 일상적인 경험으로부터 미적 경험이 발생하는 방식을 연속성과 상호작용 내지는 교호작용에 기반하여 포괄적으로 서술할 것이다.

---

22) 리처드 슈스터만, 『프래그마티스트 미학』, 김광명·김진엽 역 (서울: 북코리아, 2009), p. 22.

3. 일상적 경험에서 미적 경험으로

전통적인 의미에서 '예술적'(artistic)이라는 말은 주로 생산이나 제작 행위와 관련되어 사용되고 '미적'(esthetic)이란 말은 감상, 향유 혹은 지각과 관련되어 사용되었다. 그런데 듀이는 그러한 구분에 반대하고 '예술품'(art products)과 '예술작품'(work of art)이라는 용어를 사용한다(LW10: 218). 왜냐하면 듀이의 예술은 순수예술에 국한되지 않으며 그것을 전시하는 박물관은 그 작품을 현실로부터 격리시키기 때문에 '박물관 예술'(museum art) 개념을 비판하고 이를 극복하기 위해서다.

예술품이란 회화, 조각, 시, 건축물 등과 같이 외부적인 질료로 구성된 것으로 물리적이며 잠재적인 성격을 지닌 것을 말한다. 예술작품은 감상자가 예술품과 상호작용하여 하나의 경험을 재구성하고 그 미학적 의미를 소유하여 향유할 때 발생한다. 이것은 듀이에게 있어서 "예술은 예술가나 관객 어느 한쪽에 배타적으로 속하는 활동"이 아니라 "예술가의 경험과 관객의 경험이 미적 공동체를 형성하며 교감하는 장"이기 때문이다.[23] 즉 아름다움이라는 미적 경험은 예술가가 만든 예술품을 감상자가 직접적으로 향유할 때 발생하는데, 이때 예술품은 예술작품이 된다. 따라서 듀이의 미학과 예술이론에서 아름다움이란 예술가가 그것을 작품 속에 실현하여 제작한 대상으로부터 발생하는 것이 아니라 개인의 경험으로부터 발생한다. 듀이는 미적인 것이 경험으로부터 온다는 것을 다음과 같이 서술한다.

---

23) 정해창, 『듀이의 미완성 경험』 (파주: 청계출판사, 2013), p. 225.

> 미적인 것은, 게으른 사치에 의해서건 초월적인 관념성에 의해서건, 경험의 외부로부터 침입해 오는 것이 아니고, 모든 정상적으로 완전한 경험에 속하는 특성이 명료해지고 강화되어 발전한 것이다 (LW10: 52-53).

듀이의 예술이론은 일상적인 경험으로부터 미적 경험이 어떻게 발생하는가에 대해 초월적이지 않는 경험의 방식에서 전개된다. 미적 경험의 발생에 관한 논의는 그의 구분을 따라 예술가가 예술품을 완성하는 측면과 완성된 예술품을 참여자가 감상하는 측면의 교호작용으로 이루어진다. 먼저 예술적인 측면에서 예술가의 활동은 무엇을 어떻게 표현하는가와 관련이 있다. 이를 해명하기 위해 듀이는 예술가로부터 시작하기보다 표현의 근원을 살아 있는 생명체의 보다 근원적인 활동, 즉 충동(impulsion)으로부터 시작한다. 충동은 "완결된 경험의 맨 처음 단계"(LW10: 64)로 그것이 시작되는 것은 예술가가 "삶을 방해하는 경험된 대상, 장면, 혹은 사건에 반응하여 무엇인가를 만들려고"[24] 하기 때문이다. 표현이 충동으로부터 시작한다는 것은 미학의 뿌리가 "인간 유기체의 자연적 필요, 구조, 활동"[25]에 있다는 것을 의미한다.

과거의 미학 이론은 표현 행위가 충동을 그대로 표출하는 것이라고 가정했지만 듀이는 충동을 분출하는 것과 표현 행위를 구분한다. 유기체의 충동이 현재 상대에 의해 만족해 버리면 사람들이 사물들의 새로운 의미를 탐색할 필요가 없기 때문에 표현 행위가 이루어지기 위해서는 저항이나 장애물이 필요하다. 유기체의 충동

---

24) Richard Eldridge, "Dewey's Aesthetics," in Molly Cochran, ed., *The Cambridge Companion to Dewey* (Cambridge: Cambridge University Press, 2010), p. 248 참조.

25) 슈스터만, 『프래그마티스트 미학』, p. 22.

은 장애물을 만나면 심사숙고를 통해 현재 경험을 방해하는 조건들을 과거 경험과 관련짓고 목적과 방법을 통찰하여 재강화함으로써 의미 없는 유기적인 에너지의 분출을 의미 있는 의식적인 경험으로 변형시킨다. 표현 행위는 문제가 발생한 것에 대해 사태를 더 나은 방식으로 발전시키기 위한 것이므로 바람직한 완결된 상태에 이르기 위해 노력하는 것이다. 이 과정을 통해 경험이 명료해지고 심화되고 생동감이 있게 되면 그 의미가 강화되어 창발한다. “경험은 이렇게 해서 의미의 옷을 입는다”(LW10: 66). 표현의 과정에서 우리의 느낌은 질서정연하게 되어 정서(emotion)가 명료해진다.

듀이에 의하면 “정서는 실제적으로 눈앞에 닥친 파국을 의식하는 것”(LW10: 21)이다. 정서란 “삶에서의 충돌과 갈등으로부터 발생”하는 것으로서 “분화된 반응의 속성들”이며, “공포, 희망, 즐거움, 슬픔” 등이 그것이다.[26] 일시적으로 수줍어하거나 놀라는 것은 정서적인 상태라기보다 자동적인 반사행위에 불과하므로, 의미 있는 사건의 경우 정서는 사건의 진전에 따라서 “변화하고 발전하는 복합적인 경험의 질성”(LW10: 48)이다. 정서는 경험을 변화시키고 강화하는 힘을 가지고 있기 때문에 주어진 상황에 적합한 것은 선택하고 맞지 않는 것을 배제하여 경험에 통일성을 부여한다. 예술적인 표현에 있어서 정서의 역할은 예술가의 활동을 “움직이고 접합시키는 힘”(LW10: 49)인 것이다. 듀이는 정서의 이러한 역할을 다음과 같이 서술한다.

> [정서는] 적합한 것을 선택하고 색으로 선택한 것을 물들인다. 그렇게 함으로써 그것은 외적으로 괴리되고 유사하지 않은 재료들에 질

---

26) S. M. 에임즈, 『실용주의: 퍼어스, 제임스, 듀이, 미이드의 철학』, 조성술·노양진 역 (광주: 전남대학교출판부, 1999), pp. 243-244 참조.

> 적인 통일성을 부여한다. 따라서 그것은 하나의 경험의 다양하게 변화하는 부분들에, 그리고 그 부분들을 통해서 통일성을 제공하고 있다(LW10: 49).

정서는 이질적인 사물들에 통일성을 부여하여 다양한 요소들의 경험에 질적인 통일성을 갖게 한다. 이 과정에서 정서는 상황에 내포된 가치와 의미의 결정체가 되는 대상이나 사건을 선정하여 그 안에 가치와 의미를 응축시킨다. 그리고 정서는 감정을 표현해 주는 적절한 내용과 표현 매체를 발견하여 작품 속에 등장하는 다양한 사건을 하나의 의미 있는 전체로 융합한다. 불분명한 상태에 있는 정서는 재료와 만나 상상의 작용을 거치면서 변화하여 명확한 모습을 갖추게 된다. 정서가 표출하여 변형의 과정을 거쳐 대상과 하나가 될 때 미적인 것이 되며 이때 나타나는 행동은 표현 행위가 된다.

형식(form)의 문제는 '아름다움'이 초월적인 것인가 경험적인 것인가에 관한 것으로 재료와 형식의 관계에 관한 문제이다. 이 문제에 대해 듀이는 다음과 같이 표현한다.

> '아름다움'이라는 것은 초월적인 본질로서 외부로부터 재료에 부과된 형식의 이름인가, 아니면 물질에 적절하게 표현되어 형식이 부여될 때 나타나는 미적 성질에 대한 명칭인가? 경험과는 관계없이 원래부터 미적 형식이라는 것이 따로 있는가? 형식은 미학적 의미에서 처음부터 대상들의 영역을 미적인 것으로서 유일하게 표시하는 것인가, 아니면 하나의 경험이 완벽한 발전을 이룰 때마다 등장하는 것에 붙여진 추상적 명칭인가?(LW10: 112)

듀이에 의하면 재료와 형식은 구분되는 것이 아니므로 이 둘을 긴밀하게 연관짓는 방법을 찾아야 한다. 형식은 작품을 구성하는 다양한 요소들이 일정한 관계를 맺는 것을 가리키며, 그것은 작품이 완성되는 정도에 따라서 미적 형식을 지니게 된다. 그렇다면 형식은 사전에 결정되는 것이 아니고 재료를 예술적인 것으로 구성했을 때 비로소 예술작품 속에서 등장한다. 완결이란 이전 행위를 통해 얻은 중요한 내용들을 축적하고 통합하여 마지막 단계에서 성취되는데, 형식은 모든 활동이 '하나의 경험'이 될 때 그것이 갖는 보편적 특성이다. 이러한 점에서 "형식은 하나의 사건, 대상, 장면, 상황에 관한 경험을 하나로 통합하는 힘의 작용"(LW10: 142)이라고 규정할 수 있다. 예술작품에 내재하는 형식은 우리가 감상하는 경험 속에 존재하는데, 형식의 조건에는 "미적 경험의 형식적인 특징인 축적, 긴장, 보존, 예견, 실행"(LW10: 149) 등이 있다. 형식이 완전할 때 예술은 비로소 훌륭한 것이 된다. 젤트너에 의하면 "형식은 의미들이 알도록 만들어지는 방법"[27]이다.

예술가가 표현을 하기 위해서는 매체(medium)가 필요한데 그것은 객관적인 재료들이 표현에 성공했을 때 비로소 성립한다. 매체란 "예술가와 감상자를 연결시키는 중간자"(LW10: 204)이다. 재료는 예술가의 표현 행위로 인하여 매체가 되며 "재료가 매체로 이용되는 곳에서만 표현과 예술이 있다"(LW10: 69). 예를 들면 돌이나 물감과 같은 일상적인 재료들은 의미를 표현하기 위해 사용되면 매체가 되는 것이다. 예술가는 새로운 재료들을 사용하여 자신의 새로운 영감이나 관념을 표현한다.[28] 예술가는 자신의 특유한 기질과 성격적 특성, 그리고 안목, 나아가 자신만이 체험한 경험을 통해 물질적 대상과 교호작용하여 의미를 가진 독특한 것으로 변

27) 젤트너, 『존 듀이 미학 입문』, p. 109.

28) 정해창, 『듀이의 미완성 경험』, p. 47 참조.

형시킨다. 그렇지만 매체 사용에 대한 일반적인 처방이나 규칙은 없고, 매체가 예술가와 만나 상호작용하는 과정에서 구체적인 방법에 의해 결정된다. 그리하여 표현 매체는 하나의 경험 속에서 형성되어 새로운 대상으로 통합된다. 예술은 "표현되어야 하는 것과 가장 완전하게 통합하는 정확한 질적 매체를 발견"(LW10: 264)함으로써 미적 경험을 표현한다. "하나의 예술품은 매개체 덕분에 의도를 소유하고 구현"하는데 이로써 "예술은 의미로 귀결되는 것이 아니라 의미를 구현한다."[29)]

경험은 생명체가 환경과 끊임없이 상호작용하는 과정에서 발생하며 우리의 삶은 불완전한 경험들로 가득 차 있다. 일상적인 경험 중에서 목적을 달성하는 경험은 '하나의 경험'(an experience)이 된다. 목적을 달성하는 경험은 그것을 구성하는 다양한 요소들이 최종적인 결과 속으로 통합되어 하나의 통일체를 이룬다. 하나의 경험은 시작과 끝을 가지며 그 사이에는 유기적으로 통합되어 변화 발전하는 과정이 있다. 하나의 경험의 사례로는 "그 식사", "그 폭풍", "그 깨어진 우정"(LW10: 44) 등을 들 수 있다. 하나의 경험은 그 경험 전체를 물들이는 하나의 질성을 가지고 있어서 자족성이 있는 하나의 통합된 전체가 된다.[30)] 예술은 대상에 내재하는 이 고유한 질성을 우리에게 드러내 주는 활동인 것이다. 예술에서 작품

29) 젤트너, 같은 책, p. 96.

30) 비어즐리, 『미학사』, pp. 397-398. 비어즐리(M. Beardsley)는 하나의 경험이 함축하고 있는 것을 6가지로 서술한다. 즉 경험은 최종적인 목적을 달성했을 때의 완전성이 있다는 것, 하나의 경험은 그 자체 안에 내적 추진력이 있다는 것, 경험의 부분들 사이에는 공백이 없이 연속성이 있다는 것, 경험의 각 부분들이 연속성이 있지만 부분들은 뚜렷한 정체성을 갖는 분절이 있다는 것, 의미를 완성하기 위한 목적으로 축적시켜 나아간다는 것, 통일된 하나의 경험에는 하나의 지배적인 질성(정서)가 있다는 것이다.

의 질성이 쉽게 포착되지 않는 것은 구성요소들이 서로 긴밀한 관련을 맺지 못하고 있기 때문이다.

하나의 경험이 되려면 불확실한 상황에서 수단과 목적이 상호 침투하여 하나의 전체적인 경험으로 통합되어야 한다. 하나의 경험은 새로운 의미가 발생하거나 강화되는 기반을 제공하며, 미적 경험은 하나의 경험을 바탕으로 개인이 능동적 행위와 수동적인 행위의 연관성을 지각함으로써 미적 성질이 창발하는 것과 관련이 있다. 미적 성질을 소유하기 위한 활동은 다른 목적을 위한 도구적인 활동이 아니라 궁극적인 활동이어야 한다. 우리는 예술가가 하나의 경험으로서 제작한 아름다운 예술품을 보면 "얼마나 아름다운가?"하고 감탄하며 말한다. 듀이에 의하면 이것은 우리의 느낌 상태를 나타내는 것도 아니고, 존재 외부에 있는 미의 본질을 수반한 것을 나타내는 것도 아니다.[31] 그것은 예술품에 편재적 질성에 대한 감상이 실현되었다는 것을 표시한다.

이때 미적 경험의 창조는 예술가가 만든 작품과 그것을 감상하는 자가 상호작용하는 상상력이라는 통로를 통해 이루어진다. 상상력은 "경험이 형성되는 출입구"(LW10: 276)로서 새로운 것과 오래된 것을 의식적으로 조정하는 역할을 한다. 미적 경험을 갖는다고 하는 것은 예술품을 제작하는 측면의 예술적 성격과 그 작품을 향유하는 미적인 측면을 모두 아우르는 경험을 나타낸다. 미적 경험은 예술가가 예술품을 제작하게 된 과정을 감상자가 '감'(sense)에 의해 하나의 경험으로 재구성하여 미학적 의미를 질적으로 향유하는 상호작용이라는 활동에서 발생한다. 듀이는 질성과 의미의 관계에 관해 다음과 같이 서술한다.

---

31) Dewey, "Qualitative Thought," *The Later Works, 1925-1953*, Vol. 5, ed. Jo Ann Boydston (Carbondale, Ill.: Southern Illinois University Press, 2008), p. 250 참조.

> 반성적 탐구가 개입되기 이전에 지각된 대상들의 경우 질성은 대상이 의미하는 것으로, 즉 질성이 속해 있는 대상이다. 예술은 질성과 의미를 생기있는 방식으로 결합하여 고양시키는 능력을 가지고 있다. 심리학에서는 감각과 의미를 분리시키는 것을 정상적인 것으로 보지만 이와는 달리 예술은 표현되어야 하는 것과 가장 완벽하게 융합하는 질적인 매개수단을 발견하여 다른 많은 경험에 특징적인 결합을 탁월하고 완성된 방식에서 질성과 의미를 완전히 하나로 통합시킨다(LW10: 264).

미적 성질을 갖는다는 것은 완결된 하나의 경험이 정서적 성질을 소유하게 되어 직접적으로 느껴지는 통일성에 대한 감을 소유하게 된다는 것이다. 듀이는 감에 대해 다음과 같이 서술한다.

> [예술작품] 전체로부터 결과하는 감은 이미 경험한 그것을 기념하고, 앞으로 올 것을 기대하며, 앞으로 일어날 것을 시사하고, 앞으로 올 것에 대한 전조이기도 하다.
>
> 전체적인 질성에 이름을 붙이기가 어렵다. 왜냐하면 그것이 활기를 띠고 생명력을 얻게 되면 예술작품의 정신이 되기 때문이다. 우리가 예술작품을 전시용이 아니라 그 자체로 실재한다고 느낄 때 질성은 진정으로 존재하는 것이 된다(LW10: 197).

전체로서 상황, 즉 예술작품의 질성은 감에 의해 포착되는데 그것은 제한된 맥락, 즉 상황에서 의미를 의식적으로 자가하는 것이다.[32] 듀이는 "직접적이지 않은 것은 미적인 것이 아니다"(LW10: 123)라고 말하는데 그것은 미학이 인식된 것에 국한되지 않는다는 점에서 인식론에 앞선다는 뜻이다. 미적 경험이란 심사숙고하여

32) Thomas Alexander, "The Art of Life: Dewey's Aesthetics," in Larry Hickman, ed. *Reading Dewey* (Bloomington, Ind.: Indiana University Press, 1998), p. 15 참조.

의도적으로 개발된 경험으로 예술가가 작품을 만드는 과정을 감상자가 하나의 경험으로 재구성했을 때 발생한다.

미적 경험이 발생하는 이 과정을 통해서 듀이가 강조하는 것은 주체와 객체, 이성과 느낌, 형식과 재료, 이론과 실천의 구분이 통합되므로 이원론을 넘어선다는 것이다. 듀이는 전통철학의 문제인 이원론을 예술에서 극복함으로써 자신의 경험철학을 완성한다. 그 과정은 듀이의 경험 개념이 예술에서 가장 완벽하고 완전한 형태를 실현함으로써 자연의 완성된 정점에 도달하는 것을 보여 주는 것이기도 하다. 예술에서는 더 이상 이론과 실천의 구분이 문제되지 않으며, 중요한 것은 우리가 감을 통해 미적 경험의 의미를 향유할 수 있는가 혹은 없는가 이다. 예술에는 "본유적으로 직접적으로 향유할 만한 것이 못되는 실천유형"과 "향유된 의미로 가득한 실천유형"(LW1: 268-269)이 있을 뿐이다.

듀이에게 있어서 예술은 우리의 일상적인 활동에서는 좀처럼 이루기 힘든 심오함, 강렬함, 초점, 완결을 가진 경험을 위해 의미 있는 가능성을 실현하는 것이다. 듀이의 경험철학을 관통하고 있는 중요한 것은 의미 개념이며 그의 예술에서는 경험의 완성과 더불어서 "의미 만들기"[33)]가 이루어진다. 모리스(B. Morris)는 듀이의 미학에서 예술가의 과제가 대상들 속에 의미를 구현하는 데 있다는 것을 강조한다.[34)] 듀이는 우리 인류에게 미학이 출현하게 된 계기가 "의미 공동체"[35)]를 통해 삶을 축복하려는 인간의 자연적인

---

33) Mark Johnson, "Cognitive Science and Dewey's Theory of Mind, Thought, and Language," in Molly Cochran, ed., *The Cambridge Companion to Dewey* (Cambridge: Cambridge University Press, 2010), p. 133.

34) Bertram Morris, "Dewey's Theory of Art," in ed. Jo Ann Boydston, ed., *Guide to the Works of John Dewey* (Carbondale, Ill.: Southern Illinois University Press, 1970), p. 58.

능력에 있다고 보았다. 예술은 "의미 창조의 전형적인 형태"[36]로서 가장 충만한 의미를 제시하는 모범적인 사례이다.

4. 존슨의 듀이 미학 읽기

이 장에서는 듀이 미학에 대한 존슨의 수용과 해석을 검토하고, 그 철학적 함축을 살펴볼 것이다. 존슨이 처음부터 듀이의 미학을 연구한 것은 아니지만 의미 문제를 탐구하는 과정에서 그것이 몸으로부터 비롯된다는 사실에 주목하게 된다. 그리고 존슨은 듀이의 '신체화된 의미'(embodied meaning)가 미학의 관점에서 가장 잘 해석된다고 보며, 이런 관점에서 이제 미학은 "예술과 미적 경험에 대한 연구"라기보다 "인간의 의미 창조에 유입되는 모든 것에 대한 연구"[37]로 확장해야 한다고 주장한다. 존슨은 듀이가 경험의 질적 측면을 복원시킨 것에 관심을 갖고 예술은 일상적인 경험을 변형하여 의미를 강화하고 고양시켜 주는 활동이라는 듀이의 생각을 받아들인다. 이러한 듀이의 예술 개념에서 창조적인 측면을 부각시켜 존슨은 예술을 "의미 만들기(meaning-making)의 모범적 양상" 또는 "의미의 구현(enactment)"이라고 표현한다.[38] 존슨은 먼저 듀이의 미학에 대한 주장이 옳다는 것을 입증하기 위해 편재적 질성으로부터 미적 경험과 그 의미의 완성을 인지과학적인 탐구의 성

35) Alexander, *John Dewey's Theory of Art, Experience, and Nature*, p. 188.

36) 존슨, 『몸의 의미』, p. 326.

37) 같은 책, p. 18.

38) Mark Johnson, *The Aesthetics of Meaning and Thought: The Bodily Roots of Philosophy, Science, Morality, and Art* (Chicago: The University of Chicago Press, 2018), pp. 1, 24.

과들을 통해 구체적으로 해명한다. 그리고 존슨은 이러한 해명을 통해 듀이의 미학에 관한 주장이 함축하는 것은 미학이 철학의 기초가 되어야 하는 것이라고 결론짓는다.

존슨이 듀이의 미학에 관한 견해를 수용하여 주장하는 것은 "의미는 신체화되어 있다는 것이고, 예술은 대상, 사건, 인간의 의미에 관한 우리의 일상적인 경험에서 발견되는 것과 매우 동일한 '의미 만들기' 재료와 과정을 사용한다는 것"[39]이다. 여기에서 존슨은 "사건, 대상, 혹은 상징의 의미는 관계적"이라고 말한다. 즉 의미는 "과거, 현재 혹은 미래의 (가능한) 경험 방식을 가리키는 것"이다.[40] 존슨은 의미에 관해 탐구하던 중 그것이 개념과 명제에만 해당되는 것이 아니라 보다 근원적으로 감각운동에 의한 도식, 영상, 질성, 느낌, 정서 등에 의해 몸으로부터 비롯된다는 것을 알게 되었다. 의미가 개념과 명제라는 인지적인 영역에만 국한된다면 시와 산문 등의 예술작품의 의미는 설명될 수 없기 때문이다. 존슨은 젠들린(E. Gendlin)을 통해 날말의 의미가 개념적인 언어적 패턴에 의해서만 이루어지지 않는다는 사실에 주목한다. 젠들린은 "느낀 감"(felt sense)이라는 표현을 통해 "의미 만들기에는 개념적인 차원 이상의 것, 언어적인 것 이상의 것이 있다는 것을 증명한다."[41] 젠들린의 시도는 우리가 흔히 간과해 왔지만 "개념적인 패턴 이상의 것에서 등장하고 그로부터 말하는 새로운 양상의 언어와 사유"[42]

---

39) 같은 책, p. 209.

40) 같은 책, p. 210.

41) 같은 책, pp. 211-212.

42) Eugene Gendlin, "How Philosophy Cannot Appeal to Experience, and How It Can," in David Michael Levin, ed., *Language beyond Postmodernism: Saying and Thinking in Gendlin's Philosophy* (Evanston, Ill.: Northwestern University Press, 1997), p. 3.

가 있다는 것을 보여 준다. 그것은 듀이의 편재적 질성과 그에 대한 느낀 감을 이해하는 데 많은 도움을 준다.

존슨에 의하면 듀이의 미학에서 중심적인 물음은 "예술이 의미를 어떻게 실현하는가?"이며, 이에 대한 그의 대답은 "예술이 주어진 상황의 '편재적인 통합적 질성'에 대한 고조된 자각을 우리에게 구현함으로써 의미를 이룬다"[43]는 것이다. 그러나 의미가 '상황을 통합하는 질적 전체'(unifying qualitative whole of a situation)로부터 창발한다는 것은 듀이의 미학에서 가장 중요한 주장이지만 적절히 평가받지 못하고 오히려 비판의 표적이 되었다. 감을 통해 편재적인 질적 통합을 느끼면 의미가 창발한다는 것의 예로서 시는 낱말로 쓰여 있지만 우리는 그 낱말에 해당하는 질성을 느낌으로써 경험하게 된다는 것을 들 수 있다. 시뿐만 아니라 어떤 장면이나 예술작품에 사로잡힐 때 이런 경험을 하게 된다.

느낀 감을 통해 예술작품의 편재적인 질적 통합을 경험하는 과정에서 감상자는 질적 통합에만 도취되지 않고 그것을 배경으로 그 작품을 이루고 있는 대상들을 재빨리 선택하여 식별한다. 예술작품들은 모두 이렇게 각각의 개별적인 질적 통합을 통해 가능한 의미 있는 경험의 세계나 상황을 나타낸다. 예를 들면 마티스(H. Matisse)와 몬드리안(P. Mondrian)의 작품 세계는 서로 다른 방식에서 극적으로 다른 질적인 통합들에 귀결한다. 마티스의 작품들은 "생기있는 생생한 색깔들과 지각적으로 움직이는 형식들을 통해 유기적인 성장을 구현"하고 있다면, 몬드리안의 작품은 생명과 활동의 충만함을 "색깔들을 좀 더 선명하고 강렬하게 대비시"[44]시켜

43) Johnson, 같은 책, p. 232.

44) 같은 책, p. 233.

구현하고 있다. 듀이에 의하면 이것은 질적인 통합을 거쳐 제시된 의미의 감에 의한 것이며, 예술은 완결된 탁월한 감 속에서 세계에 관한 최상의 가능성을 드러낸다.

터커(D. Tucker)는 뇌의 신경구조에 관한 연구를 기반으로 감에 의해 편재적인 통합적 질성을 느낀다는 듀이의 주장을 해명한다. 터커는 우리가 예술작품의 질성과 구조를 지각하는 질적 통합이라는 경험에 관한 듀이 생각이 결코 기이한 것이 아니라는 증거를 최근 인지 신경과학의 작업을 통해 보여 준다. 터커는 『몸으로부터의 마음』[45]에서 우리 인지 능력의 핵심을 뇌로 보고 뇌의 핵/껍질(core/shell) 구조에 초점을 두고 인지 과정에 대해 탐구한다. 이를 통해 터커가 주장하는 것은 핵 영역에 있는 구조들은 단단하게 연결된 반면에, 피질 껍질 영역에 있는 구조들은 좀 더 드문드문하게 연결된다는 것이다.[46] 이것은 단단하게 연결된 핵에서는 듀이가 느낀 편재적인 통합적 질성인 하나의 상황에 대해 전체론적(holistic)이고 느낌이 풍부한 정서적인 이해를 하는 반면에, 드문드문하게 연결된 껍질에서는 그 상황을 구성하고 있는 대상, 질성, 관계를 식별하고 차별화한다는 것을 의미한다. 이것은 예술작품의 의미가 처음에는 정서적인 직관에 의해 파악됨으로써 시작하고 그런 다음에는 작품을 구성하고 있는 요소들과 관계를 우리가 점차적으로 식별한다는 듀이의 주장을 입증한다. 인지 과정에서 핵이 껍질로 이동하는 경험의 구조적 기초에 관해 터커는 다음과 같이 서술한다.

---

45) Don Tucker, *Mind from Body: Experience from Neural Structure* (Oxford: Oxford University Press, 2007).

46) Johnson, 같은 책, p. 234 참조.

> 핵에는 가장 통합적인 개념들이 있을 수 있으며, 그것은 단단하게 연결된 웹을 통해 많은 요소들을 융합하여 형성한 것이다. 감각 운동 정보를 고도로 처리하여 융합하는 것은 …… 시상하부로부터 직접적으로 동기화된 영향과 함께, 혼합적인 경험 형식을 창조할 것이다. 의미는 정보의 전체론적인 지반에서 융합된 요소들과 함께 풍부하고 심오하며, 그 지반은 신체적인 의의로 가득 차 있다. 핵 신경심리학적 격자로부터 밖으로 방사하는 것은 신피질 네트워크를 점진적으로 명료화 한다. 마지막으로, 껍질에서, 우리는 가장 차별화된 네트워크를 발견한다. …… 위계의 가장 변별적인 네트워크는, 바꾸어서 감각 수용관에 의해 반영되는 환경 정보와 밀접하게 일치하여, 감각 자료에 의해 가장 잘 제약된다.[47]

뇌의 인지과정에서 핵이 껍질로 이동한다는 터커의 해명은 듀이가 주장한 것처럼 편재적 질성이 존재하는 방식, 그리고 그로부터 식별하고 개념화하는 행위가 발생하는 방식을 뒷받침한다. 인지과정에서 핵이 껍질로 운동하는 것은 단일한 방향으로 이루어지지 않으며 서로 간에 피드백을 통해 영향을 미침으로써 경험을 계속해서 발전시켜 나간다. 터커가 편재적인 통합적 질성을 뇌의 기본 구조인 핵/껍질로서 해명하는 것의 주된 가치는 "듀이의 주장이 생물학적이고 신경의 관점에서 설명되고 정당화될 수 있는 방식"[48]을 보여 준다는 점에 있다. 『경험으로서의 예술』이 출판되었을 당시 편재적 질성에 관한 듀이의 주장은 입증할 수 있는 적절한 경험적 자원이 없는 상황에서 다양한 비판을 받았지만 새로운 경험적 지식의 성장에 의지한 터커의 해명은 듀이의 주장을 경험적으로 지지하고 있다. 이러한 사실은 예술만이 아닌 우리의 모든 경험에

47) Tucker, 같은 책, p. 179.
48) Johnson, 같은 책, p. 236.

해당된다.

하나의 상황에 대해 '느낀 질성'(felt quality)은 예술작품의 의미에서 정서의 역할과 관련되는데, 존슨은 다마지오(A. Damasio)의 정서 이론을 통해 이를 해명한다.[49] 이 견해에 따르면 정서는 몸의 내적인 '항상성'(homeostasis)을 유지하기 위해 몸 상태를 살피고 평가하여 환경에 적응해 가는 과정의 핵심적인 부분이다. 유기체는 자신의 몸이 환경에 관여하는 방식을 평가하는데 이를 기반으로 규칙적인 활동이 발생하여 자동적으로 형성된 것이 '정서적 반응 패턴'이다.[50] 이것은 우리의 정서적인 반응을 의식적으로 느낄 때 동반되는데 그 느낌은 사물들이 진행하고 있는 방식에 대해 이후에 알게 되는 것이다. 이때 사물들이 진행하는 방식을 우리가 평가할 때에 경험의 의미를 자각하게 되는 일차적인 비개념적 방식들 중 하나가 '느낌 형세'(feeling-contour)이다. 느낌 형세에는 "해방감이 따르는 긴장의 형성, 활기있는 리듬, 느낀 속도 높이기와 낮추기, 부유하는 경험, 질성 강도의 증가와 감소에 주목하기"[51] 등이 있다. 정서와 그것에 수반하는 느낌이 의미 만들기의 핵심에 놓여 있다는 것은 예술작품이 언어적이건 비언어적이건 의미를 단어로 표현할 수 없을 때에도 우리는 의미 있는 정서적인 패턴을 환기시키기 때문에 그것을 의의 있는 것으로 느낀다는 것이다.

---

49) 같은 책, pp. 215-217 참조. 존슨이 선택한 다마지오의 정서이론에 관한 저서 네 편은 다음과 같다. Antonio Damasio, *Descartes' Error: Emotion, Reason, and the Human Brain* (New York: G. P. Putnam's Sons, 1994); *The Feeling of What Happens: Body and Emotion in the Making of Consciousness* (New York: Harcourt Brace, 1999); *Looking for Spinoza: Joy, Sorrow, and the Feeling Brain* (Orlando, FL: Harcourt, 2003); *Self Comes to Mind: Constructing the Conscious Brain* (New York: Pantheon Books, 2010).

50) 같은 책, p. 216 참조.

51) 같은 곳.

랭거(S. Langer)는 느낌 패턴과 관련하여 형식에 관해 중요한 사실을 지적한다. 그녀는 이렇게 예술에서 느낌 패턴이 경험되므로 예술은 "표현적 형식(expressive form)"[52]이라고 말한다. 여기서 표현적 형식이란 "전체 내의 부분들, 혹은 요소들, 혹은 심지어 질성이나 국면들의 관계를 드러내는 지각하거나 상상할 수 있는 전체"[53]를 의미한다. 이를 통해 랭거가 주장하는 것은 예술이 전통적인 의미에서 일부 경험을 표상하거나 재창조하는 것이 아니며, 예술이란 '삶 형식'(living form)을 통해 의미를 제시하고, 구현하거나 창조한다는 것이다. 이것은 예술작품이 어떠한 본질을 표현하는 것이 아니라 형식을 통해 의미를 드러낸다는 듀이의 미학적인 주장과 맥락을 같이 한다. 삶 형식에 대해 랭거는 다음과 같이 서술한다.

> "삶 형식"은 회화이건 건축이건, 시이건, 모든 훌륭한 예술의 가장 의심할 수 없는 산물이다. 그 형식은 경계선이나 나선형이 본능적으로 "성장하는" 것과 동일한 방식에서 "살아있는" 것이다: 즉 형식은 삶을 표현한다-느낌, 성장, 운동, 정서, 그리고 생명력있는 존재를 특징짓는 모든 것-. 게다가 이 표현은 관습적이거나 할당된 의미라는 평범한 뜻의 상징화가 아니며, 주시자는 그 안에서 인식하는 매우 명료한 형식을 나타낸다. 그 안에서 주시자는, 의식적으로 비교하고 판단하지 않고 다만 직접적으로 인식하여, 인간의 느낌 형식을 인식한다: 정서, 분위기, 심지이는 그것들의 특징인 구질에 있는 감각조차도.[54]

---

52) Susanne Langer, *Problems of Art* (New York: Charles Scribner's Sons, 1957), p. 20.

53) Johnson, 같은 책, p. 219.

54) Susanne Langer, *Feeling and Form* (New York: Charles Scribner's Sons, 1953), p. 82.

존슨은 랭거의 주장을 뒷받침하는 증거로서 "우리가 음악을 들으면 음악을 통해 생명력에 관해 그리고 정서적인 것을 느낀 형세에 관해 하나의 경험을 하게 된다"[55]는 점을 든다. 그리고 안하임(R. Arnheim)은 회화를 통해 "눈이 지각하는 힘과 운동 경험을 초래할 수 있는 방식"[56]을 보여줌으로써 예술이 표현적 형식이라는 것을 지지한다. 예를 들면 우리는 마티스의 '오려내기'(cutout)로부터 유기적인 형식들이 분출하는 것을 경험하여 그로부터 삶이 고조됨을 느끼는 것이다. 반면에 다른 화가의 작품은 우리에게 이와는 다른 감을 준다.

모방이론에 의하면 예술작품은 영원한 본질을 표상하는 완벽한 경험에서 그 의의와 타당성이 있다. 그러나 존슨이 주장하는 것처럼 예술작품이 의미 있다고 느낀 한에서만 의의 있는 경험이 된다면 그것은 구현된 것으로서만 존재한다. 즉 "예술작품은 가능한 의미를 위해 행동유발성(affordances)에 관여하는 감상자가 구현함으로써 존재한다"[57]는 것이다. 행동유발성이란 상황에, 즉 예술작품 안에서 그리고 예술작품과 함께 감상자가 그것에 관여할 수 있는 의미있는 방식들로 색깔, 색조, 낱말, 동작, 사유, 느낌 등을 조직화하여 나타난다. 예술작품은 "행동유발성의 지평으로서 존재"하며 예술의 의미는 "행동유발성의 다발"이라고 할 수 있다.[58]

의미가 구현되는 것이라고 한다면 영원히 그 자체로 존재하는 예술작품은 없고 작품의 단일한 의미도 없다. 그렇다고 해서 예술작품을 경험한다는 것이 순전히 주관적인 것만은 아니다. 예술작

55) Johnson, *The Aesthetics of Meaning and Thought*, p. 220.

56) 같은 곳.

57) 같은 책, p. 222.

58) 같은 책, pp. 14, 17.

품의 의미는 내가 그것을 "경험하고 구현하는 '과정-속의-자아'에서 발생"[59]하기 때문에 예술에서의 경험은 객관적인 것만도 주관적인 것만도 아니다. 즉 예술은 상호작용을 통해 의미를 구현하며 의미는 "작품의 질적인 통합 속에서 그리고 질적인 통합을 통해서 현존"[60]한다. 예술작품은 그 자체로 영원한 본질을 가진 것이 아니며 이 세계에 거주하는 나에게 영향을 미칠 때에만 가치 있고 의미가 있다.

존슨의 해석에 의하면 듀이의 미학은 전통적인 의미에서의 '느낌의 미학'(aesthetics of feeling)이 아니라 의미의 미학이다. 의미의 미학은 질성 개념을 통해 비인지적인 경험의 유형을 복원하여 미학의 영역을 정서와 사고의 영역으로 확장하므로 미학을 비인지적인 영역에 국한함으로써 미학을 폄하시킨 칸트의 시도와 대립된다. 존슨은 철학자들이 질성, 정서, 느낌 등의 개념을 무시하게 된 데에는 칸트가 미를 사고가 아닌 단지 느낌의 문제라고 보고 따라서 미학은 지적이고 인지적일 수 없다고 결론을 내린 데 있다고 지적한다.

칸트의 이분법적 시각은 20세기 초반의 언어철학에 영향을 미쳐 의미는 개념과 명제라는 인지적인 영역에 국한되며 비인지적인 예술은 근원적으로 무의미한 것으로 간주하게 되었다. 존슨은 예술이 주관적이고 비인지적이며 사적이라는 느낌의 미학을 비판하며, 듀이의 의미의 미학을 이러한 느낌의 미학에 대립적 시도로 간주한다. 느낌의 미학은 비인지적인 것에 한정되지만 의미의 미학은 인지적인 것과 비인지적인 것을 포함하므로 정서와 사고를 포괄한

59) 같은 책, p. 222.
60) 같은 책, p. 232.

다.[61] 이와 같은 맥락에서 엘드리지(R. Eldridge)가 "칸트의 미학과 듀이의 미학이 다른 것은 듀이가 미적 경험에 욕구와 사유를 통합하여 미적 경험을 특징짓는다는 점에 있다"[62]고 말한다.

존슨은 듀이의 미학을 경험과 의미를 창조하는 모든 것들에 대한 탐구이며 예술은 의미 창조의 모범적인 사례라고 요약한다. 존슨이 듀이의 미학 읽기를 통해 궁극적으로 주장하는 것은 듀이가 편재적인 질적 통합에 초점을 두었고 그것은 미학의 영역에만 국한되는 것이 아니라 모든 경험과 사유의 근거를 형성하는 데 중요한 역할을 한다는 것이다. 왜냐하면 편재적 질성은 "인간의 의미, 이해, 추론, 가치를 구성하는 기본적인 요소이므로 의미 있는 경험을 갖고 지적으로 사유하는 우리 능력의 중심에 있기"[63] 때문이다. 듀이가 주장하는 것처럼 "모든 사유는 오직 분석되지 않는 질적 전체에 대한 느낌으로부터 시작"[64]하며, 편재적 질성은 미적 경험에서 완성되어 우리의 사유를 근거짓기 때문에 진정한 사유는 질적인 통합에서 시작되어 그것으로 나아가야 한다는 것이다. 그리하여 존슨은 미학 없이는 윤리학도 정치학도 과학도 예술도 철학도 없다고 주장한다. 즉 미학은 철학의 출발점인 동시에 종점이라는 것이다.

---

61) 듀이 경험철학의 특징은 질성을 도입하여 비인지적인 측면을 복원시키고 사유와 의미를 형성하는 데 중심적인 역할을 한다는 점을 강조한다는 데 있다. 그렇지만 질성은 경험 전체의 특성으로서 완결된 단계로 나아가는 과정에서 끊임없이 변화하며 발전하는 것으로 "단순히 정서적인 것도, 실천적인 것도, 지적인 것"(LW10: 37)도 아니다. 다시 말해 질성은 반성을 통해 정서적인 것, 실천적인 것, 지적인 것이 구분되기 이전에 그것들이 모두 함께 엮어진 그 이상인 것이다.

62) Eldridge, "Dewey's Aesthetics," p. 248 참조.

63) Johnson, 같은 책, p. 200.

64) Dewey, "Qualitative Thought," p. 249.

듀이는 모든 경험이 미학에서 완성된다는 주장을 통해 주목받았는데, 존슨은 듀이가 제공한 "경험과 의미의 미학을 철학을 회복하기 위한 열쇠로 재발견"[65]한다. 이런 관점에서 존슨은 미학을 의미의 중심에 놓고 21세기는 듀이의 철학이 필요하다고 주장한다. 만약 듀이가 옳다면 의미의 미학을 우선적으로 탐구하지 않고서는 인식론, 논리학, 형이상학 등의 철학적 작업을 적절하게 수행할 수 없을 것이기 때문이다. 그래서 존슨은 이성의 영역으로부터 배제된 미학이 이제 새로운 자연주의 철학의 초석이 되어야 한다고 주장한다. 전통철학이 인식론을 위해 미학을 별도의 학문으로 간주했다면, 듀이는 미학에서 철학을 완성함으로써 미학을 철학의 중심에 놓은 것이다.[66] 듀이 미학에서 통합된 편재적 질성에 대한 존슨의 재해석이 옳다면 이제 미학은 철학적 탐구들과 분리된 별도의 학문이 아니라 철학과 연속적인 것이며 철학의 종착점이 된다.

5. 맺는 말

이 글은 듀이의 미학이 관념론이라는 비판과 함께 그의 미학이 이전 철학적 탐구들을 완성하는 결과물인지 아니면 이전 철학적 체계들과는 관련 없는 부록에 불과한 것인지에 관한 논란으로부터 시사했다. 그러나 듀이 미학이 관념론이라는 비판은 그의 질성에 대한 부적절한 해석에서 비롯된 것이므로, 이러한 편향과 구분을 넘어서서 미학에 대한 포괄적인 해명을 하기 위해 연속성과 상호

65) 존슨, 『몸의 의미』, p. 335.

66) 정해창, 『듀이의 미완성 경험』, p. 220.

작용에 근거하여 일상적인 경험으로부터 미적 경험이 발생하는 방식을 논의했다. 그리하여 듀이의 미학은 느낌/사고의 이원론을 넘어서서 완성된 경험에서 의미를 창조하는 예술의 개념이라는 것에 도달했다. 인지과학의 탐구 성과를 수용한 존슨은 편재적 질성으로부터 의미가 발생한다는 것을 느낌 및 정서와 관련지어 구체적으로 해명하여 느낌과 사고, 인지적인 것과 비인지적인 것을 포괄하는 듀이의 미학에 관한 주장이 옳았음을 입증한다. 나아가 존슨은 신체화된 의미의 미학이라는 관점에서 듀이의 미학을 의미 만들기 내지는 의미의 구현으로 간주하고 의미의 미학으로 해석한다.

듀이의 의미의 미학은 더 이상 예술의 본질을 표상하지 않고 의미를 구현하고 창조하므로 느낌의 미학에서 의미의 미학에로 전환한다는 것을 보여준다. 이러한 전환은 존슨으로 하여금 미학은 예술과 미적 경험에 대한 연구에서 벗어나 의미를 창조하는 모든 것에 대한 연구가 되어야 한다는 주장의 기반을 제공하므로 미학 개념을 확장하는 시도라고도 볼 수 있다. 뿐만 아니라 전통적인 의미에서 미학이 느낌의 영역에 국한되어 별도의 학문으로 간주되었다면, 듀이의 의미의 미학은 느낌과 사고를 포괄하고 경험을 완결하여 철학을 완성하는 연속적인 국면이라고 할 수 있다. 이러한 점에서 듀이의 의미의 미학은 연속성과 상호작용에 근거하여 편향과 구분을 넘어서서 느낌과 사고를 포괄하는 해명을 제공하고 있다. 그것은 의미의 미학이 과학적 성과들과 충돌하지 않으면서 미학이 철학적 탐구와 연속적일 수 있는 방식에 대한 새로운 해석의 통로이다.

제 8 장
삶의 예술

1. 머리말

이 글의 목적은 듀이(J. Dewey)의 예술이론이 예술을 삶과 통합하여 '성장'(growth)을 실현하는 '삶의 예술'이라고 주장하는 데 있다. 근대 예술이론에 있어서 정의는 중요하지만 모방이론 이후에 만족스러운 정의가 제공되지 않았다. 이러한 상황에서 듀이는 『경험으로서의 예술』을 통해 실용주의적인 시각에서 경험에 기반하여 예술대상의 진위를 가리는 진리를 제안하는 대신 경험의 의미를 창조하고 향유하는 '의미 만들기'(meaning-making)[1] 예술을 주장한다. 그러나 그의 예술이론은 예술을 '미적 경험'(aesthetic experience)으로 정의함으로써 문제가 발생한다. 즉 미적 경험은 비인지적이어서 지적으로 공식화할 수 없고 인지적으로 정당화할 수 없기 때문에 예술의 평가 기준을 제공하기에 부적합하다는 것이다.[2]

---

1) 이 논문에 대한 선행연구로는 필자가 듀이의 예술이론을 존슨의 신체화된 의미의 시각에서 '의미의 미학'으로 해석한 것이 있다. 이 논의에서 존슨은 듀이의 예술 개념의 창조적인 측면을 부각시켜 '의미 만들기'의 모범적 사례라고 주장한다. 이 책의 제7장 참조.

2) 리처드 슈스터만, 『프래그마티스트 미학』, 김광명·김진엽 역 (서울: 북코리아, 2009), p. 111.

듀이는 근대 예술이론을 구성하는 주제들에 관해 논의하는 것을 거부하기 때문에 이러한 비판은 적절하지 않아 보인다. 대신 듀이는 실천적인 것을 강조하는 실용주의적인 시각에서 경험으로 해명된 예술이론을 통해 무엇이 예술이 되어야 하는가를 제안하고 있다. 따라서 그의 예술이론을 이해하기 위해서는 전통적인 예술에 대한 시각으로부터 경험에 의해 해명되는 예술로의 전환이 요구되며, 또한 예술대상에 초점을 두기보다는 예술대상과 그 감상자와의 관계에 초점을 두어야 할 필요가 있다. 이 글에서는 듀이의 예술이론은 예술대상의 진위를 구분하기 위한 척도를 발견하는 것이 아닌 의미를 창조하고 향유하는 것이며, 그것이 지향하는 것은 삶의 성장이라는 사실에 주목할 것이다.

미적 경험으로 정의된 듀이의 예술이 극복하려고 하는 것은 '박물관 예술'(museum art)이며, 이것은 이성과 감성의 이원론을 전제로 칸트가 '미적 판단' 영역을 다른 지적이고 도덕적인 영역과 구분하여 주변화한 것에 대항하려는 시도라고 할 수 있다. 이를 위해 듀이는 경험에 기반하여 미적 경험이 일상적인 경험과 연속성 안에 있다는 사실을 밝힘으로써 삶과 통합된 예술을 제안하고 있다. 삶과 통합된 듀이의 예술이론은 일상적인 경험으로부터 경험의 의미의 성장에 초점을 둠으로써 예술대상을 평가하기 위한 기준을 제공해야 하는 전통적인 의미의 미학이나 예술이론과는 선명하게 구분된다.

삶과 통합된 듀이의 예술 개념은 어떠한 예술의 정의로도 설명할 수 없는 예술품의 등장으로 예술이 방향을 잃은 오늘날 포스트모던적 상황에서 보다 현실적인 예술의 대안을 제안하고 있다. 이러한 상황에서 듀이의 자연주의적 예술이론은 초월적이거나 외재적인 예술의 평가 기준에 의지하지 않고도 예술이 현실적인 삶에서 어떻게 가능할 수 있는지에 관해 실용주의적인 시각을 통해 보여 준다.[3] 그것은 비환원주의적이고 창발적인 자연주의의 입장에서 과학적인 성과들을 수용하면서도 충돌하지 않는 방식이다. 이러한 접근 방식은 인간의 삶의 성장이라는 관점에서 예술이론이 어떻게 가능할 수 있는지를 제안하고 있다.

이 글은 듀이의 예술적 경험의 주된 목적이 삶의 성장을 실현하는 문제라는 것을 보여 주기 위해 다음과 같은 순서로 논의를 전개한다. 먼저 듀이가 예술을 미적 경험으로 정의함으로써 예술평가의 기준을 제공할 수 없다는 비판에 대해 그의 예술이론은 예술대상의 진위를 구분하기 위한 진리 발견을 목적으로 하는 것이 아니라 의미를 창조하고 향유하는 것을 목적으로 한다는 것을 밝힌다. 그런 다음 듀이가 비판하는 박물관 예술은 칸트가 미학을 주변화한 데에서 비롯되었다는 것을 밝히고 이를 극복하기 위해 미적 경험과 일상적 경험의 연속성을 주장한다.[4] 연속성을 복원하기 위한 듀이의 시도는 순수예술과 대중예술의 구분을 거부하며, 무관심한 만족을 직접적 만족으로 대체하여, 이성과 감성의 이원론을 극복하는 질성적 사고를 강조하는 것으로 논의를 구성한다. 그리고 이에 기반한 삶과 통합된 예술에서 미적 경험은 경험의 재구성을 통한 의미의 성장이므로 자아의 성장과 밀접한 관련이 있다는 것을 밝힌

---

3) 필자는 듀이의 예술이론에서 미적 경험이 초월적이거나 외부로부터 부과된 것이 아니라 경험적으로 해명된다는 것을 제7장에서 검토했다.

4) Mark Johnson, *The Aesthetics of Meaning and Thought: The Bodily Roots of Philosophy, Science, Morality, and Art* (Chicago: The University of Chicago Press, 2018), p. 5. 존슨은 칸트가 예술철학과 미적 판단에서 취향판단을 지성화하려는 시도를 '미학의 주변화'라고 비판한다. 그리고 가다머(H. G. Gadamer)도 칸트의 미학이 지식으로부터 분리되어 주변화된 것을 "미학의 주관화"라고 불렀다. 한스-게오르크 가다머, 『진리와 방법 I』, 이길우 외 역 (서울: 문학동네, 2000), p. 95.

다. 이러한 논의 과정을 거쳐 듀이의 예술이론은 의미를 창조하고 향유하는 의미 만들기 예술이므로 전통적인 시각에서 예술을 평가하는 기준을 제공하지 않으며 미적 경험을 통해 삶을 고양시킴으로써 성장을 실현하는 데 있다고 결론짓는다.

2. 경험으로 예술 정의하기

20세기 미학과 예술철학에서는 주로 예술에 대한 정의, 미에 관한 이론, 미적 판단, 미적 경험 등에 관해 해명한다. 근대 예술이론에서 예술에 대한 정의는 중요하지만 예술은 모방이론이 지위를 상실한 이후 범주를 규정하고 그것의 본질을 보여 주려는 많은 시도들에서 실패했다. 20세기 미학자들은 예술을 정의하는 것을 "점차 회피하게 된 오래된 질문"[5]으로 여기며, 듀이 역시 전통적인 예술이론의 정의들이 형식적이어서 "우리를 얼어붙게 만든다"(LW10: 155)고 거부한다. 그는 예술이론의 주된 문제들을 정면으로 다루고 대답하는 대신 반관념론적인 실용주의로 접근하여 새로운 예술개념과 예술이론을 확립한다.

해스킨스(C. Haskins)에 의하면 "듀이는 창발주의의 관점에서 관념론 미학의 중심적인 범주들, 즉 형식, 표현, 미적인 것, 예술작품 등을 재구성한다."[6] 이것은 듀이의 예술이 더 이상 전통적으로 특권 있는 형식과 매체에 제한되지 않음으로써 전통적인 예술이론에 도전한다는 것을 의미한다. 듀이는 예술에 관한 철학적 문제를 전

5) Casey Haskins, "Dewey's Art as Experience: The Tension Between Aesthetics and Aestheticism," *Transactions of the Charles S. Peirce Society* (1992), p. 219.

6) Haskins, "Dewey's Art as Experience," p. 218.

통적인 방식에서 추상적으로 해결하기보다 실용주의적인 방식으로 접근하여 철학적인 정의와 이론을 재인식하는 데 있었다. 특히 듀이가 전통적인 예술이론에 대립하는 경향이 있다는 것은 『경험으로서의 예술』이 예술과 삶을 분리된 것으로 서술하는 것으로부터 탈구획화하려는 시도에서 드러난다.

전통적인 구분에 의하면 예술의 영역은 작품을 만드는 창작하는 활동과 창작된 예술대상의 감상으로 구분된다. '예술적인'(artistic) 것은 주로 작품을 제작하는 행위를 가리키고, '미적인'(aesthetic) 것은 작품을 만드는 것과 무관하게 작품을 지각하고 향유하는 행위를 가리키는 것이다(LW10: 53). 듀이는 '예술적' 혹은 '미적'이라는 말들이 실제 경험 현상을 그대로 표현하기에는 적절하지 못하다고 비판한다. 그는 예술의 두 영역인 예술적인 것과 미적인 것은 서로를 지탱해 주는 하나의 활동으로 긴밀하게 통합되어야 한다고 주장하며 '예술품'(art products)과 '예술작품'(work of art)이라는 용어를 사용한다(LW10: 218).

듀이는 감상자와 예술대상 사이의 상호작용 관계에 주목하며 여기에서 발생하는 미적 경험을 통해 예술을 정의한다. 즉 "예술작품은 경험과 함께, 그리고 경험 속에서 만들어지는 것"(LW10: 9)이다. '예술품'은 예술가가 만든 '하나의 경험'(an experience)으로서 회화, 조각, 시, 건축물 등과 같이 외부 질료로 구성된 물리적이며 잠재적인 성격을 지닌 것이다. '예술작품'은 감상자가 예술품을 통해 '하나의 경험'을 창조함으로써 소유한 미학적 의미를 향유하는 활동에 의해 성립한다. 듀이가 예술을 이렇게 정의하는 데 있어서 주목해야 할 것은 "예술품인 물리적인 대상을 실제적인 예술작품인 고양시키는 경험활동과 구분한다"[7]는 점이다.

이러한 구분을 통해 예술을 정의한 이유는 예술대상을 중심으로 예술을 평가하기 위한 기준 내지는 척도를 발견하는 것으로부터 예술적 경험으로 시각을 전환하기 위해서다.[8] 예술을 예술품과 예술작품으로 구분하여 정의하게 되면 중요한 것은 예술대상이 아니라 그 예술대상으로부터 획득한 고양된 경험 활동이 된다. 분석미학이 예술의 진위를 구분하기 위한 기준으로서 객관적 진리를 제공하기 위해 예술 '대상'에 초점을 두었다면, 듀이는 예술대상과 감상자 사이의 '관계'에 초점을 둔다. 그리하여 듀이의 예술이론에서 중요한 것은 감상자가 예술대상을 향유하는 활동이다.

듀이가 예술을 미적 경험으로 정의할 경우 문제가 되는 것은 그것이 "말로 표현할 수 없는 것"이며 "말들로 지시될 수는 있지만 묘사되거나 정의되지는 않는다"(LW10: 196)는 점이다. 미적 경험은 그 '질성'(quality)이 직접적으로 느껴지는 비인지적인 것이어서 추론을 통해 인식할 수 없기 때문이다. 여기에서 문제가 되는 것은 비인지적인 미적 경험이 예술가치의 원천이 될 때 예술품의 서열을 매기고 평가하기 위한 기준으로 적합한가 하는 것이다. 즉 미적 경험은 직접적으로 느껴지는 것이므로 "직접성을 공식화하는 것은 불가능하여 비평의 가치판단을 정당화하는 기준으로 부적합"[9]하다는 것이다.

미적 경험은 우리가 직접 경험하는 것이므로 일시적이고 불안정하여 증거로서 서술적으로 증명하거나 보존할 수 없다고 비판받는다.[10] 이러한 측면에서 하버마스(J. Habermas)는 근대예술에 대한

7) Richard Shusterman, "Aesthetics," in John R. Shook and Joseph Margolis, eds., *A Companion to Pragmatism* (Oxford: Blackwell Publishing, 2009), p. 356.

8) 슈스터만, 『프래그마티스트 미학』, p. 42 참조.

9) 같은 책, p. 111 참조.

10) 같은 책, p. 112 참조.

듀이의 기획에 관하여 어떻게 비인지적 것이 인지적인 것과 제약되지 않는 상호작용을 창조할 수 있는지에 대해 물음을 제기한다.[11] 이것은 미적 경험으로 예술을 정의할 경우 명제로 표현할 수 없으므로 인지적인 설득 작업을 할 수 없으며 다만 직접적인 경험에 의해 미적 가치가 있다고 말할 수 있기 때문이다. 듀이의 이러한 주장은 가장 충만한 의미가 언어적 상징에 의해서가 아니라 예술작품에서 가장 잘 파악된다고 본 배경에서 비롯된다. 예술가의 사유에서는 인지적인 것과 비인지적인 것이 서로 뒷받침하여 창조적인 관계로 등장하기 때문이다. 예술가의 이러한 논리는 듀이가 주장하는 질성적 사고의 논리에서 비롯된다.[12]

비평의 기준을 제공하지 못하는 데에도 불구하고 듀이가 예술을 미적 경험으로 정의한 것은 미적 경험에서 느끼는 만족은 직접적이고도 생생한 예술 가치를 표명하고 있다는 점을 부정할 수 없기 때문이다. 듀이에게 있어서 정의란 "하나의 경험을 향해 바르게 나아갈 수 있는 방향을 지시할 때 좋은 것"(LW10: 220)이다. 그리하여 예술에 관한 좋은 정의는 우리의 삶을 더 풍부하게 해주거나 더 좋은 미적 경험에로 효과적으로 이끌어 주는 것이다. 듀이의 관심은 예술대상의 진위를 구분하기 위한 기준들을 발견하기보다 "예술이 우리에게 얼마나 많은 것을 의미하는지 그리고 우리가 예술대상에서 얼마나 많은 다른 질성들을 살피고 향유할 수 있는지를 강조"[13]하는 데 있다.

---

11) Jürgen Habermas, "Modernity," in H. Foster and trans. S. Benhabit, eds., *The Anti-aesthetic: Essays on Postmodern Culture* (Port Townsemd, WA: Bay Press, 1983), pp. 11-12 참조.

12) John Dewey, "Qualitative Thought," *The Later Works, 1925-1953*, Vol. 5. ed. Jo Ann Boydston (Carbondale, Ill.: Southern Illinois University Press, 2008), p. 250 참조.

듀이에게 있어서 예술은 실재 자체를 모방하는 것이 아니라 인간이 "경험한 실재의 명백한 형식"[14]이다. 랭거(S. Langer)는 이것을 '삶 형식'(living form)이라고 표현하는데 이것은 "의미를 현재화하고, 구현하고, 창조하는 것"[15]을 말한다. 이 형식에 의해 예술은 무감각한 습관을 넘어서서 의미의 감(sense)을 생생하게 유지시켜 주는 수단이 된다(LW10: 350). 듀이가 전통미학의 입장을 거부하고 수용한 것은 모든 경험의 의미를 창조하고 향유하는 '삶의 예술'(art of living)이다. 슈스터만(R. Shusterman)은 듀이의 이러한 시도를 분석미학과 대비하여 "선행하는 진리의 발견으로서의 비평에서 향유된 의미창조의 비평으로의 전환"[16]이라고 주장한다.

슈스터만에 의하면 듀이는 "예술의 정의를 충족시켜줄 예술대상의 필요충분조건을 부여하거나 예술작품을 평가하고 등급을 매기기 위한 공식들을 제공해 주는 전통적인 예술이론을 추구하지 않았다."[17] 그래서 라이언(A. Ryan)은 듀이가 전통적인 미학의 관점에서 그 주제들에 관해 논의하지 않으므로 그의 예술이론은 예술작품을 평가할 기준이 없다고 말한다. 그렇지만 그는 또한 듀이가 예술비평에 관한 형식을 갖고 있지 않다고 해서 미학이론을 갖고 있지 않다고 말하는 것도 어렵다고 여긴다. 그는 듀이의 예술이론을 20세기 예술이론의 표준 범주에 따라서 "표현주의 이론"[18]으로 간주한다.

---

13) Alan Ryan, *John Dewey and the High Tide of American Liberalism* (New York: Norton, 1995), p. 257.

14) 슈스터만, 『프래그마티스트 미학』, p. 105.

15) Johnson, *The Aesthetics of Meaning and Thought*, p. 219.

16) 슈스터만, 같은 책, p. 64.

17) 같은 책, p. 113.

18) Ryan, 같은 책, pp. 253, 258.

라이언도 듀이의 예술 개념을 의미를 창조하고 향유하는 의미 만들기로 본다. 그는 듀이가 관심을 가진 것은 예술의 사회적인 역할이므로 우리에게 중요한 것은 주어진 작품이 성공적인 것인지 아닌지의 여부를 결정하는 방식보다 왜 예술이 중요한지를 해명하는 것이라고 보았다.[19] 즉 듀이는 미적 경험을 자세히 설명하는 과제를 수행하기 위해 인간 스스로가 관여하고 있는 경험을 일상적으로 향유하여 성장하는 방식에 관해 발생적 사회심리학적 해명을 한다는 것이다. 듀이의 예술이론에서 중요한 것은 우리의 삶 속에서 경험의 의미를 향유하고 성장하는 것에 관심을 갖는 것이다.

듀이가 실천을 보다 강조하는 실용주의적인 시각에서 제안하는 예술은 경험을 통해 의미를 창조하고 향유하는 활동이라고 할 수 있다. 듀이의 예술이론은 경험을 통해 해명되는데, 경험은 공간적으로 인간과 환경과의 '상호작용'을 통해 발생하고 그것은 시간적으로 단절이 없는 '연속성'을 유지한다. 우리의 삶은 이러한 경험들로 구성되는데 이 경험들 중에는 불완전한 경험들도 많으며 그 중에서 목적을 달성한 경험이 '하나의 경험'이다. 듀이의 예술이론에서 하나의 경험은 경험의 의미가 발생하거나 강화되는 기반을 제공하는 의미의 단위라는 점에서 중요하다.

하나의 경험은 그것을 구성하는 다양한 요소들이 통일된 것으로 완결을 향해 나아가며 시작과 과정과 끝을 갖는다. 그것은 유기적으로 통합되어 변화하고 발전하는 과정을 통해 경험 전체를 하나로 물들인 독특한 '질성'(quality)을 가지며, 현재의 경험은 이전 경험과 연속성을 띠며 새로운 것으로 발전한다. 이렇게 완성된 하나의 경험은 다른 경험과는 달리 '완결성', '유일성', '통합된 정서' 등

19) 같은 책, pp. 256, 265 참조.

의 특징을 갖는다.[20] 하나의 경험의 사례로서 "만족할 만한 하나의 작품을 완성하는 것, 문제를 해결하는 것, 경기를 마치는 것, 대화하는 것, 책을 쓰는 것, 혹은 정치 캠페인에 참여하는 것"(LW10: 42) 등을 들 수 있다. 이 사례들에 의하면 하나의 경험은 예술품에만 해당되는 특별한 종류의 것이 아니라 우리의 일상적인 삶 경험들도 하나의 경험이 될 수 있다. 예술작품에서 미적 경험은 예술가가 창조한 의미있는 하나의 경험인 예술품을 감상자가 그 질적 의미를 소유하고 하나의 경험으로 재구성하여 향유함으로써 발생한다. 이러한 점에서 듀이의 예술은 의미를 창조하고 향유하는 의미 만들기이다.

3. 잃어버린 연속성을 찾아서: 예술을 삶과 통합하기

듀이의 시각에서 전통적인 예술이론의 가장 심중한 문제는 예술이 일상적인 삶에서 사적이고 주관적인 것으로 간주되어, 문화의 주변부로 밀려나게 되었다는 점이다. 듀이가 원하는 것은 예술을 일상적인 삶으로부터 제외시키지 않는 것이었고 그는 "삶으로부터 예술을 이탈시킨 것에 대항"[21]하기 위해 『경험으로서의 예술』을

---

20) Philip W. Jackson, *John Dewey and the Lessons of Art* (New Haven, Conn.: Yale University Press, 1998), pp. 7-11 참조. 잭슨은 하나의 경험의 특징 세 가지로 완결성(completeness), 유일성(uniqueness), 통합된 정서(unifying emotion)를 든다. 완결성이란 내적으로 통합된 경험은 다른 경험과 구분되어 완벽함의 정도가 존재한다는 것이고, 유일성은 완결된 경험이 유일한 질성으로 구성된 하나의 전체로서 통일된 것이며, 통합된 정서는 정서가 하나의 경험의 다양한 복합적인 요소들을 통일한다는 것이다.

21) Johnson, 같은 책, p. 13.

썼다. 듀이의 예술의 과제는 예술 영역에만 한정된 협소한 미적 경험을 삶에로 확장시키기 위해 일상적인 경험과 미적 경험 사이의 연속성을 복원하는 것이다(LW10: 16). 듀이가 예술의 과제를 통해 비판하고 있는 것은 박물관 예술이며 그것의 배경이 되는 것은 미적인 것을 느낌에 의한 경험 유형으로 구획하여 협소해진 칸트적인 미적 경험이다.

칸트의 미학에서 어떤 것이 아름다운 것인지 아닌지를 구별하는 것은 '취미판단'이다. 취미판단은 "주관의 쾌 또는 불쾌의 감정"과 관계하므로 "미감적/감성적"이지 논리적인 인식판단이 아니다.[22] 취미판단의 가장 큰 특징은 '무관심'이라고 할 수 있는데, 그것은 "조금이라도 이해관심이 섞여 있는, 미에 대한 판단은 매우 당파적이고 순수한 취미판단이 아니라는 것"[23]이다. 즉 대상의 아름다움은 주관의 이해관심과 무관하여 순수하게 관조적으로 판정된다는 것이다. 따라서 취미판단은 주관의 쾌나 불쾌의 감정에 국한되지만 자극에 의해 욕구능력을 만족하기 위한 것도 아니고 지성에 의해 논리적으로 이론적이거나 실천적인 인식을 목적으로 하는 것도 아니다.

듀이는 칸트가 "미적 경험을 다른 종류의 경험과 다른 별개의 것으로 구분"(LW10: 257)하는 데 기여했다고 비판한다. 칸트는 지적 영역과 도덕적 행위를 제외한 "순수한 감정"의 영역에 "미라는 용어"를 붙이고 "판단 능력"으로 간주한 것이다(LW10: 257). 이때 감정이란 순수해서 욕구에 오염되지도 않고 심지어 경험과도 관련이 없으며, 판단은 이성에 의한 반성적 사고가 아닌 직관적 판단이

22) 임마누엘 칸트, 『판단력비판』, 백종현 역 (파주: 아카넷, 2014), p. 192.
23) 같은 책, p. 194.

다. '순수'하다는 것은 주관의 취미판단이 "다른 것들과 아무런 관련도 맺지 않는 고립되고 분리된 상태에 있다는 것"이므로, 칸트의 미는 "욕구, 행위, 정서적 자극과는 관련"이 없다(LW10: 257). 칸트가 의도하는 이 판단능력을 잘 드러내는 것이 '관조'이며, 그것이 일어나는 미적 요소는 "즐거움을 향유하는 것"(LW10: 257)이다.

듀이가 지적하는 칸트 미학의 문제점은 미적 인식을 이성적 사고에 종속시키고 미적인 것을 지적 인식에 의존하여 이해하고 설명하는 데 있다. 그것은 칸트의 미학이론이 "예술에 대한 재현적 본성이 강조되고, 그 주제들이 규칙적이거나 반복하는 것과 같은 이성적 본성을 재현한 시대에 적합한 이론"(LW10: 258)이었기 때문이다. 칸트는 판단을 산출하는 지식 유형의 가능성을 인지 조건들에 초점을 두고 인식론 철학을 구성하려고 했기 때문에 지식과 관련이 없는 "미적 경험과 판단을 비인지적이고 주관적인 위상으로 강등"[24]시킨 것이다.

제2세대 인지과학적 탐구의 성과들을 수용하여 듀이의 미학을 재해석하는 존슨은 이렇게 미학이 지식으로부터 분리되어 주변화된 것은 칸트의 미적 판단 이론의 영향 때문이라고 비판한다. 또한 현대 분석미학과 예술이론 역시 칸트의 방식으로부터 영향을 받아 미적 경험을 느낌이라는 경험 유형으로 협소화하여 미학의 영역을 평가절하한다. 즉 예술이 삶으로부터 이탈한 것은 칸트가 미적 판단의 보편성을 확보하기 위해 미학이론이 일반적인 경험으로부터 이탈하기 위한 지반을 발견한 데 있다. 칸트는 우리가 무관심한 만족에 의해 일상적인 삶과 실천적으로 관련되지 않을 때에만 "순수성, 보편성, 초월에서 자연의 혹은 예술대상의 미를 경험"[25]할 수

24) Johnson, 같은 책, p. 6.

있다는 것이다.

이렇게 칸트의 미학이 실천적인 삶으로부터 이탈하게 된 것은 이성과 감성이 전제된 인식론적인 토대 위에 미적 판단을 세우려고 했기 때문이다. 외부 사물에 대한 감각 표상은 주관의 쾌/불쾌와 관련되기 때문에 객관적 인식의 요소가 될 수 없는 것이다. 칸트의 미학은 미적 경험을 일상적인 삶의 실천적인 관심사 위에 혹은 그것 너머에 놓음으로써, 예술의 가치가 일상적인 우리의 삶과 아무런 관계도 갖지 않게 되었다. 칸트 미학에서 예술이 삶으로부터 이탈하게 된 것은 이성과 감성의 구분을 전제하고서 경험을 지적, 도덕적, 미적인 것으로 구분했기 때문이다.

이에 반하여 듀이는 예술을 경험적으로 해명함으로써 미적 경험과 일상적 경험의 연속성을 복원하여 예술과 삶의 통합을 시도한다. 듀이의 경험철학은 어떠한 형이상학적인 전제도 없이 교호작용하는 유기체와 환경의 상황에서 전개되기 때문에, 그의 예술에 관한 논의에서 예술작품도 "공통 경험에서 발견된 질성들을 이상화하는 방식으로 표현"(LW10: 17)된다. 듀이의 상호작용하는 경험에 근거하게 되면 칸트의 미학에서처럼 대상의 질성과 대상에 대한 관심을 철저히 배제하는 것은 가능하지 않다.[26] 칸트는 미적 대상에서 객관적인 관심을 확보하기 위해 삶으로부터의 이탈이 필요했고, 이를 위해 인간이 필요로 하는 것을 목적의 맥락 밖으로 내몰았다. 그러나 삶으로부터 이탈한 칸트의 미학에 대해 존슨은 "우리가 현상을 실천적이고 현실적인 자아의 통제 밖에 놓는다면 누가 미적 대상을 경험하고 그것의 의미를 파악하는가?"[27]라고 묻는

25) 같은 책, p. 10.

26) 박연숙, 「존 듀이의 경험 개념에 근거한 미적 무관심성 비판」, 『철학연구』, 제104집 (2007), pp. 125-126 참조.

다. 예술작품이 우리 자아와 연관되지 않는다면 그것은 의미를 가질 수 없기 때문이다.

칸트로부터 비롯된 미학 영역의 협소화와 주변화는 20세기 분석철학의 절정기를 지배했다. 듀이의 예술이론은 미학의 주변화라는 사실에 직면하여 삶으로부터 이탈한 예술을 다시 삶과 통합하려는 시도이다. 그것은 예술이 일상적으로 존재하는 것을 넘어섬으로써 삶에서 예술이 편재한다는 것을 간과하는 경향에 대한 그의 대응이다. 따라서 일상적인 삶과 미적 경험 사이에서, 그리고 원초적인 삶의 형식과 진전된 삶의 형식 사이에서 연속성을 복원하는 것은 삶 내에서 예술을 실천하는 문제이다.[28] 미적 경험과 일상적인 경험 사이에서 잃어버린 연속성을 복원하기 위한 듀이의 시도들은 다음과 같이 구성될 수 있다.

1) 순수예술과 대중예술의 구분 비판

듀이는 예술을 삶으로 돌려놓기 위해 박물관 예술을 비판한다. 왜냐하면 박물관 예술은 예술을 순수예술에 국한하여 예술대상을 그것이 만들어진 문화적 풍토로부터 격리시킬 뿐만 아니라 예술대상에 집착하고 그것을 강화하기 때문이다. 박물관은 예술대상들로 가득 차 있지만 사실상 예술대상은 박물관에 진열하기 위해 만들어진 것이 아니다. 예술대상들은 인간 삶의 필요에 의해 생산된 것이므로 "조직화된 공동체의 의미있는 삶의 일부"(LW10: 13)였다. 분석미학은 칸트로부터 영향을 받아 예술대상에 집착하여 박물관

---

27) Johnson, 같은 책, p. 11.

28) Richard Eldridge, "Dewey's Aesthetics," in Molly Cochran, ed., *The Cambridge Companion to Dewey* (Cambridge: Cambridge University Press, 2010), p. 258.

예술을 강화했지만 듀이는 그러한 영향으로부터 벗어나기 위해 예술대상으로부터 그것의 경험으로 전환한다. 듀이는 박물관 예술을 비판하고 이를 극복하기 위해 예술을 미적 경험으로 정의하고, 예술작품에 대한 감상을 강조함으로써 예술대상의 한계를 넘어서려는 것이다.

박물관 예술의 문제점은 그 자체에 있는 것이 아니라 예술을 순수예술이라는 독립적인 영역에 국한 시킨다는 데 있다. 그로 인해 예술은 일상적인 경험과 단절되어 고차원적인 것으로서 "정신화" (LW10: 17)되어 버린다. 슈스터만은 칸트적 전통의 오류가 "도구적 가치와 내재적 가치의 대립을 전제"하고서 "예술의 가치를 보호하기 위해" 예술을 도구적 가치로부터 분리시킨다는 데 있다고 지적한다.[29] 칸트의 미는 비도구적인 목적, 즉 그 자체에 내재한 가치이다. 그러나 듀이에게 예술을 위한 예술은 없으며 "예술은 도구적인 가치인 동시에 그 자체로 만족스러운 목적이다"(LW10: 144). 모리스(B. Morris)에 의하면 듀이의 이론이 탁월한 것은 순수예술을 그 자체 한 분류로 분리하는 것을 거부한 점에 있다. 순수예술이 응용예술과 분리되지 않고 연속적인 것은 첫째 응용예술이 단지 실천적이지만은 않고 항상 완결적인 국면을 포함한다는 점을 들 수 있고, 둘째 궁극적인 것으로서 경험된 대상은 순수예술로 간주되어야 한다는 점에서이다.[30]

예술작품이 사회 및 일상적인 경험과 단절하게 되면 예술가들은 사회적 유용성에 무관심하게 되어 일반대중들의 취향에서 멀어진

---

29) 슈스터만, 『프라그마티즘 미학』, p. 28.

30) Bertram Morris, "Dewey's Theory of Art," in Jo Ann Boydston, ed., *Guide to the Works of John Dewey* (Carbondale, Ill.: Southern Illinois University Press, 1970), p. 167.

다. 그러나 사람들은 일상적인 삶에서 예술을 접할 수 없을 때에도 여전히 예술을 즐기려는 충동을 가지고 있으므로 일상적인 삶 내에서 손쉽게 접할 수 있는 영화, 재즈, 만화 등의 대중예술이 주는 즐거움을 느끼게 된다. 듀이는 기술자들이 예술가의 작품과 비교할 정도로 미적으로 우수한 물건을 만들어 낸다면 사람들의 예술을 인식하고 감상하는 능력이 발전하므로 순수예술과 대중예술의 구분은 별 의미가 없다고 여긴다. 이것은 예술을 순수예술에 한정시키지 않으며 순수예술과 대중예술의 구분을 비판하고 예술의 영역을 확장하려고 한 것이다. 예술의 대중화가 가치있는 것은 예술적인 것으로 인정받지 못했던 것들을 예술대상으로 포함시키는 데 있다(LW10: 343).

2) 무관심한 만족에서 직접적 만족으로

칸트의 미적 판단 능력은 감정의 영역에 국한되어 주관의 쾌/불쾌와 관련되지만 그것은 순수하므로 관조하는 '무관심성'(disinterestedness)에 의해 잘 드러난다. 미적 판단의 무관심성에 의해 "욕구나 필요는 생명체의 외부에 있는 물질을 통해서만 충족"(LW10: 260)될 수 있기 때문에 배제된다. 그러나 듀이의 예술이론에서 "욕구와 필요는 예술작품을 제작하는 데 있어서 미적 경험의 필수적인 구성요소"(LW10: 260)이다. 듀이에 의하면 관조하는 무관심성은 생명체와 환경의 긴밀한 관련성이 깨어진 데에서 발생하며 다양한 인간적 요소들이 연결되지 않아 사고, 감정, 감각, 목적, 충동을 전혀 별개의 것으로 보게 된다(LW10: 257). 요소들을 분리된 것으로 보게 되면 결국 예술이론은 어느 한 가지 측면만을 강조하는 선택적인 것이 된다.

듀이는 칸트에 대항하여 욕구와 사유를 미적 경험으로부터 배제시키는 것이 아니라 그 안에 구현하여 통합한다.[31] 듀이가 주장하는 "미적 경험은 욕구나 지적인 사고 작용이 없는 경험이 아니라, 욕구나 사고가 인식적 경험에 완전히 통합되어 실천적 경험이나 지적인 경험과는 구별되는 미적 성격을 띠게 된 경험"(LW10: 258)을 말한다. 『경험으로서의 예술』은 아무리 미적 경험이 구획화되어 차원이 다른 것으로 격상된다고 할지라도, 그 뿌리는 인간의 욕구와 필요를 만족시키는 일상적인 경험에 뿌리를 두고 있다는 것을 강조한다. "미적으로 향유하고 예술적으로 실행하는 뿌리는 이성적인, 자기 의식적인 인간의 반성 층위 아래에서 시작한다."[32] 예술이란 살아 있는 유기체가 자신이 필요로 하는 것을 충족시키기 위해 자신을 둘러싸고 있는 환경 사이에서 능동적인 행하기와 수동적인 겪기 사이에서 상호작용하는 가운데 발생한 것이다.

듀이는 예술작품을 일상적인 삶 속에서 보게 되는 것과 다르게 고차원적인 것으로 생각하려는 것에 반대한다. 듀이가 말하는 삶의 목적들을 충족시키는 예술에는 다음과 같은 것이 있다(LW10: 330). 예를 들어 의례와 의식은 살아 있는 자와 죽은 자를 연결해 주는 공동체 의식을 갖게 하는 데 그치는 것이 아니라 그 이상의 기능과 역할이 있다. 그리고 전쟁이나 추수 때에 춤을 추는 것도 필요한 힘을 결집시키는 데 그치지 않고 그 외에 공동체를 유지하는 실제적인 것과 결합된다. 예술은 바로 이러한 것들 안에서 발생한다. 이러한 활동들은 가장 강렬하고 오래 기억될 수 있는 경험의 필요와 조건을 갖추고 있기 때문이다. 이 모든 것들에는 미적 요소

31) Eldridge, "Dewey's Aesthetics," p. 248 참조.

32) Ryan, *John Dewey and the High Tide of American Liberalism*, p. 257.

가 들어 있기는 하지만, 그것들은 모두가 예술 이상인 것이다 (LW10: 244).

3) 이성과 감성의 이원론적 사고로부터 질성적 사고로

듀이는 예술의 성격을 철학적으로 검토하기 위해서는 심리학적 논의가 필수적이라고 말한다. 왜냐하면 "미적 경험에는 인간의 '심리적' 요소"가 있어서 "예술작품의 의미를 파악하고 해석하는 데 감각, 정서, 감정, 직관 등의 심리학적 용어가 중요한 역할"(LW10: 250)을 하기 때문이다. 그러나 칸트는 잘못된 심리학에 근거하여 '미'를 욕구, 행동, 정서적 흥분과 관련이 없는 것으로 봄으로써 미의 상아탑에 이르는 길을 열게 되었던 것이다. 칸트의 미학은 당시의 통속 심리학에 대답한 결과로서 이성과 감성의 이원론을 전제하고 정신의 작동에 기반하여 예술의 기원을 해명하고 있다.[33)]

듀이의 예술이론에서 창조된 의미를 향유할 수 있는 것은 인간에게 '질성적 사고'(qualitative thought) 능력이 있기 때문이다. 질성적 사고란 하나의 상황을 통일된 총체적인 질성으로 포착하는 능력이다. 이 질성적 사고는 인지적인 것만은 아니고 느껴지는 것으로 이성과 감정이 긴밀하게 결합되어 인지적인 것을 넘어서서 인지적인 것과 비인지적인 것이 구분되기 이전에 상황 전체를 파악하는 사고 능력이다.[34)] 듀이에 의하면 진정한 사유는 직접적으로

---

33) 존슨에 따르면 이론적, 도덕적, 미적 경험 영역들 사이의 구분에 근거한 통속 이론들은 인지과학적인 탐구의 성과들에 의해 대부분 문제점이 있는 것으로 드러났다. 마크 존슨, 『도덕적 상상력: 체험주의 윤리학의 새로운 도전』, 노양진 역 (파주: 서광사, 2008), p. 412 참조.

34) 박철홍, 「듀이의 경험 개념에 비추어 본 사고의 성격: 이성적 사고와 질성적 사고의 통합적 작용」, 『교육철학연구』, 제33집 (2011), p. 87 참조.

경험되는 질성에 뿌리를 두고 있다. 듀이는 어떤 상황에 대해 느낀 질성이 있어야 사고가 시작되므로 논리적인 사고 및 과학적인 사고도 느낀 질성이 없이는 가능하지 않다고 본다. 듀이에 의하면 질성이라는 직접적인 존재는 "모든 사유의 배경이고, 출발점이며, 규제하는 원리"[35]를 제공한다.

듀이의 경험철학에서 사고는 상황의 질성을 파악함으로써 발생한다. 이 질성적 사고는 "분석되지 않는 전체로부터 시작"[36]하며 이런 전체적인 인상을 파악하고 난 이후에야 그것을 구성하고 있는 사물이나 특성, 관계를 구분한다.[37] 예를 들면 그림을 감상하게 될 때 먼저 그림을 통일된 전체적인 것으로서 파악한 다음에 그림에 대한 세부적인 것을 천천히 보게 된다는 것이다. 듀이는 질성적 사고에 의해 우리가 의미를 포착하는 것에 대해 "의미의 내용이 가장 충만하게 포착되는 것은 예술 전문가가 예술작품에 관해 판단할 때"[38]라고 말한다. 이 질성적 사고는 이성과 감성의 이원론을 전제한 이성 중심적인 사고에서 예술을 해명하는 칸트의 시도를 극복할 수 있는 듀이의 대안적 사고라고 할 수 있다.

듀이는 예술작품을 그 원천인 삶으로부터 분리시키는 것에 반대했으며 예술작품을 이해하기 위해서는 그것이 제작된 삶 속으로 들어가 읽어내야 한다고 보았다. 예술은 그것이 제작된 시대의 한 표현이므로 예술작품은 그들에게 '사회적 의미'를 갖는다. 예술가는 일상적인 것을 변형하여 일상적인 것을 넘어서는 것을 창조한

35) Dewey, "Qualitative Thought," p. 261.

36) 같은 책, p. 249.

37) 예술대상을 감상할 때 질성적 사고에 관한 듀이의 주장은 터커에 의해 입증된다는 것을 앞의 제7장에서 다루었다.

38) 같은 책, p. 250.

다는 점에서 "초월적이며 자율적"[39]이다. "정제된 예술작품에 구축된 미적 경험의 의미의 깊이와 폭은 우리로 하여금 '그것들과 함께 살아갈' 수 있게 해 준다."[40] 그리고 "미적 안목이란 향유된 경험의 의미를 삶의 한 부분으로 만드는 것이다."[41] 이렇게 예술을 삶과 통합함으로써 듀이가 의도하는 것은 삶 속에서 경험의 의미를 창조하고 향유하는 의미 만들기를 통해 삶을 보다 풍부하게 고양시키는 것이다. 듀이에게 예술은 일상적인 삶에서 인간의 의미를 구성하는 모든 요소들에 해당되므로 "모든 삶의 국면에서 미적 차원이 중심적인 역할"[42]을 한다.

4. 성장으로서의 예술

미적 경험과 일상적인 경험의 연속성이 복원되면 듀이는 더 이상 근대예술에 대한 시각을 공유하지 않으므로 초월화나 정신화에 대한 대안으로서 삶을 지각하는 질성을 다룬다. 듀이는 미적인 것을 올바르게 이해하기 위해 예술작품을 낳은 생생한 일상적인 경험으로부터 시작한다. 이제 삶에 있어서 예술의 자리는 가공되지 않는 채 있는 그대로의 사건과 장면에 몰두하여 관심을 불러일으키고 세계를 경험하는 즐거움을 얻는 것에 있다. 생생한 경험은 우리를 살아 있게 하기 때문이다. 듀이는 생생한 경험을 만드는 사람

39) 같은 책, p. 224.

40) 같은 책, p. 222.

41) Herbert Mead, *The Philosophy of the Act*, ed. Charles W. Morris in collaboration with John M. Brewster, et al. (Chicago: University of Chicago Press, 1938), p. 455. 에임즈, 『실용주의』, p. 220 재인용.

42) Johnson, *The Aesthetics of Meaning and Thought*, p. 14.

과 그것을 보는 사람에 관해 다음과 같이 서술한다.

> 서둘러 맹렬하게 달리는 소방차, 땅에 거대한 구멍을 파는 굴착기; 가파른 빌딩을 기어오르는 인간 파리; 빨갛게 닳아 오른 볼트를 던지고 받으면서, 공사장 공중에 있는 강철 빔 위에 앉아있는 남자와 같이 군중을 사로잡는 광경들. 야구선수의 탄력적인 육체의 우아함이 관중들의 마음을 얼마나 사로잡는지 그 광경을 보는 사람, 식물을 가꾸는 가정주부의 기뻐하는 모습 혹은 집 앞에 있는 정원을 관리하는 그녀 남편이 흥겨워하는 모습을 바라보는 사람, 난로 속에서 타고 있는 나무를 부지깽이로 쑤셔서 화염이 날리고 숯이 부서지는 것을 바라보는 인부의 모습을 보는 사람(LW10: 11).

듀이는 예술의 기원을 인간의 경험에서 찾는다. 이러한 생생한 경험에 예술의 기원이 있다면 예술은 예술가들만의 전유물이 아니며 삶 속에서 자신이 해야 할 일을 열심히 하고 그 일 속에서 기쁨과 만족을 발견하는 기술자의 활동으로부터 비롯된다(LW10: 11). 이러한 이론이 필요한 것은 현대미학과 예술이론이 순수예술을 구획화하여 현실로부터 격리함으로써 순수예술과 일상적인 삶을 균열시켰기 때문이다. 재료에 대한 예술가의 자기 의식적인 태도가 모든 경험, 즉 인간 삶의 전체 영역에 확장되었을 때, 그때 삶 자체는 예술이 될 수 있다.[43)]

듀이의 예술이론과 미학은 전통적인 예술이론 혹은 미학과 다르기 때문에 예술을 평가하는 기준도 다르다. 듀이는 모든 경험이 발전을 통해 일정한 수준을 이루어 통합적이고 정합적이며 완결적인 것이 되면 미적 차원에 도달한다는 것을 이해한 철학자이다.[44)] 듀

43) Thomas Alexander, *John Dewey's Theory of Art, Experience, and Nature: The Horizons of Feeling* (Albany, N. Y.: SUNY Press, 1987), p. 185 참조.

이는 모든 일상적인 삶에 미적 경험이 편재하는데 오히려 그것이 간과되고 있으므로 예술을 올바르게 이해해야 한다고 주장한다. 따라서 그는 이를 위해 지금까지와는 다른 새로운 접근방식에 의한 새로운 예술철학을 제안한다. 새로운 접근방식이란 "일상에서 마주치는 평범한 사물들에 대한 경험으로 되돌아가 그 경험이 갖는 미적 특성을 찾아내는 것"(LW10: 16)이다. 그래서 듀이는 일상적인 사물들이 예술적인 만들기의 형식으로 성장하는 것에 관심을 갖는다(LW10: 18).

듀이는 경험을 통해 예술이론을 해명하므로 자연주의적인 태도를 견지한다. 그는 경험이 많은 감상자는 예술작품을 통해 주어진 인상을 넘어서서 "어느 정도 객관적으로 식별할 수 있는 수단"(LW10: 309)[45]을 가지고 있으므로 예술적 경험을 통해 감동할 수 있다고 말한다. 이것이 가능한 것은 예술이 인간의 "경험의 공통성"(LW10: 337)에 기반해 있고 예술에 대한 경험은 기억할 만한 것으로서 사회적으로 공유되기 때문이다. 물론 예술품을 제대로 감상할 수 있는 능력을 기르기 위해서는 "오랜 시간 동안 훈련을 통해 지식과 기술"(LW10: 60)을 쌓는 것이 필요하다.

알렉산더(T. Alexander)는 듀이의 예술에서 나쁜 예술작품은 느낀 의미를 표현하고 실현하는 재료들을 통합하는 데 실패한 것이고, 좋은 예술작품은 통합성과 심오함으로 인하여 '완결'과 '완성'을 이룬 것이라고 구분한다.[46] 또한 존슨은 듀이의 예술에서는 "좋

---

44) 존슨, 『도덕적 상상력』, pp. 412-413 참조.

45) 듀이에게 있어서 예술가는 일반인들과 달리 경험의 순간에 "질성을 포착할 수 있는 능력을 가진 존재"이다. 정낙림, 「예술과 생리학: 니체와 듀이를 중심으로」, 『철학논총』, 제102집 (2020), p. 390.

46) Thomas Alexander, "The Art of Life: Dewey's Aesthetics," in Larry Hickman, ed., *Reading Dewey* (Bloomigton, Ind.: Indiana University Press, 1998), pp. 14-15 참조.

은 예술작품만이 의미의 발전, 확장, 해방에 관한 모범적인 사례를 제공"하므로, 그것은 일상적으로 날마다 일어나는 것에서 정례적으로 접근할 수 없는 "의미의 심오함과 강렬함"을 준다고 말한다.[47] 이렇게 충만하고 풍부한 의미를 주는 좋은 예술작품은 우리를 '성장'으로 이끈다고 할 수 있다. 미적 경험에 의한 성장은 예술대상과 감상자와의 관계에 기반한 향유로부터 발생하는 것이기 때문에 예술대상의 진위를 구분하기 위한 척도 내지는 기준을 발견하는 것과는 다르다.

삶과 통합된 예술이란 경험을 통해 의미를 창조하고 향유하는 활동으로서 의미 만들기라고 할 수 있으며 이러한 예술이 지향하는 것은 성장이다. 듀이가 미적 경험을 통해 예술을 정의함으로써 지향하는 것은 의미와 가치가 보다 풍부한 삶이고 또한 그것은 자아의 '성장'을 실현하도록 해준다는 것이다. 듀이는 삶이 곧 성장이라고 보는데,[48] 그것은 바로 가치있는 삶의 특징이다. 성장이란 경험의 성장을 의미하므로 "경험의 재구성"이다.[49] 듀이에게 있어서 성장은 "지적, 정서적, 도덕적 목적을 포용"하는 포괄적인 것으로 그의 사유에서 중심적인 위치를 차지한다.[50]

듀이의 예술이론에서 성장이 가능한 것은 일상적인 경험이 하나의 경험을 형성하고 미적 경험에 도달하는 발전 원리를 갖고 있기

47) Johnson, *The Aesthetics of Meaning and Thought*, p. 221.

48) Dewey, *Democracy and Education: The Middle Works, 1899-1924*, Vol. 9, ed. Jo Ann Boydston (Carbondale, Ill.: Southern Illinois University Press, 2008), p. 56.

49) 듀이의 철학에서 성장은 "목적을 갖는 것이 아니라 그 자체가 목적이다." 즉 성장은 그 자체로 내재적인 가치를 갖기 때문에 어떤 목적을 갖지 않는다. 같은 책, p. 53.

50) Sidney Hook, "John Dewey: Philosopher of Growth," *The Journal of Philosophy*, Vol. 56 (1959), p. 1013.

때문이다. 미적 경험은 "강렬하게 느낀, 통일된 기억할만한 하나의 경험으로서 일상적인 경험으로부터 존립"[51]한다. 발전하는 경험의 원리를 삶에 적용시킨 것이 듀이의 예술이다. 삶은 생명력 있는 조화를 이루기 위해 환경의 불안정한 요소와 싸워서 회복하게 되면 '형식'(form)을 재구성한다. 여기서 형식이란 "하나의 사건, 대상, 장면, 상황에 관한 경험을 하나로 통합하는 힘의 작용"(LW10: 142)이다. 그것은 "질서 자체가 발전"(LW10: 20)한 것으로 삶 경험을 재구성하는 데 있어서 연속성이 이루어지면 성장을 포함한다.

듀이는 미적 경험이 연속성을 통해 재구성되고 그 안에는 성장의 의미가 내포되어 있다는 것에 관해서 다음과 같이 서술한다.

> 모든 통합된 경험에 형식이 있는 것은 역동적으로 조직되기 때문이다. 조직되는 것이 역동적인 것은 그것을 완결시키는 데 시간이 걸리고, 그것이 성장이기 때문이다. 역동적인 과정은 잠복기와 발전 과정, 수행을 통해 이루어지는데, 경험 재료는 경험하는 자가 이전 경험의 결과들로 구성된 마음을 갖고서 상호작용하여 생명력있게 조직화를 수행한다. 그리하여 구상한 것은 결과를 낳고, 그리고 그것이 공통된 세계의 일부로서 자각될 수 있을 때까지 조직화의 과정은 계속된다. 미적 경험은 이전부터 길게 지속해 온 과정이 정점에 도달할 때 다른 모든 것들을 통합한 강렬한 운동 속에서 한 번에 나타난다(LW10: 62).

우리의 경험은 과거의 축적된 경험을 바탕으로 현재의 상황에서 미래지향적인 결정을 통해 경험을 총체적이고 완결된 형태로 통합하므로 성장의 기반이 된다. 과인락(J. Gouinlock)은 성장의 과정을 분리할 수는 없지만 이해를 위해서 자아의 함양과 경험의 의미라는 두 국면으로 구분한다.[52] 첫 번째 국면은 자아의 함양으로서 자

51) Shusterman, "Aesthetics," pp. 356-357.

아가 습관에서 성장한다는 것이다. 즉 습관이 수정되어 강화·확장되면 인간은 새로운 행위 방식을 획득하게 되고 사유와 행위의 힘을 함양하여 가치와 의미가 보다 풍부해지는 행위 방식을 보장하게 된다. 자아가 습관에서 성장한다는 것은 개별자가 예술을 획득할 때 명백해지므로 과인락은 "숙련 형식에서의 성장은 예술로서 행위에서의 성장이다"[53]라고 말한다.

성장의 두 번째 국면은 경험의 의미를 고양시키는 것이다. 대부분의 일상적인 경험은 성장이나 목적 혹은 연관성이 없어서 고립적이고, 파편적이며, 무질서하고, 좌절적이어서 의미가 빈약하다. 이와 대조적으로, "경험이 예술일 때, 삶은 축적되고, 계속 진행되며, 가치가 풍부한 정보를 얻는다."[54] 왜냐하면 경험은 의미와 함께 성장하고, 성장은 인간의 의미가 확장하는 과정의 연속이므로 우리는 예술을 통해 경험의 의미를 함양하여 삶에 구현할 수 있기 때문이다. 따라서 경험의 의미를 고양시킴으로써 성장하는 것은 예술 개념에 중심적이다. 이러한 점에서 예술은 "성장의 도구"이고 "성장 과정은 예술형식을 띨 때 가장 활발하다."[55]

이렇게 두 국면의 과정으로 구성된 성장은 자아의 정체성이 예술에 의해 성장한다는 것에서 잘 드러난다. 듀이는 자아가 종결되거나 정지해 있지 않으며 성장을 향해 발전한다는 것을 다음과 같이 말한다.

---

52) James Gouinlock, *John Dewey's Philosophy of Value* (New York: Humanities, 1972), pp. 237-266 참조.

53) 같은 책, p. 241.

54) 같은 책, p. 253.

55) 같은 책, p. 250.

> 저지되는 발전 성과를 제외하고서, 고정된, 이미 만들어진, 종결된 자아란 없다. … 우리 인간의 정체성은 이 변화들을 함께 묶는 연속적인 발전을 위협하는 것에서 발견된다. 가장 엄밀한 의미에서, 자아가 가만히 정지해 있다는 것은 불가능하다; 그것은 생성하는데, 더 나은 것이거나 더 나쁜 것을 위해 생성한다. 그것은 덕이 귀속하는 생성의 질성 속에 있다. 우리는 도달해야 할 이런 저런 목적을 세우지만, 목적은 성장 자체이다.[56]

실용주의자들에게 있어서 자아는 하나의 실체가 아니라 상호작용을 통해 창발하는 복합적인 것으로 사회적인 것이다. 듀이는 자아를 "습관들의 상호침투(interpenetration of habits)"[57]라고 하는데, 그것은 "경험하기, 가치짓기, 생각하기, 행위하기의 습관 다발들"로서 "계속되는 경험 과정"[58]이다. 자아는 환경과 관계하는 습관들이 축적되어 형성되므로 인간성을 변화시키려면 습관을 변화시키면 된다. 자아는 행동의 결과로서 무엇인가를 겪게 되면 행하고 겪은 사물의 의미가 마음에 저장되기 때문에 변화한다.

자아와 관련하여 미적 경험의 고유한 가장 중요한 특징은 자아와 세계 사이에 구분이 없다는 것이다. 듀이에게 있어서 미적 경험은 자아에서 발생하는 것도 아니고 대상 자체에 있는 것도 아니다. 그것은 "인간과 환경이 서로 별개라는 구분이 사라지고 하나로 통합되어 하나의 경험을 만들 때 그 통합되는 정도에 비례하여 미적 성격을 띤다"(LW10: 254). 모든 의미있는 것으로 향유된 생생한 경험은 표현적 형식을 띤 미적 경험이며 이 경험을 통해 "자아는 성

---

56) John Dewey, *Ethics: The Later Works, 1925-1953*, Vol. 7, ed. Jo Ann Boydston (Carbondale, Ill.: Southern Illinois University Press, 2008), p. 306.

57) John Dewey, *Human Nature and Conduct: The Middle Works, 1899-1924*, Vol. 14, ed. Jo Ann boydston (Carbondale: Southern Illinois University Press. 2008), p.29.

58) Johnson, 같은 책, p. 203.

장"(LW10: 278)한다.

듀이의 예술이론은 "자아를 변형시키는 예술의 힘"[59]을 설명할 수 있다. 그것은 예술이 "의미에 대한 감(sense)을 최대한 활용하는 모범적인 경험의 형식"인 한에서 "자아 발전의 중심"에 있기 때문이다.[60] 존슨은 자아를 변형시키는 예술의 힘을 설명하는 견해를 발견하려면 듀이에게 전환할 필요가 있다고 주장한다.[61] 듀이의 예술이론은 예술을 평가할 정확한 기준을 제공하지는 않지만 예술이 자아를 변형시키는 힘이 있다는 것을 해명한다는 점에서 현실적인 설득력이 있어 보인다.

5. 맺는 말

이 글은 예술이론이 예술대상들에 대한 더 이상 평가의 기준을 제공하지 않는다면 예술은 무엇이 되어야 하는가에 대한 듀이의 대안이라고 할 수 있다. 듀이는 예술을 미적 경험으로 정의하여 그것은 비인지적이고 비명제적이어서 예술을 평가할 기준을 제공할

59) 같은 책, p. 206.

60) 같은 책, p. 203.

61) 존슨은 자아의 성장과 예술의 관계에 관한 듀이와 칸트의 견해 차이를 다음과 같이 지적한다. 듀이는 자아가 환경에 생물학적으로 문화적으로 상호작용하여 발전하기 때문에 미적 경험을 별개의 경험 유형으로 구획하는 것을 거부한다. 반면에 칸트는 미적 경험을 비인지적인 느낌의 경험이라는 특정한 유형으로 강등시켰기 때문에 예술은 인간의 느낌이라는 한 차원에만 영향을 미칠 수 있다. 따라서 듀이는 자아 성장의 형성과 변형에 있어서 예술이 의의있는 역할을 한다는 것에 관해 경험에 기반하여 자연주의적으로 해명할 수 있다. 반면에 칸트는 자아를 경험적 자아와 순수자아로 구분하고 경험적 자아는 수동적인 것으로 순수자아는 경험과 관련이 없는 것으로 다루므로 인간 정체성의 성장을 해명할 방식이 없다. 같은 책, pp. 203, 221 참조.

수 없다는 점에서 비판받았다. 그러나 경험에 기반한 듀이의 예술이론은 전통적인 미학과 예술철학의 주제들을 정교화하거나 예술대상의 진위를 구분하기 위한 척도를 발견하기 위한 것이 아니다. 듀이가 예술을 미적 경험으로 정의한 것은 예술대상에 초점을 두기보다는 예술대상과 감상자와의 관계에 초점을 두고 의미를 창조하고 향유하는 의미 만들기 예술로 전환하기 위해서다.

듀이가 실용주의의 철학에서 경험적 해명을 통해 새로운 예술이론을 제안하게 된 배경에는 박물관 예술을 극복하려는 시도가 있다. 박물관 예술은 칸트가 미적 경험을 느낌 유형의 경험으로만 취급함으로써 예술 영역을 주변화하고, 예술을 순수예술로 간주하여 예술을 삶으로부터 이탈시킨 데에서 비롯되었다. 그리하여 듀이는 순수예술을 대중예술과 구분하는 대신 그 구분을 거부하고 예술의 영역을 확장하여, 미적 판단은 관조하는 무관심성으로부터 오는 것이 아니라 우리의 욕구와 필요를 직접적으로 만족시키는 것으로부터 온다는 점을 밝힌다. 그리고 이성과 감성의 이원론적 사고에 기반하여 지적, 실천적, 미적 판단을 구분하는 대신 일상적 경험과 미적 경험의 연속성을 복원하고 질성적 사고를 강조함으로써 완결된 경험을 우리가 향유할 수 있는가와 없는가로 구분한다. 삶과 예술이 통합된 세계에서는 삶 자체가 예술이므로 사람들은 자기가 하는 일에 관심과 애정을 갖고 열심히 일하며 그 속에서 기쁨과 만족을 발견하는 예술적인 의미 만들기를 한다.

예술과 삶이 통합된 예술이론은 근대미학의 시각에서 예술을 평가하는 기준을 제공할 수는 없어도 우리의 자아를 더 나은 것으로 성장시켜 줄 수 있는 것이 좋은 예술작품이라는 것을 보여 준다. 그리고 그것이 가능한 것은 우리가 공통된 경험을 공유하므로 감상자에게는 예술품을 객관적으로 식별할 수 있는 능력이 있기 때문이다. 듀이의 의미 만들기 예술은 경험적 해명을 통해 의미를 창조하고 향유하여 삶을 충만하고 풍부하게 하는 예술 개념, 나아가 예술의 역할을 제안하고 있으며 그것이 지향하는 것은 삶의 성장이라고 할 수 있다. 예술에서 더 이상 새로운 것도 없고 예술에 관한 어떤 정의도 할 수 없는 오늘날 포스트모던적 상황에서 듀이의 예술이론은 보다 현실적인 삶과 통합된 예술 개념을 제안하고 있다는 점에서 의의가 있다.

제 9 장
결론

이제까지 듀이 철학에 관한 논의들의 귀결을 서술하면, 그는 진리를 발견할 수 있는 인간의 고유한 능력으로서의 '이성'을 중심으로 하는 체계 철학에 비판적이다. 대신 그는 구체적인 상황에 대처할 수 있는 능력 내지는 활동으로서의 '지성'을 사용하여 과학적 방법에 의한 문제 해결의 철학을 지향한다. 이것은 듀이가 영원불변한 확실성을 추구하는 철학으로부터 시간의 변화를 수용하는 철학으로 전환한다는 것을 보여준다. 즉 그것은 '진리' 개념으로부터 '보증된 언명가능성'으로, 세계와의 대응으로서의 언어관으로부터 세계에 대처하기 위한 언어관으로, 지식의 토대를 근거짓는 정초주의적 인식론으로부터 과학적 방법에 의해 구체적인 문제 상황을 해결하는 지식의 구성으로, 사실과 가치의 이분법으로부터 사실과 가치의 얽힘으로, 인지적인 명제만을 의미있는 것으로 간주하는 지칭저 의미 이론으로부터 인지적인 것과 비인지적인 것을 통합하는 미학적 의미로, 예술을 정의하거나 예술대상을 평가하기 위한 기준을 제공하는 예술이론으로부터 삶의 성장을 지향하는 예술이론으로의 전환이다.

듀이의 실용주의의 장점은 이러한 전환의 과정에서 전통적인 철학을 비판한다는 점에서는 해체적인 국면이 있지만, 여기에 머물지 않고 문제 해결의 입장에서 철학적 대안을 구성한다는 점에서는 건설적인 국면이 있다는 것이다. 분석철학에서 훈련받은 로티의 신실용주의가 듀이의 고전적인 실용주의와 구분되는 지점은 로티의 철학이 대안적 이론을 제시하지 않는 해체만을 주장한다는 점에서 포스트모던적인 반면에, 듀이는 전통철학의 해체 이후에 건설적인 국면을 제안하기 때문에 포스트모더니즘을 넘어선다는 데 있다. 그러나 듀이의 실용주의는 변화를 수용하고 인간의 유한성을 인정하기 때문에 절대적인 유일한 진리가 있다고 주장할 수는 없다. 초월적인 것을 거부하는 자연주의 철학이 절대적인 객관적 진리를 확보할 수 없음으로써 발생하는 문제는 상대주의의 위험에 직면한다는 점이다. 그러나 새롭게 해석된 듀이의 경험 개념은 개인적인 것이 아니고 사람들이 활동을 통해 공유하는 '공통성'에 근거하므로 객관주의와 상대주의의 이분법을 넘어서는 '완화된 상대주의'의 시각을 견지한다.

듀이는 전통철학의 가장 큰 문제점으로 이원론, 즉 몸과 마음, 사실과 가치, 경험과 자연, 느낌과 사고 등 구분의 문제를 지적했다. 듀이는 전통철학의 이원론을 극복하기 위해 세계는 안정된 것과 불안정한 것, 확실한 것과 불확실한 것, 조화와 부조화 등으로 구분되지 않으며 그 두 가지가 복합된 것이라고 주장한다. 그리고 듀이는 경험의 원리인 '상호작용' 및 '교호작용'과 '연속성의 원리'를 통해 이원론이 극복되는 방식을 보여준다. 이 복합적인 세계 속에서 살아가는 인간은 '지성'에 의한 '과학적 방법'으로 탐구의 논리를 통해 문제를 해결함으로써 불안정한 세계를 안정된 세계로 점차 개선해 나아간다.

듀이는 경험 개념을 포괄적으로 해석하여 전통철학의 잘못된 철학적 가정들을 지적하거나 '선택적 강조'에 의해 '철학적 오류'를 범한다는 점들을 비판한다. 이러한 철학적 과정들을 통해 듀이는 편향되지 않고 과학과 충돌하지 않는 철학을 제안한다. 듀이의 경험철학은 자연주의적이므로 초월적인 것을 설정할 수 없기 때문에 최종적이고 완결된 지식을 제공할 수는 없다. 그러나 구체적인 상황에서 과학적 방법에 의해 문제를 해결함으로써 안정적인 지식을 구축하여 발전해 나아가므로 '열린 철학'이라고 할 수 있다. 듀이가 지향하는 철학은 전통철학과 같은 완벽한 체계화가 아니라 경험과 학적 지식들의 통합에 기반한 것이므로 진행 중이다. 지식은 선험적인 원리에 의해 위로부터 통합하는 것이 아닌 경험에 의한 과학적 탐구를 통해 아래로부터 위로 확장되어 이 세계의 신념과 가치의 조화를 도모한다.

듀이의 철학이 과학적 성과들을 수용한다고 해서 '과학주의'의 입장에 있는 것은 아니다. 듀이에게 있어서 과학이란 오히려 구체적 상황 속에서 발생한 문제들을 잘 해결할 수 있도록 도와주는 유용한 도구이다. 그리고 그의 경험 개념은 문제해결의 과정 속에서 일상적인 경험이 '하나의 경험'에서 완결되고 나아가 미적 성질을 띠게 됨으로써 미적 경험을 향유할 수 있는 예술철학에서 비로소 정점에 도달한다. 결국 그의 자연주의적인 경험철학은 과학과 예술을 통합하는 포괄적인 것이며 그것은 또한 일상적인 경험과 미적 경험에 연속성이 있다는 것을 드러냄으로써 일상적인 삶 속에서 성장을 실현할 수 있는 방식을 보여주고 있다.

듀이의 전체 철학은 이원론의 거부, 전체론(holism), 우연론(tychism) 등을 모두 포섭하는 자연주의이며 그의 자연주의는 퍼스와 제임스가 서술한 것보다 더 많은 것을 포함한 새로운 것으로 "창발적 자연주의"이다.[1] 전체론은 사물들이 서로 연관되어 있다는 것으로 언어는 개별적인 명제로 검증되기보다 언어 전체의 맥락 속에서 검증된다는 입장이다. 그리고 우연론이란 우주의 사건들은 자연의 발생과정에서 상호작용을 통해 발생하므로 이성적 존재에 의해 필연적으로 설명될 수 없기에 우연적인 것으로 파악하는 입장이다. 듀이는 도덕철학이나 사회철학에도 과학적 방법을 적용하는 자연주의적인 철학 방식을 주장하며 그의 자연주의는 이후의 철학에 지대한 영향을 끼쳤다.

연속성을 강조하는 듀이의 자연주의는 오늘날 존슨의 체험주의로 이어진다.[2] 듀이는 과학적 성과들을 수용하고 철학적 논의로 확장시켜 상상력, 창발, 질성, 정서, 느낌 등의 개념들에 대해 통찰력있는 주장을 했지만 오늘날처럼 충분히 설명하지는 못했다. 최근 풍부한 인지과학적 탐구의 성과들을 수렴한 존슨의 철학은 이것들에 관한 듀이의 주장들을 보다 구체적으로 해명하여 그것이 입증된다는 것을 보여주고 있다. 존슨은 자신의 철학을 처음부터 실용주의적인 입장에서 출발한 것은 아니지만 오늘날 보다 발전한 경험적 성과들을 통해 철학적 논의를 확장하였고 실용주의적인 결과에 도달하였다.

존슨은 자신이 창안한 상상력 이론을 통해 듀이가 제안한 창발의 과정을 보다 구체적으로 해명한다. 존슨은 '은유적 사상'(metaphorical mapping)과 '영상도식'(image schema)으로 구성된 상상력 이론을 통해 듀이가 주장한 창발을 '은유적 확장'으로 본 것이다. 존슨이 인지과학의 다양한 경험적 증거에 의존하여 설명한 창발에서 중요한 것은 정신적/추상적인 층위의 경험은 그것의 발생적인 측면에서

1) William Savery, "Significance of Dewey's Philosophy," ed. Paul Arthur Schilpp, *The Philosophy of John Dewey* (La Salle, Ill.: Open Court, 1951), pp. 498-499 참조.

2) 김동식, 『프래그머티즘』, p. 213.

모두 신체적/물리적 층위의 경험에 근거한 동시에 그것들에 의해 제약되어 있다는 점이다. 창발을 신체적/물리적 경험과 정신적/추상적 경험의 관계로 해명한 것은 체험주의의 가장 중요한 철학적 기여라고 할 수 있다.[3)]

이하에서는 이 책의 각 장에 실린 내용을 논문들의 요약글로 대신하며 마무리한다. 2장 "언어: 비트겐슈타인적으로 듀이 읽기"는 후기 비트겐슈타인의 시각을 통해서 듀이의 언어관을 '완화된 상대주의'로 재해석한 것이다. 이를 위해 첫째는 비트겐슈타인의 언어관이 '삶의 형식'에 기반하여 '일상성에로 복귀'한다는 점에서 자연주의적으로 해석하여 '완화된 상대주의'가 가능한 방식을 제시한다. 둘째는 듀이의 경험에 근거한 자연주의적 언어가 비트겐슈타인의 자연주의적인 언어와 유사성을 갖는다는 것을 드러낸다. 그리하여 비트겐슈타인의 삶의 형식을 자연주의의 '신체화된 개념체계'라는 개념에서 해석하면 '상대적 변이'가 있는 문화적 층위가 인간의 생물학적 측면의 단일한 자연적 층위로부터 발생하고 동시에 제약된다는 점에서 완화된 상대주의로 해석할 수 있다. 그리고 이러한 비트겐슈타인적 시각에서 듀이를 해석하면 그가 제안하는 자연주의적 언어도 이와 유사한 구조를 드러내므로 완화된 상대주의로 해석될 수 있다. 듀이의 언어는 인간의 생물학적이고 물리적인 경험 세계로부터 창발하여 의사소통을 통해 관념적인 경험 세계를 구성하며, 이 언어가 상대주의적인 것이 아닌 것은 경험을 통해 '공통성'을 확보하기 때문이다. 비트겐슈타인과 듀이의 자연주의적인 언어관은 전통적인 의미의 객관적 기준을 갖지는 않지만, 삶의 형식의 일상성과 경험의 공통성을 통해 다양성을 수용하면서

3) 노양진, 『몸이 철학을 말한다: 인지적 전환과 체험주의의 물음』 (파주: 서광사, 2013), pp. 74-78 참조.

도 객관주의와 상대주의의 이분법을 극복하는 제3의 시각이 가능한 방식을 제공한다는 점에서 의의가 있다.

3장 "지식론 재구성하기"는 듀이의 지식론이 정초주의 인식론을 비판하고 그에 대한 대안으로서 제시된 것이므로 경험적 탐구에 의한 체계화가 가능한 방식이라고 논의한다. 듀이는 근세 인식론이 이원론에 근거하고 있고 그 결과 지식과 행위가 분리되었다는 점에서 '방관자적 지식론'이라고 비판한다. 이 문제에 대처하기 위해 듀이는 경험적 탐구에 근거한 '과학적 방법'으로 지식과 행위를 통합한 '실험적 지식론'을 제시한다. 그런데 실용주의의 부흥을 시도하는 로티는 '반표상주의'를 통해 근세 인식론을 비판하며 듀이의 철학을 적극적으로 수용하지만, 어떠한 지식의 체계화도 거부하는 포스트모던적 입장에 도달함으로써 그것을 잘못 해석한다. 반면에 전통적인 지식 개념에 대해 해체론적 태도를 취하면서도 로티와는 달리 새로운 방식에서 지식의 체계화를 주장하는 철학적 입장으로 체험주의를 들 수 있다. 체험주의는 최근 인지과학의 경험적 성과들을 수용하여 철학적 논의로 확장함으로써 이원론의 문제를 극복할 수 있는 지식의 가능성을 보여주고 있다는 점에서 듀이의 지식론을 계승하여 발전시킨 좋은 사례이다. 듀이의 지식론은 절대적인 기준을 확보해 주는 선험적 사변을 비판하고 경험적 탐구에 근거한 새로운 모형을 제안한다는 점에서 의의가 있다.

4장 "경험의 형이상학"은 듀이의 자연주의 형이상학을 경험과 자연의 연속성을 통해 해명함으로써 '경험의 형이상학'이라고 주장한다. 듀이는 전통적인 형이상학의 이원론 문제를 극복하기 위해 '경험적 자연주의'의 입장에서 자연주의적 형이상학을 제안한다. 그러나 '일반적 특성'으로 정의되는 그의 형이상학은 경험적 특성인가 존재적 특성인가의 여부에 의해 경험의 형이상학인가 존재의 형이상학인가 라는 논쟁을 야기한다. 그러나 이 논쟁은 듀이가 극복하려고 했던 경험과 존재라는 구분을 전제하므로 잘못된 것이며, 그의 형이상학은 '연속성의 원리'에 근거하여 경험과 자연이 연속적인 방식을 제공한다는 의미에서 경험의 형이상학이다. 오늘날 로티는 듀이의 경험 형이상학을 또 다른 체계화의 시도라고 간주하고 비판하지만 이것은 형이상학의 해체를 의미하므로 극단적 상대주의의 문제에 직면한다. 듀이의 경험 형이상학은 살아진 경험이 공통성을 확보하고 경험과 자연이 연속적인 방식을 제공하므로 이원론적 형이상학을 극복하고 동시에 로티식의 포스트모더니즘을 해결하는 대안이 될 수 있다.

5장 "가치에 대한 경험적 해명"은 듀이의 가치론에서 가치가 경험으로부터 발생하는 방식을 검토하고 그것의 현재적 의의를 규명한 것이다. 분석철학에서 가치의 문제는 논리실증주의자들이 사실과 가치의 이분법이라는 문제를 발생시키고 가치에 관한 지적인 논의의 가능성을 부인한 것에서 비롯된다. 이 상황에서 가치에 관한 논의가 해결해야 할 과제는 사실과 가치의 이분법을 넘어서고 그리고 가치 주장에 객관성의 위상을 부여하는 것이다. 듀이는 과학과 가치의 분리를 극복하기 위해 가치의 문제에 '과학적 방법'을 적용하고 '평가하기'와 '가치평가'라는 개념을 통해 가치가 완성된다고 해명한다. 이 과정에서 가치명제는 물리적 명제로 구성되고 가치는 상상적 추론과 반성적 숙고를 거쳐 발생한다. 최근 듀이 가치론의 중요성은 퍼트남과 존슨에 의해 재조명되고 있다. 퍼트남은 이분법을 극복하기 위해 듀이의 가치론을 수용하여 가치가 과학적 탐구를 통한 비판에서 발생하므로 사실과 가치가 얽혀 있다고 주장한다. 또한 존슨은 듀이의 가치평가가 도덕적 숙고이며 그것을 인지과학적 탐구에 의해 입증함으로써 공유된 경험에 근거한 가치론은 상대주의가 아니라는 것을 보여준다. 따라서 듀이의 가치론은 절대적인 가치가 우리에게 주어질 수 없다면 열린 탐구를 통해 가치를 만들어가는 절차를 제공한다는 점에서 가치의 본성을 탐구하는 제3의 방식을 제안하고 있다

6장 "의미"는 듀이의 실용주의에서 의미가 경험으로부터 발생하는 방식을 검토하고 그의 의미 개념은 오늘날 한계에 직면한 언어와 세계의 대응적 의미 이론에 대한 자연주의적인 대안으로서 현재성이 있다는 것을 드러낸 것이다. '언어적 전환' 이후 경험주의적인 의미 이론은 의미를 지칭 관계에 근거한 명제적 의미에 제한함으로써 의미를 '인지적인 것'으로 국한한다. 그러나 지칭적 의미 이론은 지칭이라는 관계 자체를 선명하게 해명할 수 없다는 근원적인 문제를 안고 있다. 이러한 상황에서 듀이의 의미 개념은 자연주의적인 시각에서 인지적인 의미와 비인지적인 의미를 포괄하여 지칭적 의미 이론에 대한 대안을 제공하고 있다. 듀이는 인간의 생물학적 층위와 문화적 층위를 포괄하는 경험을 통해 의미가 창발하는 방식을 해명한다. 그리고 이 의미를 사용에 의하여 '대상적 의미'와 '미학적 의미'로 구분한다. 이러한 듀이의 의미 개념은 2세대 인지과학의 증거들을 수렴하는 존슨에 의해 좀더 세련된 방식에서 '신체화된 의미 이론'으로 해석된다. 의미를 창발로 해명하는 이러한 경험의 방식은 지칭적 의미 이론에 국한되지 않고 의미 이론의 새로운 방향을 제공한다는 점에서 의의가 있다.

7장 "의미의 미학"은 일상적 경험으로부터 미적 경험이 어떻게 발생하는지에 관한 듀이의 해명을 검토하여 그의 미학을 존슨의 관점에서 '의미의 미학'으로 해석한 것이다. 듀이의 미학은 미학적 의미를 경험의 비인지적 차원인 '편재적인 질적 전체'로 기술하고 있으며, 이 때문에 관념론이라는 오해와 함께 그의 도구주의와도

일관성을 가질 수 없다고 비판받았다. 그러나 듀이의 경험철학에서 예술은 느낌과 사고를 포괄하는 연속적인 경험의 국면이며, 그것은 전통적인 느낌/사고의 이원론을 극복하기 위한 시도이다. 존슨은 최근의 인지과학적 탐구 성과를 수용하여 질성에 관한 듀이의 주장이 옳았다는 것을 구체적으로 해명하며 이런 관점에서 듀이의 미학을 느낌과 사고를 포괄하는 의미의 미학으로 해석한다. 의미의 미학은 경험의 질적 측면을 완성하여 의미를 창조하고, 또한 미적 경험에서 완성된 의미를 통해 사고의 근거를 형성하므로 철학의 기초가 된다. 따라서 듀이의 의미의 미학은 느낌과 사고를 포괄하여 해명할 뿐만 아니라 미학과 철학의 관계를 재조명하는 시각을 제안한다는 점에서 의의가 있다.

8장 "삶의 예술"은 듀이의 예술이론이 예술과 삶을 통합하여 자아의 성장을 실현한다는 점에서 '삶의 예술'이라고 주장한다. 듀이는 예술을 '미적 경험'으로 정의하지만 그것이 비인지적인 것이라는 점에서 예술의 평가 기준에 부적합하다는 비판을 받는다. 그러나 그의 예술이론은 전통적인 주제들에 관해 논의하기보다 미적 경험을 통해 삶을 고양시키기 위한 것이기 때문에 그 비판은 적절하지 않다. 듀이에게 있어서 예술의 과제는 예술을 삶으로부터 이탈시킨 '박물관 예술'을 극복하고, 미적 경험과 일상적 경험의 '연속성'을 복원하는 데 있다. 듀이는 전통적인 예술이론의 핵심적인 문제가 칸트 미학에서 미적 판단을 심정의 영역에 국한시켜 주관적 영역으로 주변화한 데서 비롯되었다고 지적한다. 이 문제들을 극복하기 위해 그는 순수예술과 대중예술의 구분을 거부하고, 무관심한 만족을 직접적 만족으로 대체하며, 이성과 감성의 이원론을 넘어서는 질성적 사고를 강조한다. 미적 경험이 일상적 경험과 연속성을 회복하게 되면 경험은 발전하는 원리를 갖고 있기 때문에 경험의 의미를 창조하고 또한 그것을 향유하여 삶을 고양시킴으로써 자아의 성장을 실현한다. 따라서 듀이의 예술이론은 예술이 방향성을 잃은 현대적 위기 상황에서 삶과 분리되지 않는 예술을 제안한다는 점에서 의의가 있다.

부록

은유와 철학적 사유: 신실용주의와 체험주의

1. 머리말

오늘날 영미 철학계에서 가장 강력한 영향력을 준 비트겐슈타인(L. Wittgenstein)은 메타철학의 입장에서 철학적 물음에 대해 의문을 제기했다. 비트겐슈타인은 철학적 물음이 "언어 논리에 대한 오해"[1]로부터 발생되었다고 진단하고, 이를 해결하기 위해 의미론적 방법론을 제시하며 언어를 명료화하여 철학적 물음을 해소시켜야 한다고 주장했다. 최근 언어철학에서 철학적 물음에 의문을 제기한 입장으로 '신실용주의'(Neo-pragmatism)와 '체험주의'(experientialism)를 들 수 있다. 비트겐슈타인이 의미론을 통해 철학적 물음에 접근한 것과는 달리 이들은 '은유'(metaphor)를 통해 철학적 물음에 대해 의문을 제기한다.

이 글의 목적은 신실용주의와 체험주의의 철학적 전개에 있어서 은유가 중요다는 것을 밝히고 이 두 철학관의 차이는 철학 내에서의 은유의 역할에 의해 발생한다는 것을 지적하려는 것이다. 신실용주의와 체험주의는 철학적 물음이 은유와 밀접한 관련이 있고

1) L. 비트겐슈타인, 『논리 철학 논고』, 이영철 역 (서울: 책세상, 2006), 「머리말」.

철학적 사유 내에서의 은유를 중요하게 여긴다는 점에서 일치한다. 신실용주의는 은유가 문자적 의미를 갖지 않으며 사용의 영역에 속하는 문제라고 주장하며, 철학적 이론 속에 이미 무의식적으로 가정되어 있다고 지적한다. 체험주의는 인지과학의 성과를 기반으로 새로운 은유론을 구성하여 전통적인 은유론을 정면으로 반박하고 철학적 사유가 본성적으로 은유적이라고 주장한다. 그렇다면 오랫동안 객관주의적 전통에서 배제되어 온 은유가 철학적 사유에서의 역할을 통해 철학적 논의에 기여하는 방식을 드러내기 위해 신실용주의와 체험주의를 중심으로 논의할 것이다.

이를 위해 먼저 2장은 은유와 철학적 물음의 관계를 밝히고 은유가 철학의 영역에서 전개되는 과정을 서술하여 신실용주의와 체험주의의 은유론의 위치를 드러낼 것이다. 그런 다음 3장은 신실용주의와 체험주의의 은유에 대한 기본 입장을 바탕으로 철학적 사유에 있어서 은유의 역할과 차이를 검토한다. 그리하여 4장에서는 신실용주의와 체험주의에서 은유의 역할은 객관주의적 전통의 철학을 비판할 뿐만 아니라 은유를 중심으로 새로운 철학 개념을 제시하는 데 있다고 결론짓는다. 즉 신실용주의는 철학에 있어서 참신한 은유의 창조를 지향하는 '문예비평으로서의 철학'을 제안한다. 그리고 체험주의 역시 철학에서 은유적 사유가 철학적 통찰력을 가능하게 하고 또한 철학이 취할 수 있는 형태를 제약하는 주요 도구라는 것을 강조하며 '경험적으로 책임 있는 철학'을 주장한다. 무엇보다도 이러한 철학관의 차이가 발생하는 것은 신실용주의가 은유 사용의 우연성을 너무 강조하여 은유의 보편적 지반을 설정하지 못해 철학적 담론을 근거없는 수사학으로 전락시켰다면, 체험주의는 경험적 탐구를 통해 은유적 확장의 구조를 해명함으로써 은유론의 보편적 지반의 가능성을 제안한 데 있다.

2. 철학적 물음과 은유

신실용주의와 체험주의는 철학적 물음이 은유와 밀접한 관련이 있다고 주장하며 철학적 사유에서의 은유의 중요성을 강조한다. 전통적인 은유론에서 은유는 수사학의 기교로서 알려졌는데 사유를 통해 참된 것을 추구하는 철학에서 은유가 중요하다는 주장은 두 가지가 어떻게 조화될 수 있는지에 대한 그 방식에 관심이 집중된다. 신실용주의와 체험주의는 철학적 물음에 접근하여 혼동의 소재를 드러내고 그것의 치유 방식을 제시하려고 한다는 점에서 비트겐슈타인과 마찬가지로 치유적 태도를 공유하고 있다. 신실용주의는 철학사적 통찰을 통해서 그리고 체험주의는 '신체화된 마음'에 대한 해명을 통해 철학적 혼동의 소재를 규명한다.

신실용주의자 로티(R. Rorty)는 전통적 철학이 "영속적이며 영원한 문제들",[2] 즉 인간과 다른 존재들 간의 차이, 정신과 육체의 관계, '안다'라는 주장의 정당화, 지식의 '토대'에 관한 문제를 다룬다고 여긴다. 그러나 로티는 철학적 물음들이 나타나고 사라지는 혹은 새로운 가정이나 이론이 등장함에 따라서 그 모습을 바꾸는 방식에 깊은 인상을 받았다. 그 이유는 철학적 물음이 그 물음을 언급하고 있는 이론 속에 세워진 가정들을 진지하게 생각해 보기도 전에 무의식적으로 채택한 데 있기 때문이다. 신실용주의의 철학적 과제는 철학이 지식을 근거 짓는다고 가정하고 있는 근대철학으로 되돌아가 그 가정들이 선택적인 것이었음을 밝히는 것"[3]이다. 그리하여 로티는 철학적 물음들이 영원한 것이 아니라 변화하

2) 리처드 로티, 『철학 그리고 자연의 거울』, 박지수 역 (서울: 까치글방, 1998), p. 11.

3) 같은 책, p. 9.

며 그것의 근원적인 원인이 은유를 바탕으로 한 이론들에 있다고 주장한다.[4)]

체험주의는 신실용주의보다 더 나아가 철학적 물음이 은유 없이 성립될 수 없다고 주장한다. 왜냐하면 철학적 물음은 추상적인 사유를 통해 성립되는데, 추상적인 사유는 은유를 통해 전개될 수밖에 없기 때문이다. 체험주의는 철학적 물음 및 이론 속에 그 틀을 형성해 주는 철학적 가정들이 있는데, 거기에는 정교하고 체계적인 은유의 다발들이 전제되어 있다고 지적한다. 그런데 문제는 전통적인 철학적 물음들이 관습적인 은유적 사고를 숨겨왔으며 또한 그 고전적인 은유론이 그릇된 것이라는 점에 있다.[5)] 체험주의는 이 전통적인 은유론이 오늘날의 경험적 증거들에 비추어 적절하게 해명되지 않았다고 보며, 새로운 은유론의 관점에서 철학적 질문하기에 대해 새롭게 이해할 필요가 있다고 여긴다.

신실용주의와 체험주의는 철학적 물음에 대해 의문을 제기하며 은유가 철학적 물음에서 중요하다는 점에서 공통된 입장을 견지한다. 그리고 문제를 제기하게 된 원인으로 그릇된 철학적 가정이 있다는 것을 지적한 점에서 일치하지만 이러한 비판의 바탕이 되는 은유에 대한 견해에는 차이가 있다. 철학적 사유에서 은유가 전개되는 방식은 철학적 입장에 따라 다르므로, 신실용주의와 체험주의의 각각의 입장에서 은유에 대한 견해를 파악해야 할 것이다. 이러한 논의를 하기 전에 철학적 전통에서 신실용주의와 체험주의의 은유론이 차지하고 있는 위치를 먼저 밝혀야 할 것이다.

---

4) 필자는 신실용주의의 철학적 물음에 대한 치유적 태도가 역사주의적 특징을 갖는 것으로 해석했다. 국순아, 「로티의 역사주의의 한계」, 『범한철학』, 제42집 (2006), pp. 222-224 참조.

5) G. 레이코프·M. 존슨, 『몸의 철학: 신체화된 마음의 서구 사상에 대한 도전』, 임지룡 외 역 (서울: 박이정, 2002), p. 185.

일반적으로 은유는 "하나를 다른 하나라고 말함으로써 한 물체를 또 다른 하나의 물체에 견주는 비유적 표현"[6]으로, 시인이나 능변가의 전유물로서 자신의 언어적 표현을 화려하게 장식하는 수사적 도구로 알려졌다. 은유가 최초로 학문적으로 체계화되어 다루어진 것은 아리스토텔레스(Aristoteles)의 시의 기교에 대한 저서를 통해서였다. 아리스토텔레스는 은유에 대해 다음과 같이 정의했다. "은유란 유에서 종으로, 혹은 종에서 유로, 혹은 종에서 종으로, 혹은 유추에 의하여 어떤 사물에다 다른 사물에 속하는 이름을 전용하는 것이다."[7] 이러한 정의는 아리스토텔레스가 은유를 문학적 언어의 일부로 이해하여 시학이나 미학에 속하는 주제로서 취급한 것을 바탕으로 하고 있다. 따라서 은유는 철학의 중심적인 주제로서 진리를 표현할 수 있는 논리적인 언어라기보다 문학의 영역에서 감성적인 것을 표현하는 불완전하고 애매한 언어로 평가되므로 주변적인 관심사에 불과했다.[8]

철학적 전통에서 은유에 관한 의심의 토대를 제공한 사상가는 플라톤(Plato)이다. 그는 철학과 시의 오래된 싸움에 관한 논의를 통해 철학적으로 교육받지 않는 모방적 시인의 추방을 옹호했다.[9] 그 이유는 시인들은 자신이 모방하는 것에 대한 참된 지식을 갖고 있지 않아 진리로부터 멀리 떨어져 있다는 것이다. 그러나 참된 지식을 추구한 플라톤의 모방 시인의 추방은 은유에 대한 단순한 비난이 아니었으며, 오히려 은유의 힘을 자각하고 그 오용의 잠재성

---

6) Zoltán Kövecses, 『은유』, 이정화 외 역 (서울: 한국문화사, 2002), p. ix.

7) 아리스토텔레스, 『시학』, 천병희 역 (서울: 문예출판사, 2000), p. 116.

8) 김상환, 「은유와 해체」, 박영식 엮음, 『언어철학연구Ⅱ: 현대언어철학』 (서울: 현암사, 1995), p. 275.

9) 플라톤, 『국가』, 박종현 역주 (서울: 서광사, 1997), 10권 참조.

을 두려워했던 것에서 비롯되었다.[10] 그것은 시인이나 소피스트의 언어에 대한 오용이 다른 사람들을 진리로부터 멀어지게 한다는 것에 대한 반대였다.

철학에서 은유에 관한 논의는 아리스토텔레스에 의해 체계화된 이후 큰 변화없이 계속 유지되어 왔다. 그러나 니체(F. Nietzsche)로부터 시작해서 하이데거(M. Heidegger)를 거쳐 데리다(J. Derrida)로 이어지는 동안, 은유는 전통적인 철학을 '해체'(deconstruction)하는 도구로서의 역할을 하면서 주변적인 것이 아닌 주목할 만한 주제로 부상한다. 왜냐하면 은유는 철학적 언어의 본성 자체를 폭로할 수 있는 출발점이 됨으로써 "철학적 사유의 기원과 형이상학의 역사를 해체론적으로 재구성할 수 있는 어떤 급소"[11]가 되었기 때문이다. 니체는 은유를 통해서 가장 먼저 서양의 철학적 전통과 그 전통을 구성하는 주요 신념 체계를 함정에 빠뜨렸으며, 하이데거는 은유를 통해 형이상학의 본성을 드러냈다. 그리고 "니체와 하이데거의 은유론은 데리다의 해체 전략 안에서 보다 심화되고 체계적인 분석의 형태"[12]를 띠었다.

영미권의 언어철학에서 은유에 대한 관심은 문자적 의미를 갖느냐 갖지 않느냐의 문제, 즉 의미론을 중심으로 논의된다. 은유가 고정된 의미를 지닌 것이 아닌 언어적 장식물로서 문학이나 수사학의 대상으로 논의되는 것에서 벗어나 철학의 흥미로운 화제로 등장한 것은 20세기가 되어서다. 언어철학 분야에서 20세기 전반에 논리실증주의자들은 은유적 표현을 혼란스러운 표현 아니면 그저 정서

10) Mark Johnson, ed., *Philosophical Perspectives on Metaphor* (Minneapolis: University of Minnesota Press, 1981), p. 5 참조.

11) 김상환, 「은유와 해체」, p. 275.

12) 같은 논문, p. 277.

적 의미만을 가지는 표현으로 취급했다. 그러나 1950년 이후 리처드(A. I. Richards)는 은유를 언어에서 제거할 수 없는 "편재하는 원칙"[13]이라고 주장하며 아리스토텔레스의 은유론을 비판했다.

블랙(M. Black)은 리처드의 입장을 수용하여 은유의 의미는 개념들 간의 상호작용에 의해 발생된다는 "상호작용론"(interaction view)을 발전시킴으로써 은유에 관한 관심을 불러일으켰다.[14] 이후 1970년대에는 데이빗슨(D. Davidson)이 은유가 의미론을 중심으로 논의되는 언어의 문제가 아니라 문자적 의미를 갖지 않는 사용의 문제라고 주장하여 은유에 대한 새로운 연구 방향을 제시했다. 이러한 맥락에서 신실용주의는 사용의 문제를 강조하는 데이빗슨의 은유론을 수용하여 은유에 대한 입장을 형성했으며, 체험주의는 인지과학의 입장을 수용하여 새로운 은유론으로 체계화했다.

리쾨르(P. Ricoeur)는 은유가 철학에서 다루어지는 방식을 세 가지, 즉 수사학적·의미론적·해석학적 차원으로 구분하였다.[15] 수사학에서 은유는 장식적 효과를 내는 여러 가지 비유적 표현법들 중의 하나로 취급되었다. 의미론에서는 은유가 의미의 창출과 확장에 기여하는 언어로 수용되어 논의되었다. 해석학에서 은유는 텍스트 전체의 범위 안에서의 새로운 의미의 탄생과 관련된다. 이 구분에 의하면 은유에 관한 아리스토텔레스 전통에서의 논의는 수사학적 차원에, 영미권에서의 논의는 의미론적 차원에, 니체로부터 비롯된 논의는 해석학적 차원에 속하는 것으로 분류할 수 있다.

---

13) A. I. 리처드, 『수사학의 철학』, 박우수 역 (서울: 고려대학교 출판부, 2001), p. 85.

14) Max Black, "Metaphor," in Mark Johnson, ed., *Philosophical Perspectives on Metaphor* (Minneapolis: University of Minnesota Press, 1981).

15) 정기철, 「리쾨르의 은유이론」, 박영식 엮음, 『언어철학연구Ⅱ - 현대언어철학』 (서울: 현암사, 1995), p. 359.

의미론적 영역 내에서도 전통적으로 언어에서의 은유의 역할에 따라 견해는 두 가지로 나눌 수 있다. 하나는 아리스토텔레스 전통의 고전적 견해로서 은유는 일종의 표현을 장식하는 장치이기 때문에 정상 언어의 범주를 벗어난 것으로 간주하는 입장이다. 다른 하나는 낭만적 견해(Romantic view)로 은유가 언어와 사고에서 절대 필요한 요소이며 심지어 모든 언어가 은유적이라고 여기는 입장으로 칸트와 니체 전통의 낭만적 견해가 있다.16) 신실용주의와 체험주의는 모두 의미론적 영역 내에서 전개되는 철학적 입장이지만, 전자는 은유에 대한 고전적 견해에 속하고 후자는 낭만적 견해에 속한다.

신실용주의는 은유적 표현이 특별한 효과만을 얻기 위해 사용된다고 주장하므로, 그것은 은유가 하나의 일탈적 언어로서 아무런 문자적 의미를 갖지 않는다는 점에서 객관주의 의미론의 전통에서도 '반의미'(antimeaning)의 입장이다. 반면에 체험주의는 은유가 언어만의 문제가 아닐 뿐더러 인간의 사고와 추론의 불가피한 과정이므로 낱말의 속성이 아닌 개념의 속성임을 주장하며 전통적인 입장에 도전하는 낭만적인 견해에 속한다. 그렇지만 체험주의는 객관주의적 의미론에 대해서는 반대하지만 의미론 자체를 부정하지 않으며 은유의 인지적 의미를 인정한다.

3. 신실용주의와 우연성으로서의 은유

신실용주의는 언어관을 중심으로 논의가 전개되므로 언어 개념

16) 김기수, 「전통적 은유이론들과 Lakoff 은유이론의 비교」, 『한국영미어문학』, Vol. 57 (1999), p. 211.

이 매우 중요하다. 로티의 언어 개념은 "기본적으로 욕구 충족을 위한 도구로서 사회적 규약을 배경으로 하여 '언어라고 해석될 수 있는 모든 것'"[17]으로서 매우 포괄적이다. 언어라고 해석될 수 있는 모든 것이란 말과 글로 표현되는 것 외에도 기호나 의사소통의 도구에 해당되는 것들을 포함한다. 이 광범위한 언어 개념을 통해 로티가 철저하게 배제하고 있는 것은 언어가 결코 실재나 세계를 표현하는 매개물이 아니라는 것이며, 강력하게 주장하는 것은 언어는 세계에 대처하기 위한 도구라는 점이다. 신실용주의자 로티가 언어를 도구로 취급하는 것은 의도적으로 진리 혹은 지식이 정신의 정확한 표상에 의해 생겨난다는 '표상주의'(representationalism)에 근거한 철학적 구도에서 벗어나기 위한 전략에서 비롯되었다.

표상주의로부터 벗어나기 위해 로티는 언어를 표현의 매개물이 아닌 세계에 대처하기 위한 도구로서 다룬다. 도구적 언어관은 비트겐슈타인으로부터 수용한 것으로 언어와 세계의 관계를 표상적인 구도로 파악하는 것을 피할 수 있기 때문이다. 로티는 여기에 데이빗슨의 은유론을 수용하여 언어와 세계가 인과적인 관계에 있는 것으로 파악한다. 다시 말해 언어는 세계를 표현하는 것이 아니라 우리의 신념과 욕구를 변화시켜주는 도구로서 원인의 역할을 한다. 로티는 언어를 낡은 언어와 새로운 언어로 구분하는데, 이것은 낡은 은유와 새로운 은유 혹은 '문자적인 것'(the literal)과 '은유적인 것'(the metaphorical)이라고 표현할 수 있다. 그것은 두 종류의 의미나 해석의 구분이 아니라 "소리와 표식에 대한 낯익은 사용과 낯설은 사용의 차이"[18]에서 비롯된 구분이다. 이러한 구분에 의하

17) 김동식, 『로티의 신실용주의』 (서울: 철학과현실사, 1994), p. 191.
18) 리처드 로티, 『우연성 아이러니 연대성』, 김동식·이유선 역 (서울: 민음사, 1996), pp. 53-54.

면 낡은 문자적인 것은 낯익은 사용에 속하는 것이며, 새로운 은유적인 것은 낯설은 사용에 속하는 것이다.

낡은 은유와 새로운 은유는 '언어게임'(language game)에서 어떻게 작동하는지에 대한 해명을 통해 문자적인 것과 은유로 구분된다. 먼저 로티는 "은유가 배타적으로 사용의 영역에 속해 있다"[19]는 데이빗슨의 은유론을 수용하여 은유적 표현은 문자와는 달리 별도의 의미를 갖지 않는다는 데 동의한다. 왜냐하면 의미를 갖는다는 것은 언어게임 속에서 어떤 고정된 자리를 차지하고 있다는 것을 말하는데, 은유들이란 언어게임에서 고정된 의미를 갖고 있지 않기 때문이다. 한 언어게임 속에서 고정된 자리가 없는 문장을 발언한다는 것은 참도 거짓도 아닌 것을 발언하는 것이므로 확증도 반증도 할 수 없고 찬성의 논변도 반대의 논변도 할 수 없다.

그러나 은유가 언어게임 속에서 점차 습관화된 용법을 얻게 되면 낯익은 자리를 차지하게 되어 의미를 갖게 된다. 은유가 의미를 갖게 되면 더 이상 은유는 은유의 역할을 할 수 없으므로 문자적인 것이 되는데 이것은 바로 은유의 죽음이다. 낡은 은유들과 새로운 은유 및 은유와 문자적인 것의 관계는 낡은 은유들이 끊임없이 죽어가면서 문자적인 것이 되며 그리고 새로운 은유를 위한 출발의 발판이 되고 화석이 되어 봉사한다. 따라서 문자적인 것과 은유 간의 구별은 어떠한 언어게임 속에서 의미를 갖느냐 갖지 않느냐의 차이이며 이 과정이 은유가 생성 소멸하는 방식, 즉 작동방식이다.

로티가 은유에 관심을 갖게 된 것은 은유가 의미론과는 다른 기능을 수행할 수 있다는 것을 보았기 때문이다. 의미론적으로 고정된 개념들은 친숙하여 언어가 실재를 표상한다는 목적에는 기여하

19) Donald Davidson, "What Metaphors Mean," in his *Inquiries into Truth and Interpretation* (Oxford: Oxford University Press, 1984), p. 247.

지만 흥미롭지 않는 사용이다. 반면에 의미를 갖지 않는 은유는 의미론의 경계 밖에 위치하므로 실재를 표상한다는 것과는 다른 기능을 수행할 수 있게 된다. 그 기능이란 데이빗슨이 주장한 것처럼 "친숙하지 않는 세계들의 재현이라는 모형"에서가 아니라 오히려 신념들과 욕구들을 변화시키는 원인인 "자연적 세계의 친숙하지 않는 사건들의 모형" 위에서 은유를 보게 해 주는 데 있다.[20)]

로티는 은유에서 문자적인 것으로 작동하는 방식을 '우연성'(contingency)이라고 특징짓는다. 왜냐하면 새로운 은유들이 생겨나서 문자화되는 과정은 필연적인 방식으로 진행되는 것이 아니며 적절한 장소를 찾으려는 수천 개의 작은 변이들의 결과에 불과한 것이기 때문이다. 은유의 참신성은 필연성에 의해 예측될 수 없으므로 "맹목적"이고, "기계적인 힘에 의한 세계 속에서 발생"되므로 시간과 기회의 산물이라는 의미에서 우연적이다.[21)] 이러한 작동방식에 의하면 은유는 낯선 상징 세계를 표상하는 것이 아니라 자연세계의 낯선 사건을 이해하게 해 주는 언어이다. 은유란 세계에 대처하기 위한 새로운 도구로서 "말 상대나 독자들에게 어떤 효과를 낳게 하는 방식"[22)]인 것이다. 신실용주의가 드는 은유적 사용의 예로는 "우시아(ousia)에 대한 아리스토텔레스의 [은유]적 사용, 아가페(agape)에 대한 성 바울의 [은유]적 사용 그리고 중력에 대한 뉴턴의 [은유]적 사용"[23)] 등을 들 수 있다. 이 사례들은 은유가 당대의 사상가들이 세계에 대처하기 위해 상상력을 동원하여 만들어낸

20) Richard Rorty, "Unfamiliar Noises," in his *Objectivity, Relativism, and Truth* (Cambridge: Cambridge University Press, 1991), p. 163.

21) 로티, 『우연성 아이러니 연대성』, p. 53.

22) 같은 곳.

23) 같은 곳.

참신한 언어적 도구들로서 그들만의 고유한 것임을 잘 보여준다. 따라서 은유적 사용이란 "새로운 이론을 발전시키도록 하는 그런 유의 용법"[24]이다.

비트겐슈타인의 언어관을 바탕으로 데이빗슨의 은유론을 수용하여 은유의 작동하는 방식을 해명함으로써 로티는 니체의 진리관에 도달한다. 즉 은유적인 것과 문자적인 것, 낡은 은유와 새로운 은유의 구분을 통해 인류의 역사를 바라보면 인류의 지성사는 곧 '언어의 역사'이므로 '은유의 역사' 혹은 '어휘의 역사'라고도 할 수 있다. 이렇게 지성사를 은유의 역사로, 새로운 은유가 낡은 일상언어로 석화되어 가는 과정으로 보는 신실용주의의 주장은 정상과학-위기-혁명을 반복한다는 쿤(T. Kuhn)의 과학사 모형을 지성사 일반에까지 확장시킨 것이다.[25] 은유를 통해 지성사를 봄으로써, 로티는 니체의 시각에서 진리를 "유동적인 한 무리의 [은유]"[26]라고 정의하기에 이른다.

니체적인 진리관에 도달함으로써 로티는 우리의 문화가 참신한 은유들의 우연적인 작동방식에 의해 형성된 결과로 간주한다. 은유가 문자적인 것으로 변모되고 "인간의 역사가 계승되는 [은유]들의 역사"[27]라는 것을 수용하게 되는 문화는 철학적 문제들을 영원한 것이 아니라 시적 문제들처럼 일시적인 것으로 만들기 때문이다. 이러한 맥락에서 로티는 우리의 새로운 낱말을 만드는 자라는 발생적 의미에서의 '시인'을 "종족의 선구자인 새로운 언어의 형성

---

24) 같은 책, p. 54.

25) 황희숙, 「과학이론에서 은유의 역할」, 『철학연구』, 제65집 (2004), p. 191.

26) 프리드리히 니체, 『비극적 사유의 탄생』, 이진우 역 (서울: 문예출판사, 1997), p. 200.

27) 로티, 『우연성 아이러니 연대성』, p. 58.

자"[28]로 볼 것을 제안한다. 사물의 본성을 추구하는 영원한 철학적 문제들이란 있을 수 없고 고작해야 일시적인 것일 수밖에 없다면, 이제 철학자들은 시인이 새로운 언어를 만드는 것처럼 문제 해결을 위해 참신한 언어를 만드는 자가 되어야 한다는 것이다.[29] 신실용주의의 이러한 주장은 진정한 혁명이 철학자들의 철학적인 물음들을 통한 작위적인 이론상의 싸움에서 이루어지지 않으며 어휘들 간의 대결, 즉 어휘들을 대체하는 새로운 어휘를 창안함으로써 발생된다는 신념에서 비롯되었다. 어휘란 은유로부터 생겨난 "특정한 서술의 뭉치"[30]를 말하며 이전에는 해결할 수 없었던 문제를 해결하게 해 준다는 점에서 일종의 도구인 셈이다.

로티는 은유가 철학적 사유에서 구체적으로 전개되는 방식을 근세 인식론을 통해 논의한다. 철학적 이론들이 무의식적으로 가정하고 있는 전제에 대한 비판이라는 철학적 과제를 수행하기 위해 신실용주의가 핵심적인 표적으로 겨냥한 것은 근세 인식론 중심의 철학이다. 로티는 데카르트-로크-칸트로 이어지는 전개 과정을 통해 성립된 근세 인식론의 철학적 구도를 '표상주의'라고 파악한다. 그리고 그러한 과정에서 야기된 혼동을 지적하고 그 혼동 역시 지식에 대한 '시각적 은유'(ocular metaphors)에 근거한 그릇된 견해라고 비판한다. 은유로부터 비롯된 혼동이란 데카르트가 '마음'을 발명하고 그 뒤를 이은 로크와 칸트가 '철학적 혼동'을 함으로써 근세 인식론이 가능하게 되었다는 것이다.

로티에 의하면 시각적 은유의 기원은 고대 그리스이며 이로부터

---

28) 같은 곳.

29) 로티는 시인을 "사물들을 새롭게 만드는 사람"이라는 의미로 넓게 사용한다. 같은 책, p. 45.

30) 같은 책, p. 46.

'지식의 기초'라는 개념이 생겨났다. 고대 그리스적인 기원이란 플라톤이 처음으로 언명한 "플라톤의 원리"로서 "확실성의 차이는 알려진 대상의 차이와 대응해야 한다"로부터 비롯된다.31) 그 결과 지식은 지각에 정확히 대응하는 것이 되며 지식의 근거로서의 확실성을 확보할 수 있는 기반이 된다. 그러나 표상주의는 플라톤에 의해 시작된 하나의 어휘일 뿐인데, 근세 인식론은 과거 고대 그리스에서는 유용했지만 이미 진부해진 낡은 시각적 은유를 수용함으로써 철학적 문제들을 불러왔던 것이다. 즉 플라톤의 철학은 시각적 은유를 통해 지식의 토대를 감각을 벗어난 '영혼의 눈'으로만 도달할 수 있는 영역으로 본 것이며, 그 결과 현상과 실재라는 새로운 구분을 초래했다. 로티에 의하면 이 시각적 은유는 다시 인식론 전통에 수용됨으로써 데카르트가 정신을 발명한 이후 내적 표상과 외부 대상 구분으로 대체되었을 뿐, 여전히 표상주의의 틀을 전제하고 있다. 따라서 거울로서의 정신을 강조하는 인식론 중심의 철학은 고대 그리스의 플라톤과 동일한 시각적인 은유를 공유하고 있으므로 서양의 정신은 시각적인 은유에 의해 지배되어 온 역사인 것이다.

로티에 의하면 표상주의를 바탕으로 한 지식 개념이란 정신이 자연의 모습을 정확을 비춤으로써 형성되었으므로 「지식은 보는 것」 은유에 근거한 것이다. 그러나 시각적 은유는 과거에는 유용했지만 지금은 유용하지 않는 낡은 은유이므로, 낡은 은유 대신에 '세계에의 대처'나 '문제 해결'과 같은 새로운 은유를 수용해야 한다. 낡은 어휘를 새로운 어휘로 교체한다는 것은 과거 진부한 어휘에 근거한 철학적 물음들을 해결하는 대신 어휘를 교체함으로써

---

31) 로티, 『철학 그리고 자연의 거울』, p. 175.

이야기의 주제를 바꾼다는 것이다. 이러한 주장은 철학적 물음들이 철학적 가정과 밀접한 관련이 있으며 그 가정이란 이미 하나의 은유를 전제하고 있는 것이다. 따라서 언어관을 바탕으로 성립된 신실용주의는 철학적 물음이 전제하고 있는 철학적 가정이 선택적이라는 점을 지적하고 철학에서 은유가 얼마나 중요한가를 잘 보여준다. 로티가 은유론을 통해 낡은 은유를 참신한 은유로 바꾸어야 한다고 주장한 것은 전통적인 철학 개념을 비판하고 새로운 철학 개념으로 전환하는 데 중요한 역할을 한다.

4. 체험주의와 은유의 신체적 근거

체험주의는 최근 미국을 중심으로 형성되어 가고 있는 새로운 철학적 흐름으로 과학의 성과들을 적극적으로 수렴하여 우리의 인지구조를 포괄적으로 해명하는 입장이다. 인지과학의 성과들을 토대로 새로운 은유론을 체계적으로 형성한 체험주의는 은유가 "사고와 행위의 문제이며, 단지 파생적으로 언어의 문제"[32]일 뿐이라고 주장한다. 즉 은유가 언어뿐만 아니라 사고와 행위, 즉 일상적인 삶에 널리 퍼져있다는 것이다. 왜냐하면 우리의 사고를 지배하는 개념은 우리가 지각하는 것, 우리가 이 세계 안에서 살아가는 방식, 그리고 다른 사람과 관계를 맺는 방식 등을 구조화하는데, 이러한 개념들의 체계가 본성상 은유적이기 때문이다. 개념이 은유적이라는 주장은 언어의 사실적 증거를 바탕으로 형성되었는데,

32) G. 레이코프·M. 존슨, 『삶으로서의 은유』, 노양진·나익주 역 (서울: 박이정, 2006), p. 262.

예를 들면 「논쟁은 전쟁」 은유는 「논쟁」이 「전쟁」의 관점에서 부분적으로 구조화되고, 이해되고, 수행된다는 것이다.

체험주의는 은유를 "한 종류의 사물을 다른 종류의 사물의 '관점에서'(in terms of) 이해하고 경험하는 것"[33]이라고 정의한다. 이해와 경험은 물리적·신체적 차원과 추상적·정신적 차원으로 구분되는데, '은유적 투사'(metaphorical projection)에 의해 기초적 차원의 인식은 추상적 차원의 인식으로 확장해 간다. 투사란 어떤 경험 또는 개념을 다른 경험 또는 개념의 관점에서 이해하는 것으로 은유가 확장하는 방식이다. 그리고 은유적 투사의 가장 밑바탕에는 '영상도식'(image schema)이라는 추론 패턴이 있어서 우리 인식의 근거로 작용하는 동시에 우리의 인식을 제약하는 역할을 한다. 영상도식이란 우리의 신체적 경험을 통해 직접적으로 발생한 것으로 "전개념적(preconceptual)이고 비명제적(nonpropositional)인 경험의 구조"[34]를 하고 있으며 지각이나 개념이 은유적으로 확장되어 가는 토대이다. 따라서 은유적 사유는 직접적인 경험 패턴을 보다 덜 직접적인 경험 패턴으로 투사함으로써 확장된다. 은유적 투사의 확장 방식은 산술적으로 확정할 수 있는 규칙적인 방식이 아니지만 그 근거를 전혀 확인할 수 없는 전적으로 자의적인 것도 아니다. 왜냐하면 그것들은 몇몇 기본적인 차원의 영상도식들에 근거해 있으며, 동시에 그것에 의해 제약되기 때문이다. 그러므로 우리의 많은 사유작용은 은유적이라고 할 수 있으며 은유적 사유는 신체적 활동을 통해 직접 발생하기 때문에 은유는 신체적 경험에 근거한다.

---

33) 같은 책. p. 24.

34) M. 존슨, 『마음 속의 몸』, 노양진 역 (서울: 철학과현실사, 2000), p. 31.

체험주의는 은유를 "개념체계 안의 영역 간 사상"(cross-domain mapping)[35]이라고 이해하므로 절대적인 문자적/은유적 구분은 존재하지 않고 다만 상대적으로만 존재한다. 즉 "원천 영역에 속하는 의미는 표적 영역에 속하는 의미에 상대적으로만 은유적"[36]이다. 이것은 체험주의가 의미론을 전적으로 거부하는 것은 아니지만 의미가 객관주의적으로 주어질 수 있다는 것을 비판하는 이유이다. 이러한 반론은 비트겐슈타인의 후기 저서인 『철학적 탐구』에서 '가족 유사성'(family resemblance) 개념으로부터 영향을 받아 객관주의에 근거한 전통적인 범주 개념에 대해 이의를 제기한 것에서 비롯된다. 비트겐슈타인은 형식 논리에 반대하여 '게임'이라는 개념은 필요충분조건에 의해 특징 지어지지 않으며 대신 가족 유사성에 의해 결정된다고 주장한다. 이렇게 범주의 공통된 속성인 본질을 거부하고 가족 유사성을 수용함으로써 체험주의는 은유가 확장하는 방식인 은유적 투사를 도입하여 의미의 확장을 설명한다.

체험주의는 인간이 철학적 물음, 내지는 형이상학적 물음을 묻는 성향을 '형이상학적 충동'이라고 하며 인간의 알고자 하는 욕구에서 비롯되었다고 진단한다. 그것은 개별적인 것에 관한 것이 아니라 일반적인 종류의 지식을 추구하는 학문의 모든 과정에서 자연스럽게 사물 그 자체의 본질을 묻게 되는 데에서 발생한다. 이러한 물음들을 통해 서양 철학은 이론적 틀을 형성하는데 여기에서 체험주의는 철학적 물음과 이론이 "다수의 통속 이론, 이상화된 인

---

35) George Lakoff, "The Contemporary Theory of Metaphor," in Andrew Ortony, ed., *Metaphor and Thought*, 2nd ed. (Cambridge: Cambridge University Press, 1993), p. 203.

36) 노양진, 「체험주의의 은유 이론」, 한국분석철학회 편, 『언어, 표상, 세계』 (서울: 철학과현실사, 1999), p. 10.

지 모형, 은유적으로 정의된 개념들"[37]을 가정하고서 구성되었다고 분석한다. 왜냐하면 철학이 일반 사람들에게 설득력을 가지려면 삶과 연관성이 있어야 하므로, 철학적 물음과 이론들은 그것들이 발생했던 문화를 규정하는 상식적인 통속 이론들, 모형들, 은유들의 다발을 통합시켜 형성될 수밖에 없기 때문이다. 따라서 철학적 이론들은 문화와 관계하지 않는 사유체계에 의해 형성된 것이 아니라, 한 문화가 공유하는 일상적인 은유들과 통속 이론들을 세련 시키고 확장하고 명료화한 것이라고 할 수 있다. 철학자들은 존재와 지식, 마음, 도덕성에 관한 이론을 구성할 때 자신들의 문화 안에서 보통 사람들과 공유하는 동일한 개념적 원천과 기본적 개념체계를 사용한다.

체험주의는 인지과학적 방법을 철학의 개념적 분석에 적용하여 서양의 철학적 이론들이 은유들을 중심으로 전개되었다는 것을 구체적으로 보여준다. 먼저 고대 자연철학의 경우 철학자들은 다음과 같은 통속 이론들은 가정했다.[38]

> 「세계 이해 가능성의 통속 이론」: 세계는 체계적 의미를 구성하고 있으며, 우리는 그것에 관한 지식을 얻을 수 있다.
> 「일반 종의 통속 이론」: 모든 구체적 사물은 어떤 종류의 사물이다.
> 「본질의 통속 이론」: 모든 개체는 '본질' 또는 '본성', 말하자면 그것을 현재의 종류의 사물로 만들어 주며, 그것의 자연적 성질의 인과적 근원인 속성들의 집합을 갖고 있다.
> 「최고 범주의 통속 이론」: 존재하는 모든 것에 하나의 범주가 존재한다.

37) G. 레이코프·M. 존슨, 『몸의 철학』, p. 502.
38) 같은 책, p. 532.

이러한 가정들을 토대로 탈레스는 「존재의 본질은 물」 은유를, 아낙시만드로스는 「존재의 본질은 불확정적 물질」 은유를, 아낙시메네스는 「존재의 본질은 공기」 은유를, 헤라클레이토스는 「존재의 본질은 변화」 은유를, 피타고라스는 「존재의 본질은 수」 은유를, 소피스트는 「존재의 본질은 현상」 은유 등을 통해 각자의 철학적 사유를 전개했다.

플라톤(Plato)은 참된 지식을 추구하였는데 그러한 지식에 대한 설명은 위의 네 가지 주된 통속 이론을 바탕으로 전개된다. 참된 지식이란 실재 그 자체로 존재하는 것에 관한 것이어야 하므로 그것은 마음에 직접 나타나지 않는 '대상'보다 마음에 직접 나타나는 '관념'에 관한 것이 되었다. 따라서 플라톤의 논증은 "「관념은 대상」과 「아는 것은 보는 것」 은유"[39]에 의존하며 이 은유를 중심으로 점점 더 복잡한 은유를 형성하여 확장한다. 플라톤의 형이상학에서 중심적인 것은 "세계 안의 사물들의 본질을 은유에 의해 마음이 지각할 수 있는 관념들로 개념화하는 것"[40]이다.

아리스토텔레스 역시 네 가지 통속 이론을 수용하고 "「관념은 본질」 은유"를 받아들였다.[41] 플라톤이 관념론자인 반면에 아리스토텔레스는 실재론자이기 때문에 실재를 관념 안에서 찾지 않고 사물 안에서 찾은 결과이다. 그러나 「관념은 본질」 은유에서 본질은 물리적 실체일 경우 인간의 마음에 의해 파악될 수 없기 때문에 「본질은 형상」 은유를 수용한다. 그리하여 「관념은 본질」이며, 「본질은 형상」이기 때문에 인간의 마음은 세계 안의 형상들, 즉 그 사물들을 현재와 같은 종류의 사물로 만들어 주는 형상들을 파악

39) 같은 책, p. 538.

40) 같은 책, p. 540.

41) 같은 책, p. 549.

할 수 있다. 따라서 아리스토텔레스에서 지식의 가능성을 보장해 주는 것은 세계 안의 사물들의 형상을 직접적으로 파악할 수 있는 능력이다. 어떤 것을 지각한다는 것은 우리의 마음에 그것의 형상을 실현시키는 것이다. 아리스토텔레스는 기본적으로 「마음은 그릇」, 「이해는 쥐는 것」, 「관념은 물리적 대상」 등의 은유를 사용하며 점점 더 자신의 사고를 확장시켜 간다.

데카르트(R. Descartes)도 마음에 관한 은유를 사용했지만 마음과 몸을 분리시키고 두 개의 정신적 실체와 물리적 실체라는 이원론을 주장했기 때문에, 플라톤과 아리스토텔레스의 마음에 관한 은유를 가지고서 지식의 가능성을 설명할 수 없었다. 따라서 데카르트는 "'외적' 세계에 존재하는 대상들을 어떤 '내적' 영역에서 표상하는 것으로서의 마음에 관한 새로운 은유적 견해"[42]를 만들어 냈다. 확실한 지식의 가능성을 규정하기 위해 가장 기본적인 「아는 것은 보는 것」 은유를 근거로 데카르트는 상호 연관된 한 다발의 은유를 형성한다. 그런 다음 마음의 능력들을 다양한 정신적 과제들을 수행하는 사람으로 인격화하는 능력심리학의 은유를 가정한다. 그리하여 데카르트는 「아는 것은 보는 것」 은유를 능력심리학의 은유들과 결합시킴으로써 직관 개념을 특징짓는 복합적인 은유 체계를 산출한다. 앎의 능력을 가진 인격체인 이성은 「아는 것은 보는 것」 은유에 의해 볼 수 있는 능력을 지닌 인격체로 개념화된다.

분석철학은 데카르트로부터 마음에 관한 우리의 일상적 은유들에서 비롯된 다수의 함의들을 사용한다. 영미철학 전통의 핵심적 은유는 「언어로서의 사고」(Thought As Language)이며 그 은유로부터 수반되는 것은 "언어 분석이 사고의 분석"[43]이라는 생각이다.

---

42) 같은 책, pp. 573-574.

이 은유를 통해 언어 분석은 언어적 상징물에 의해 표현되는 개념 분석이 되는데, 그것이 분석철학의 중심적인 신조이다. 이 은유는 아이들에게 '사물에 대한 낱말'(words for things)을 가르치고, 아이들이 '낱말의 의미'를 배우는 것을 실행한 것으로 두 가지 흔한 통속 이론을 수반한다.[44]

「명명의 통속 이론」: 낱말들은 세계 안의 사물을 선택한다.
「의미의 통속 이론」: 낱말의 의미를 배우는 것은 사물의 이름 부르기를 정확하게 배우는 것이다.

이 통속 이론들이 「언어로서의 사고」 은유와 결합하면 개념들은 세계 안에 있는 사물과 대응하여 낱말의 의미를 갖게 된다. 이 낱말의 의미는 인간의 정신과는 독립된 것이므로 객관적이며, 공적으로 접근 가능한 것이 된다.

이러한 철학 이론에 대한 은유적 분석을 바탕으로 체험주의는 탈레스에서 헤라클레이토스까지, 플라톤에서 아리스토텔레스까지, 데카르트에서 칸트(I. Kant)까지, 러셀(B. Russell)에서 콰인까지 그 형이상학을 규정하는 것은 각 철학자들의 사유 중심에 자리잡고 있는 핵심적 은유들이라고 결론짓는다. 그리고 그 각각의 원천에서 표적으로서의 사상은 관련된 목표 영역이 존재론을 형성하기 위해 주어진 근원 영역의 존재론을 투사하는데, 데카르트의 예를 들면 다음과 같다.[45]

43) 같은 책, p. 643.
44) 같은 책. p. 644.
45) 같은 책, p. 782.

> 데카르트가 「이해하는 것은 보는 것」(Understanding Is Seeing)이라는 은유를 사용했으며, 그렇게 함으로써 가시적 대상들, 보는 사람, 자연광의 원천 등에 대한 정신적 대응물을 요구하는 정신적 영역의 존재론을 받아들였다. 그의 마음 형이상학은 이러한 개체들에 대한 은유적 대응물로 채워져 있으며, 그는 시각의 영역에서 추출된 추론 패턴을 마음과 사고의 영역에 사용함으로써 그것들에 관해 사유했다.

체험주의에 의하면 철학자들은 다양한 은유들을 사용하는데 그 중 하나가 보편적 은유에 속하는 시각적 은유로 철학적 사유 내에서 핵심적인 역할을 한다. 철학 이론들은 역사적인 맥락 내에서 인간에게 주어진 개념적 자원과 개념체계들로 형성되고, 그것들 모두는 광범위한 상상적 도구인 은유를 사용하기 때문에 필연적으로 은유적이다. 그러나 이러한 체험주의의 귀결은 언어가 "세계에 관한 문자적인 진리들을 표현하고 전달하는 기능"[46]을 중심적으로 수행해야 한다고 주장하며 은유를 진리의 영역에서 추방시켜 수사법 이론으로 강등시킨 아리스토텔레스의 은유론과는 정면으로 대립한다. 체험주의는 아리스토텔레스의 은유론이 잘못되었고 또한 잘못된 은유론에 근거한 철학 이론들 역시 잘못되었으므로 새로운 은유론에 기반하여 철학사는 다시 씌어져야 한다고 주장한다. 그 잘못의 원인은 철학이 신체에 근거한 경험적 탐구들을 무시하고 선험적 사유에 의해 개념들이 형성된다는 철학적 가정에 있다. 그 결과 체험주의는 은유론을 구성하여 마음과 언어에 관한 대부분의 주된 철학적 가정들에 의문을 제기하며 경험과학적 증거들을 수렴한 적절한 형태의 철학 개념을 제안하기에 이른다.

---

46) 같은 책, pp. 185-186 참조.

5. 철학적 사유에 있어서 은유의 역할

이제까지 신실용주의와 체험주의의 철학적 물음에 대한 의문 제기로부터 시작해서 은유가 철학적 사유 내에서 전개되는 방식에 관해 서술했다. 이것은 언어의 장식품에 불과한 일탈적인 언어로서의 은유가 철학적 사유에서 없어서는 안될 중요한 요소라는 것을 잘 보여주고 있다. 두 입장에서 은유의 철학적 전개는 다르지만 철학적 사유에서 은유가 중요하다고 주장하는 점에서는 일치한다.

신실용주의와 체험주의의 은유에 대한 견해는 철학적 물음에 대해 의문을 제기하고 객관주의적인 철학이 성립하게 된 핵심적인 지점을 근원적으로 비판한다는 점에서 공통된다. 신실용주의가 전통적인 철학을 비판하는 데 있어서 주된 표적으로 삼은 것은 데카르트를 중심으로 형성된 인식론 중심의 체계철학으로 그것의 기본 구도는 표상주의이다. 표상주의는 언어를 표현의 매개물로 간주하므로 신실용주의는 이로부터 벗어나기 위해 도구적 언어관을 수용하고 이를 바탕으로 은유적 입장을 전개했다. 체험주의의 주된 표적은 신체에 근거한 경험적 탐구들을 무시하고 이성과 사유의 독자적인 영역을 확보하려는 데카르트 중심의 철학자들과 논리학자들이다. 따라서 체험주의는 인지과학적 성과를 수용하고 새로운 은유론을 형성하여 철학적 사유가 은유적으로 확장된 신체화된 개념에 근거하고 있다는 것을 보여줌으로써 표상주의에 기반한 철학에 비판적 입장을 취한다. 두 은유론은 은유가 전통철학에 대한 비판의 관점을 제공하고 있다는 점에서는 동일하다.

은유를 중심으로 전개된 철학적 논의에서 신실용주의와 체험주의는 객관주의적 전통철학이 추구하는 지식이 시각적 은유를 중심으로 형성되었다는 데 있어서 일치한다. 즉 신실용주의는 인간의 정신이 세계를 정확히 비추는 거울로서의 역할을 함으로써 지식을 형성했다고 보며, 체험주의는 지식이 「보는 것으로서의 아는 것」(Knowing As Seeing) 은유에 의해 성립되었다고 보았다. 그러나 신실용주의는 시각적 은유를 객관주의적 전통의 지식과 진리를 규정하는 핵심적인 단 하나의 은유로 제시한 반면에, 체험주의에서 시각적 은유는 객관주의 전통에서 주된 역할을 하는 보편적 은유이지만 유일한 것은 아니며 여러 은유들 중의 하나로 보았다. 시각적 은유가 보편적 은유라는 것에 대해 은유에 대한 인지언어학적 견해를 옹호하는 코브체시(Z. Kövecses)는 어떤 언어에서 발견되는 은유가 똑같은 유형이지만 완전히 다른 언어에서 존재한다면 보편적이라고 말할 수 있으며, 그것의 근거는 인간의 신체의 보편성에서 나온다고 해명한다.[47)]

신실용주의와 체험주의는 전통적인 철학이 시각적 은유를 중심으로 전개되었다는 데 동의하지만 그로부터 귀결되는 주장은 다르다. 신실용주의는 은유가 세상에 대처하기 위한 언어적 도구이므로 유용성에 근거하여 낡은 은유는 참신한 은유로 교체되어야 한다고 주장한다. 체험주의는 대부분의 철학적 개념들은 은유적 사고의 산물인데 아리스토텔레스의 은유론에 근거한 전통적인 철학은 잘못된 가정을 전제하므로 그릇되었다고 지적하고 새로운 은유론을 제시한다. 그 결과 신실용주의와 체험주의에서 은유에 관한 논의는 객관주의적인 전통철학이 유지되고 있는 핵심적인 지점에 대한 비판적 시각을 제공한다. 따라서 은유는 여러 철학자에게 "현대철학의 주류에 도전을 제기하는 매개물"[48)]로서 의의가 있으므

47) Kövecses, 『은유』, p. 297.

48) 황희숙, 「과학이론에서 은유의 역할」, p. 191.

로 객관주의적 전통을 해체하는 일종의 도구 역할을 한다고 할 수 있다.

언어관을 중심으로 전개된 신실용주의와 인지과학적 방법을 통해 전개된 체험주의에서 은유는 객관주의 전통의 철학 개념을 해체시키는 역할을 하지만 동시에 새로운 철학 개념을 제시하는 역할도 한다. 신실용주의의 은유론의 특징은 비트겐슈타인의 언어게임에 근거하여 언어의 사용을 중심으로 은유와 문자적인 것을 구분하고 은유의 작동방식을 해명한 데 있다. 은유의 작동방식에 근거해 유용성을 기준으로 삼는 신실용주의에 의하면 전통적인 철학은 시각적 은유에 근거하여 표상을 중심으로 전개된 이론들이다. 그러나 이제 이 은유는 유용성을 잃었으므로 낡고 진부한 은유는 새로운 은유로 바뀌어야 한다. 신실용주의는 '거울로서의 마음'(Mind as a Mirror)이라는 시각적 은유에 근거한 철학은 낡은 것이므로 '대화로서의 철학'이라는 새로운 은유로 전환되어야 한다고 주장한다. 은유의 전환을 통해 신실용주의가 주장하는 철학이란 체계적인 이론을 구성하는 데 있는 것이 아니며 인류의 '연대성'(solidarity)에 기여할 수 있는 보다 실천적인 것이어야 한다.

새로운 은유로서 제시된 대화로서의 철학은 '문예비평'(literary criticism)으로서의 철학 개념으로 명료화되고 발전된다. 은유는 인간들의 신념들과 욕구들을 변화시키기 위한 설득의 도구이며, 철학은 설득을 위해 참신한 은유를 만들어 인류의 연대성에 기여해야 하므로 문예의 한 장르인 것이다. 여기서 신실용주의는 플라톤이 추방한 시인을 다시 불러들여 철학자들도 시인처럼 문화 내에서 문제 해결을 위한 도구로서 참신한 은유를 만들어 내야 한다고 주장한다. 철학에서 시인이 요구되는 것은 우리 사회의 연대성을 도모하기 위해서는 이성에 의해 진리를 발견하기보다 '상상력'

(imagination)에 의한 참신한 은유의 창조가 필요하기 때문이다. 따라서 신실용주의에 있어서 은유는 체계철학을 거부하고 문학의 한 장르로서의 철학 개념을 주장하는 데 중요한 역할을 한다. 그리고 그 철학 개념을 통해 신실용주의는 실천적 삶 속에서 철학의 모습을 제시하고 있다.[49)]

체험주의 은유론의 특징은 신체에 근거한 경험적 사실들을 통해 서양철학의 중심 개념들이 은유적 사유를 통해 확장된 신체화된 개념이라는 것을 보여준 데 있다. 이것은 은유가 언어뿐만 아니라 사고에 있어서도 핵심적인 역할을 한다는 주장을 형성하는데, 이 주장은 철학이 과학들로부터 비롯되는 수렴적 증거에 근거해서 건설되어야 한다는 입장을 바탕으로 하고 있다. 그러기 위해서는 철학이 과학과 지속적인 대화를 유지하여 과학적 탐구의 방대한 체계와 진지하게 대면하고 이해해야 한다. 이렇게 경험적 탐구에 근거한 체험주의의 은유론에 의하면 철학적 개념들이 신체와는 무관한 독립적인 근거를 갖고 있다는 선험적 사변이란 가능하지 않다. 그래서 체험주의는 오늘날 우리에게 주어지는 최선의 경험적 증거를 수용하는 좀더 적절한 철학으로서 '경험적으로 책임 있는 철학'을 제안한다. 경험적으로 책임 있는 철학이 요구하는 철학자는 "논리의 조리사"가 아닌 "체계적 사고의 시인"이다.[50)] 체계적 사고를 하는 철학자가 시인이 되어야 하는 이유는 철학이 삶에서 발생하는 문제들을 해결하는데 도움이 되는 대처 방식을 보여주려면 창조적이고 종합적이어야 한다는 데 있다. 은유적 사유의 중요성을 강조하는 이러한 철학 개념을 통해서 체험주의는 경험적 탐구에

49) 황희숙, 「은유와 인식」, 『철학연구』, 제46집 (1999), p. 214.
50) G. 레이코프·M. 존슨, 『몸철학』, p. 783.

근거한 적절한 크기의 철학을 제안하고 있다.

신실용주의와 체험주의는 공통적으로 철학적 사유에서의 은유의 중요성을 강조하며 은유가 새롭게 발생하는 상황들과 문제들에 대처하는 방식을 보여줄 수 있다는 데 동의한다. 이들은 은유와 더불어 철학적 사유에 있어서 상상력의 역할을 강조함으로써 플라톤이 과거에 추방했던 시인을 다시 철학의 영역에로 불러들이고 있다. 신실용주의가 합리성 자체를 거부하며 그 자리를 상상력이 대신해야 한다고 주장한 것은 "논변을 잘하는 것이 아니라 뭔가 다르게 말하는 재주야말로 문화적 변화의 주요 도구"[51]라는 것을 깨달았기 때문이다. 체험주의는 상상력이 단지 발견, 발명, 또한 창작의 역할만을 하는 것이 아니라 합리성의 구조에 기본적인 사실로서 모든 의미와 이해, 이성에 있어서 주된 역할을 한다고 본다.[52] 상상력에 대한 체험주의의 견해는 객관주의적 전통에서 세계에 대한 인간의 이해가 인간의 이해와는 독립된 합리적인 구조를 갖는다는 입장에 대립한다.

은유를 통해 전통적인 철학의 해체를 주장한다는 점에서 신실용주의와 체험주의는 공통된다. 정확하고 고정된 의미를 결여하여 언어의 장식물에 불과한 은유가 철학적 논의의 중심에 선다는 것은 객관주의의 흐름과는 정면으로 대립하기 때문이다. 그러나 객

51) 로티에 따르면 합리성이란 "현재 손안에 있는 언어에서 논증을 함께 엮어 배열하는 일"이다. 반면에 상상력이란 "그러한 언어를 넘어서는 능력, 바꿔 말해서 새롭고 낯설며, 패러독스적이고, '비합리적인' 것들을 나타내는 낱말들과 이미지들을 꿈꾸는 것"이다. 로티, 『우연성, 아이러니, 연대성』, p. 11.

52) 체험주의에 의하면 "상상력이 없이는 이 세상의 아무것도 의미가 있을 수 없다. 상상력이 없이는 우리 경험에 어떤 의미도 부여할 수 없다. 상상력이 없이는 실재에 관한 지식을 이끌어낼 수 없다." M. 존슨, 『마음 속의 몸: 의미·상상력·이성의 신체적 근거』, 노양진 역 (서울: 철학과현실사, 2000), p. 19.

관주의적 철학에 대해 비판한다는 점에서 신실용주의와 체험주의는 동일하지만, 해체 이후 이론 구성에 대한 입장은 다르다. 신실용주의는 시각적 은유를 참신한 은유로 교체해야 한다고 비판함으로써 객관주의적 전통의 철학을 해체하지만 체계화된 이론의 가능성은 부인한다. 반면에 체험주의는 새로운 은유론을 구성하여 정초주의에 근거한 철학적 이론들의 문제점들을 지적하여 비판하지만 또 다른 체계화의 가능성을 제안한다. 체험주의는 신체의 경험적 사실에 근거하여 새로운 이론의 가능성을 제시하므로 해체론적 측면과 구성적인 측면을 모두 견지한다.

6. 맺는 말

신실용주의와 체험주의에 있어서 은유의 철학적 전개를 통해서 은유의 역할을 다음과 같이 정리할 수 있다. 첫째, 시각적 은유는 전통철학에서 지식과 진리 개념을 형성하는 데 핵심적인 역할을 한다. 둘째, 은유는 진리 추구를 중심으로 하는 객관주의적 전통철학에 대해 비판적 시각을 제공하며 해체의 도구로서의 역할을 한다. 셋째, 은유는 새로운 철학 개념을 형성하는 데 있어서도 중요한 역할을 하며, 그로 인해 합리성을 중심으로 하는 철학적 사유에서 점차 상상력의 중요성이 부각되고 있다. 그런데 신실용주의와 체험주의 철학에서 공통적으로 드러난 은유의 역할에도 불구하고 은유론이 각각 다르게 전개될 수밖에 없는 것은 근본적인 차이가 있기 때문이다.

신실용주의와 체험주의에서 은유의 역할을 통해서 드러난 두 가지 큰 차이점으로 은유가 전개되는 방법과 그 귀결로서의 체계화에 대한 입장을 들 수 있다. 신실용주의는 은유를 강조하여 철학의 문학화를 지향하며 '문예비평으로서의 철학' 개념을 주장하기에 이르렀고, 체험주의는 은유를 인지과학에 의한 자연화된 사유와 결합하여 '경험적으로 책임있는 철학'을 제안하게 되었다. 그리하여 신실용주의는 은유를 중심으로 전통철학에 대해 비판한 이후 체계지향적인 이론으로서의 철학을 거부하지만, 체험주의는 은유론을 통해 전통철학에 대해 비판 이후 새로운 체계화의 가능성을 제시한다. 이렇게 서로 다른 방법론과 은유론을 통해 서로 다른 철학관에 도달하게 된 근본적인 차이는 은유의 보편적 지반을 설정할 수 있느냐에 달려 있다.

신실용주의에 따르면 절대적 진리가 부정되고 안정된 지식의 영역이 없다면, 철학적 이론이란 없으며 단지 철학적 담론만이 있을 뿐이다. 신실용주의가 은유의 사용을 통해 은유가 작동하는 방식을 해명하고 실천적인 철학 개념을 제시하고 있다는 점에서 철학적으로 기여한 바가 크다. 그러나 신실용주의는 은유의 사용에서 우연성만을 강조한 결과 은유가 작동하는 방식에 대한 제약 지점을 설정할 수가 없다. 그 결과 다양한 인종과 다원화된 문화에서는 근거없이 생성소멸하는 은유들의 이합집산만이 있다.

반면에 체험주의는 경험적 탐구에 우선성을 두는 지식의 영역을 인정하여 몸에 근거해서 사유가 은유적으로 확장된다는 것을 보여줌으로써 은유에 토대가 있다는 것을 제시한다. 신체적 경험에 의해서 발생된 영상도식은 지각이나 개념이 은유적으로 확장되어가는 구체적인 토대로서 인간이 공통성을 공유할 수 있는 지반이 된다. 공통성을 공유하는 보편적 지반의 설정이 필요한 것은 절대적인 진리가 없는 철학적 상황에서 자칫 토대가 없는 철학적 담론들은 '근거없는 수사학'으로 전락하여 지적인 허무주의로 귀결될 위험성이 있기 때문이다. 따라서 신체적 경험에 근거하여 은유적 확장을 주장하는 체험주의의 은유론은 은유를 선택하는 데 있어서 절대적 척도를 제공하지는 못하지만, 어떤 진리를 선택해야 하는 데 있어서 신체적 지반에 근거한 은유를 선택해야 한다는 실마리는 제공한다.

참고문헌

가다머, 한스-게오르크. 『진리와 방법 I』. 이길우 역. 서울: 문학동네, 2000.
국순아. 「로티의 역사주의의 한계」. 『범한철학』, 제42집 (2006): 217-241.
길병희. 『가치와 사실』. 서울: 서광사, 1996.
김기수. 「전통적 은유이론들과 Lakoff 은유이론의 비교」. 『한국영미어문학』, 제57집 (1999): 211-229.
김동식. 『로티의 신실용주의』. 서울: 철학과현실사, 1994.
______. 『프래그머티즘』. 서울: 아카넷, 2002.
김상환. 「은유와 해체」. 박영식 엮음. 『언어철학연구 II - 현대언어철학』. 서울: 현암사, 1995.
김태길. 『존 듀이의 사회철학』. 서울: 명문당, 1990.
노양진. 「체험주의의 은유 이론」. 한국분석철학회 편. 『언어, 표상, 세계』. 서울: 철학과현실사, 1999.
______. 「인지과학과 철학적 탐구」. 『범한철학』, 제20집 (1999): 29-50.
______. 『상대주의의 두 얼굴』. 파주: 서광사, 2007.
______. 『몸·언어·철학』. 파주: 서광사, 2009.
______. 『몸이 철학을 말한다: 인지적 전환과 체험주의의 물음』. 파주: 서광사, 2013.
______. 『나쁜 것의 윤리학: 몸의 철학과 도덕의 갈래』. 파주: 서광사, 2015.
니체, 프리드리히. 『비극적 사유의 탄생』. 이진우 역. 서울: 문예출판사, 1997.
듀이, 존. 『철학의 재구성』. 이유선 역. 서울: 아카넷, 2010.
레이코프, G. 『인지 의미론: 언어에서 본 인간의 마음』. 이기우 역. 서울:

한국문화사, 1995.

레이코프, G·M. 존슨.『몸의 철학: 신체화된 마음의 서구 사상에 대한 도전』. 임지룡 외 역. 서울: 박이정, 2002.

______.『삶으로서의 은유』. 수정판. 노양진·나익주 역. 서울: 박이정, 2006.

로티, 리처드.『철학 그리고 자연의 거울』. 박지수 역. 서울: 까치글방, 1998.

______.『실용주의의 결과』. 김동식 역. 서울: 민음사, 1996.

______.『우연성, 아이러니, 연대성』. 김동식·이유선 역. 서울: 민음사, 1996.

리오타르, 장 프랑수아.『포스트모던적 조건: 정보 사회에서의 지식의 위상』. 이현복 역. 서울: 서광사, 1992.

리처드, A. I.『수사학의 철학』. 박우수 역. 서울: 고려대학교 출판부, 2001.

메난드, 루이스 엮음.『프래그머티즘의 길잡이』. 김동식·박우석·이유선 역. 서울: 철학과현실사, 2001.

박연숙.「존 듀이의 경험 개념에 근거한 미적 무관심성 비판」.『철학연구』, 제104집 (2007): 119-136.

박철홍.「듀이의 경험개념에 비추어 본 사고의 성격: 이성적 사고와 질성적 사고의 통합적 작용」.『교육철학연구』, 제33집 (2011): 79-104.

번스타인, 리처드 J.『존 듀이 철학 입문』. 정순복 역. 서울: 예전사, 1995.

비어즐리, 먼로 C.『미학사』. 이성훈·안원현 역. 서울: 이론과 실천, 1988.

비트겐슈타인, 루트비히.『논리 철학 논고』. 이영철 역. 서울: 책세상, 2006.

______.『철학적 탐구』. 이영철 역. 서울: 책세상, 2006.

______.『청색책·갈색책』. 이영철 역. 서울: 책세상, 2006.

______.『쪽지』. 이영철 역. 서울: 책세상, 2006.

______.『확실성에 관하여』. 이영철 역. 서울: 책세상, 2006.

슈스터만, 리처드.『프래그마티스트 미학』. 김광명·김진엽 역. 서울: 북코리아, 2009.

아리스토텔레스.『시학』. 천병희 역. 서울: 문예출판사, 2000.

양은석.「후기 비트겐슈타인의 자연주의 언어철학」.『철학』, 제60집 (1999):

237-260.

______. 「자연주의 두 얼굴: 과학주의 대 반과학주의」. 『철학』, 제73집 (2002): 127-148.

에임즈, S. M. 『실용주의: 퍼어스, 제임스, 듀이, 미이드의 철학』. 조성술·노양진 역. 광주: 전남대학교출판부, 1999.

에이어, 알프레드 J. 『언어 논리 진리』. 송하석 역. 파주: 나남, 2010.

이명현. 「삶의 형식의 두 가지 국면」. 분석철학연구회 편. 『비트겐슈타인의 이해』. 서울: 서광사, 1984.

이승종. 「비트겐슈타인과 로티: 자연주의와 해체주의」. 김동식 편. 『로티와 철학과 과학』. 서울: 철학과현실사, 1997.

이유선. 「은유와 실재」. 『철학』, 제79집 (2004): 185-209.

이진우. 『이성은 죽었는가』. 서울: 문예출판사, 1998.

이한구. 『역사주의와 역사철학』. 서울: 문학과지성사, 1993.

정기철. 「리쾨르의 은유 이론」. 박영식 엮음. 『언어철학연구 II』. 서울: 현암사, 1995.

정낙림. 「예술과 생리학: 니체와 듀이를 중심으로」. 『철학논총』, 제102집 (2020): 369-395.

정순복. 「존 듀이의 형이상학: 예술의 메타포를 중심으로」. 『미학』, 제21집 (1996): 167-194.

______. 「존 듀이의 철학에서 '센스'(sense)와 예술의 문제」. 『미학』, 제27집 (1999): 105-141.

정해창. 『존 듀이의 미완성 경험』. 파주: 청계출판사, 2013.

젤트너, P. M. 『존 듀이 미학 입문』. 정순복 역. 서울: 예전사, 1975.

존슨, 마크. 『마음 속의 몸: 의미, 상상력, 이성의 신체적 근거』. 노양진 역. 서울: 철학과현실사, 2000.

______. 『도덕적 상상력: 체험주의 윤리학의 새로운 도전』. 노양진 역. 파주: 서광사, 2008.

______. 『몸의 의미: 인간 이해의 미학』. 김동환·최영호 역. 서울: 동문선, 2012.

칸트, 임마누엘. 『판단력비판』. 백종현 역. 파주: 아카넷, 2014.

퍼트남, 힐러리. 『과학주의 철학을 넘어서』. 원만희 역. 서울: 철학과현실사, 1998.

______. 『이성, 진리, 역사』. 김효명 역. 서울: 민음사, 2002.

______. 『존재론 없는 윤리학』. 홍경남 역. 서울: 철학과현실사, 2006.

______. 『사실과 가치의 이분법을 넘어서』. 노양진 역. 파주: 서광사, 2010.

플라톤. 『국가』. 박종현 역주. 서울: 서광사, 1997.

헤겔, G. W. F. 『법철학』. 임석진 역. 서울: 지식산업사, 1993.

황희숙. 「은유와 인식」. 『철학연구』, 제46집 (1999): 193-216.

______. 「과학이론에서 은유의 역할」. 『철학연구』, 제65집 (2004): 171-193.

Kövecses, Zoltán. 『은유』. 이정화 외 역. 서울: 한국문화사, 2003.

Alexander, Thomas. *John Dewey's Theory of Art, Experience, and Nature: The Horizons of Feeling*. Albany, N.Y.: State University of New York Press, 1987.

______. "The Art of Life: Dewey's Aesthetics." In Larry Hickman, ed. *Reading Dewey*. Bloomington, Ind.: Indiana University Press, 1998.

Austin, J. L. "Performative Utterances." *Philosophical Papers*. Oxford: Oxford University Press, 1970.

Bernstein, Richard J. "Philosophy in the Conversation of Mankind." *Philosophical Profiles*. Cambridge: Polity Press, 1986.

______. *The New Constellation*. Cambridge, Mass.: MIT Press, 1992.

______. "Hilary Putnam: The Entanglement of Fact and Value." *The Pragmatic Turn*. Cambridge: Polity Press, 2010.

Black, Max. "Dewey's Philosophy of Language." *John Dewey: Critical Assessments*, Vol. IV. New York: Routledge, 1962.

______. "Metaphor." *Philosophical Perspectives on Metaphor*. Minneapolis: University of Minnesota Press, 1981.

Boisvert, Raymond. "Rorty, Dewey and Post-Modern Metaphysics." In J. E. Tiles, ed. *John Dewey: Critical Assessments*. New York: Routledge, 1992.

______. "Dewey's Metaphysics: Ground-Map of the Prototypically Real." In Larry Hickman, ed. *Reading Dewey.* Bloomington, Ind.: Indiana University Press, 1998.

Callaway, H. G. "Democracy, Value, Inquiry, and Dewey's Metaphysics." *The Journal of Value Inquiry,* 27 (1993): 13-27.

Campbell, James. "Rorty's Use of Dewey." *Southern Journal of Philosophy,* Vol. 22 (1984): 175-187.

______. *Understanding John Dewey.* La Salle, Ill.: Open Court, 1996.

Croce, Benedetto. "On the Aesthetics of Dewey." *The Journal of Aesthetics and Art Criticism,* VI (1948): 203-207.

Damasio, Antonio. *Descartes' Error: Emotion, Reason, and the Human Brain.* New York: G. P. Putnam's Sons, 1994.

______. *The Feeling of What Happens: Body and Emotion in the Making of Consciousness.* New York: Harcourt Brace, 1999.

______. *Looking for Spinoza: Joy, Sorrow, and the Feeling Brain.* Orlando, FL: Harcourt, 2003.

Davidson, Donald. "What Metaphors Mean." In his *Inquiries into Truth and Interpretation.* Oxford: Oxford University Press, 1984.

Dewey, John. "The Reflex Art Concept in Psychology." *The Early Works, 1882-1898.* Vol. 5. Ed. Jo Ann Boydston. Carbondale, Ill.: Southern Illinois University Press, 2008.

______. "The Meaning of Value." *The Middle Works, 1899-1924.* Vol. 2. Ed. Jo Ann Boydston. Carbondale, Ill.: Southern Illinois University Press, 2008.

______. "The Postulate of Immediate Empiricism." *The Middle Works, 1899-1924.* Vol. 3. Ed. Jo Ann Boydston. Carbondale, Ill: Southern Illinois University Press, 2008.

______. *The Theory of Experimental Knowledge: The Middle Works, 1899-1924.* Vol. 3. Ed. Jo Ann Boydston. Carbondale, Ill.: Southern Illinois University Press, 2008.

______. "The Subject-Matter of Metaphysical Inquiry." *The Middle Works, 1899-1924.* Vol. 8. Ed. Jo Ann Boydston. Carbondale, Ill: Southern Illinois University Press, 2008.

______. "The Logic of Judgments of Practice." *The Middle Works, 1899-1924.* Vol. 8. Ed. Jo Ann Boydston. Carbondale, Ill.: Southern Illinois University Press, 2008.

______. *Democracy and Education: The Middle Works, 1899-1924.* Vol. 9. Ed. Jo Ann Boydston. Carbondale, Ill.: Southern Illinois University Press, 2008.

______. *Reconstruction in Philosophy and Essays: The Middle Works, 1899-1924.* Vol. 12. Ed. Jo Ann Boydston. Carbondale, Ill.: Southern Illinois University Press, 2008.

______. *Human Nature and Conduct: The Middle Works, 1899-1924.* Vol. 14. Ed. Jo Ann Boydston. Carbondale, Ill.: Southern Illinois University Press, 2008.

______. "Values, Liking, and Thought." *The Middle Works, 1899-1924.* Vol. 15. Ed. Jo Ann Boydston. Carbondale, Ill.: Southern Illinois University Press, 2008.

______. *Experience and Nature: The Later Works, 1925-1953.* Vol. 1. Ed. Jo Ann Boydston. Carbondale, Ill.: Southern Illinois University Press, 2008.

______. "Meaning and Existence." *The Later Works, 1925-1953.* Vol. 3. Ed. Jo Ann Boydston. Carbondale, Ill.: Southern Illinois University Press, 2008.

______. *Experience and Education : The Later Works, 1925-1953.* Vol. 3. Ed. Jo Ann Boydston. Carbondale, Ill.: Southern Illinois University Press, 2008.

______. *The Quest for Certainty: The Later Works, 1925-1953.* Vol. 4. Ed. Jo Ann Boydston. Carbondale, Ill.: Southern Illinois University Press, 2008.

______. "Qualitative Thought." *The Later Works, 1925-1953*. Vol. 5. Ed. Jo Ann Boydston. Carbondale, Ill.: Southern Illinois University Press, 2008.

______. "Context and Thought." *The Later Works, 1925-1953*. Vol. 6. Ed. Jo Ann Boydston. Carbondale, Ill.: Southern Illinois University Press, 2008.

______. *Ethics: The Later Works, 1925-1953*. Vol. 7. Ed. Jo Ann Boydston. Carbondale, Ill.: Southern Illinois University Press, 2008.

______. *Democracy and Education: The Later Works, 1925-1953*. Vol. 9. Ed. Jo Ann Boydston. Carbondale, Ill,: Southern Illinois University Press, 2008.

______. *Art as Experience: The Later Works, 1925-1953*. Vol. 10. Ed. Jo Ann Boydston. Carbondale, Ill.: Southern Illinois University Press, 2008.

______. *Logic: The Theory of Inquiry: The Later Works, 1925-1953*. Vol. 12. Ed. Jo Ann Boydston. Carbondale, Ill.: Southern Illinois University Press, 2008.

______. *Theory of Valuation: The Later Works, 1925-1953*. Vol. 13. Ed. Jo Ann Boydston. Carbondale, Ill.: Southern Illinois University Press, 2008.

______. *Experience and Education: The Later Works, 1925-1953*. Vol. 13. Ed. Jo Ann Boydston, Carbondale, Ill.: Southern Illinois University Press, 2008.

______. "Propositions, Warranted Assertibility, and Truth." *The Later Works, 1925-1953*. Vol. 14. Ed. Jo Ann Boydston. Carbondale, Ill.: Southern Illinois University Press, 2008.

______. "The Field of "Value"." *The Later Works, 1925-1953*. Vol. 16. Ed. Jo Ann Boydston. Carbondale, Ill.: Southern Illinois University Press, 2008.

______. "Half-hearted Naturalism." *Journal of Philosophy*, Vol. 24 (1927): 57-64.

Dewey, J. & Bentley, A. F. *Knowing and the Known: The Later Works,*

1925-1953. Vol. 16. Ed. Ann Carbondale, Ill.: Boydston, Southern Illinois University Press, 2008.

Dewey, Robert E. *The Philosophy of John Dewey: A Critical Exposition of his Method, Metaphysics and Theory of Knowledge*. The Hague: Martinus Nijhoff, 1977.

Diggins, John P. *The Promise of Pragmatism*. Chicago: The University of Chicago Press, 1994.

Eames, S. Morris. *Experience and Value: Essays on John Dewey and Pragmatic Naturalism*. Carbondale, Ill.: Southern Illinois University Press, 2008.

Eldridge, Richard. "Dewey's Aesthetics." In Molly Cochran, ed. *The Cambridge Companion to Dewey*. Cambridge: Cambridge University Press, 2010.

Fesmire, Steven. *Dewey*. New York: Routledge, 2015.

Gardner, Thomas. "The Subject Matter of Dewey's Metaphysics." *Transactions of the Charles S. Peirce Society*, Vol. 36 (2000): 393-405.

Garver, Newton. *This Complicated Form of Life: Essays on Wittgenstein*. Chicago, Ill.: Open Court, 1994.

Gendlin, Eugene. "How Philosophy Cannot Appeal to Experience, and How It Can." In *Language beyond Postmodernism: Saying and Thinking in Gendlin's Philosophy*. ed. David Michael Levin. Evanston, IL: Northwestern University Press, 1997.

Gotshalk, D. W. "On Dewey's Aesthetics." *The Journal of Aesthetics and Art Criticism*, Vol. 23 (1964): 131-138.

Gouinlock, James. *John Dewey's Philosophy of Value*. New York: Humanities, 1972.

Haack, Robin. "Wittgenstein's Pragmatism." *American Philosophical Quarterly*, Vol. 19 (1982).

Habermas, Jürgen. "Modernity." *The Anti-aesthetic: Essays on Postmodern Culture*. ed. H. Foster and trans. S. Benhabit. Port Townsemd, WA: Bay Press, 1983.

Hanfling, Oswald. "Hume and Wittgenstein." Ed. G. Vesey. *Impressions of*

Empiricism. London: Macmillan, 1976.

Haskins, Casey. "Dewey's Art as Experience: The Tension Between Aesthetics and Aestheticism." *Transactions of the Charles S. Peirce Society* 28, 1992.

Hickman, Larry. *Pragmatism as Post-Postmodernism: Lessons from John Dewey*. New York: Fordham University Press, 2007.

Hook, Sidney. "Introduction." In John Dewey. *The Later Works, 1925-1953*. Vol. 1. Ed. Jo Ann Boydston. Carbondale, Ill.: Southern Illinois University Press, 2008.

______. "John Dewey: Philosopher of Growth." *The Journal of Philosophy*, Vol. 56 (1959): 1010-1018.

Hume, David. *A Treatise of Human Nature*. Ed. L. A. Selby-Bigge and P. H. Nidditch. Oxford: Oxford University Press, 1978.

Innis, Robert. *Consciousness and the Play of Signs*. Bloomington, Ind.: Indiana University Press, 1994.

Jackson, Philip W. *John Dewey and the Lessons of Art*. New Haven, Conn.: Yale University Press, 1998.

Johnson, Mark. ed. *Philosophical Perspectives on Metaphor*. Minneapolis: University of Minnesota Press, 1981.

Johnson, Mark. "Good Rorty, Bad Rorty: Toward A Richer Conception of Philosophical Inquiry." Unpublished typescript. Department of Philosophy, Southern Illinois University, 1989.

______. "Cognitive Science and Dewey's Theory of Mind, Thought, and Language." In Molly Cochran, ed. *The Cambridge Companion to Dewey*. Cambridge: Cambridge University Press, 2010.

______. *Morality for Humans: Ethical Understanding from the Perspective of Cognitive Science*. Chicago: The University of Chicago Press, 2014.

______. *The Aesthetics of Meaning and Thought: The Bodily Roots of Philosophy, Science, Morality, and Art*. Chicago: The University of Chicago Press, 2018.

Kestenbaum, Victor. *The Phenomenological Sense of John Dewey: Habit and Meaning*. Atlantic Highlands: Humanities Press, 1977.

Lakoff, George. "The Contemporary Theory of Metaphor." In Andrew Ortony. ed. *Metaphor and Thought*. 2nd ed. Cambridge: Cambridge University Press, 1993.

Langer, Susanne. *Feeling and Form*. New York: Charles Scribner's Sons, 1953.

______. *Problems of Art*. New York: Charles Scribner's Sons, 1957.

Mead, Herbert. *The Philosophy of the Act*. Charles W. Morris in collaboration with John M. Brewster et al. eds. Chicago: University of Chicago Press, 1938.

Morris, Bertram. "Dewey's Theory of Art." *Guide to the Works of John Dewey*. Ed. Jo Ann Boydston. Carbondale, Ill.: Southern Illinois University Press, 1970.

Pappas, Gregory. "Dewey's Ethics: Morality as Experience." Larry A. Hickman, ed. *Reading Dewey*. Bloomington, Ind.: Indiana University Press, 1998.

______. *John Dewey's Ethics: Democracy as Experience*. Bloomington, Ind.: Indiana University Press, 2008.

Pepper, Stephen. "Some Questions on Dewey's Esthetics." In *The Philosophy of John Dewey*. 3d ed. Paul Arthur Schilpp. La Salle, Illinois: The Open Court, 1970.

Putnam, Hilary. *Words and Life*. James Connant, ed. Cambridge, Mass.: Harvard University Press, 1994.

Rorty, Richard. "Comments on Sleeper and Edel." *Transactions of the Charles S. Peirce Society*, Vol. 21 (1985): 39-48.

______. "Unfamiliar Noises." In his *Objectivity, Relativism, and Truth*. Cambridge: Cambridge University Press, 1991.

______. *Essays on Heidegger and Others*. Cambridge: Cambridge University Press, 1991.

Russell, Bertrand. "Warranted Assertibility." In J. E. Tiles, Ed. *John Dewey:*

Critical Assessments, Vol. 4. London and New York: Routledge, 1992.

Ryan, Alan. *John Dewey and the High Tide of American Liberalism.* New York: Norton, 1995.

Shearer, E. A. "Dewey's Aesthetic Theory." *Journal of Philosophy*, Vol. 32 (1935): 617-627.

Shusterman, Richard. "Aesthetics." In John R. Shook and Joseph Margolis, eds. *A Companion to Pragmatism.* Oxford: Blackwell Publishing, 2009.

Sleeper, R. W. *The Necessity of Pragmatism: John Dewey's Conception of Philosophy.* New Haven, Conn.: Yale University Press, 1986.

______. "Introduction." John Dewey. *The Later Works, 1925-1953.* Vol. 14. Ed. Jo Ann Boydston. Carbondale, Ill.: Southern Illinois University Press, 1988.

______. "What is Metaphysics?" *Transactions of the Charles S. Peirce Society*, Vol. 28 (1992): 177-187.

Stuhr, John. "Toward a Metaphysics of Experience." *The Modern Schoolman,* Vol. 57 (1980): 293-311.

______. "Dewey's Reconstruction of Metaphysics." *Transactions of the Charles S. Peirce Society*, Vol. 28 (1992): 161-176.

Thayer, H. S. *Meaning and Action: A Critical History of Pragmatism.* Indianapolis, Ind.: Bobbs-Merrill, 1968.

Tucker, Don. *Mind from Body: Experience from Neural Structure.* Oxford: Oxford University Press, 2007.

Wienpahl, Paul. "Dewey's Theory of Language and Meaning." In Sidney Hook, ed. *John Dewey: Philosopher of Science and Freedom.* Westport, Conn.: Greenwood Press, 1976.

Wild, John. "Foreword" to Maurice Merleau-Ponty. *The Structure of Behavior.* Trans. Alden Fisher. Boston mass.: Beacon Press, 1963.

찾아보기

[ㅇ]

[ㅈ]

[ㅊ]